ORIGAMI

Escrituras Editora e Distribuidora de Livros Ltda.
Rua Maestro Callia, 123 – Vila Mariana – São Paulo, SP – 04012-100
Tel.: (11) 5904-4499 / Fax: (11) 5904-4495
www.escrituras.com.br
escrituras@escrituras.com.br

Editor
Raimundo Gadelha

Coordenação editorial
Mariana Cardoso

Revisão
Ravi Macario
Paulo Teixeira

Fotos
Raimundo Gadelha

Editoração eletrônica e capa
Juliana Fanchini

Assessoria matemática
Yukio Okuhara

Impressão
Gráfica Edições Loyola

Dados Internacionais de Catalogação na Publicação (CIP)
(Câmara Brasileira do Livro, SP, Brasil)

Genova, Carlos
Origami: dobras, contas e encantos / Carlos Genova. – São Paulo: Escrituras Editora, 2009.

Bibliografia
ISBN 978-85-7531-280-3

1. Origami I. Título

08-00198 CDD- 736.982

Índices para catálogo sistemático:
1. Origami: Papel: Atividades criativas: Artes 736.982

Impresso no Brasil
Printed in Brazil

Obra em conformidade com o Acordo Ortográfico da Língua Portuguesa

ORIGAMI

DOBRAS, CONTAS E ENCANTOS

2ª edição

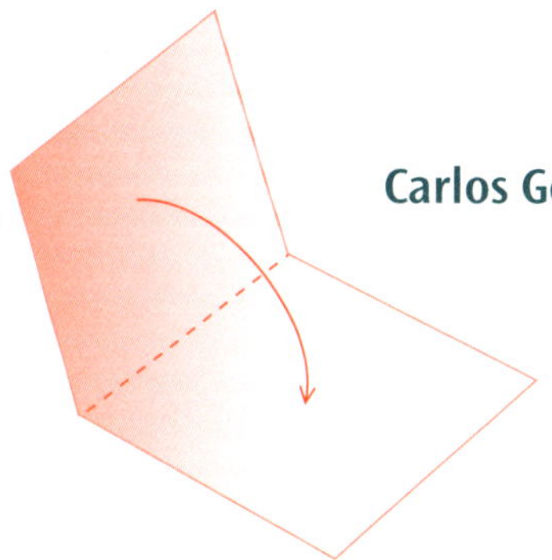

Carlos Genova

Aos pais, professoras(es) e alunas(os) dos dois Brasis.

escrituras
São Paulo, 2009

SUMÁRIO

O objetivo inicial da minha proposta era mostrar, por meio de origami, como dividir uma folha quadrada em "*n*" regiões retangulares com a mesma medida e, também por dobras, dividir um ângulo reto em inúmeras regiões angulares com a mesma medida, além de produzir alguns polígonos regulares. Por motivos alheios à minha vontade, tive que deixar o trabalho na "geladeira" durante algum tempo. Mais tarde, após algumas releituras, outro livro começou a tomar forma. Com ele, espero despertar "leitores de origami" e reforçar o entusiasmo daqueles que já o conhecem e o praticam. Dá prazer transformar uma folha de papel em um objeto tridimensional... opa... a folha de papel é um objeto tridimensional, afinal, tem comprimento, largura e espessura. Então pode ser, "transformar um objeto tridimensional, em outro objeto tridimensional". O livro traz várias receitas de animais, poliedros, outras figuras e exercícios geométricos motivados por minha curiosidade. Sem dúvida, origami é um ótimo recurso para aulas de geometria. Nas receitas das peças, vários são os graus de dificuldade, abrindo um campo para todos que queiram experimentar. Estou comemorando vinte anos de namoro com origami, interrompido por algumas "férias conjugais". Aproveito esse momento de retomada para prestar uma homenagem à colônia japonesa que, em 2008, comemorou cem anos de imigração para o Brasil. Vinte anos atrás, na comemoração dos oitenta anos de imigração, aconteceu meu primeiro contato com a arte de dobrar papéis. Peço desculpas pelo agradecimento tardio a Valdemar Vello. Ao mestre Yukio Okuhara, obrigado pela leitura crítica, sugestões e os doloridos, mas providenciais, "puxões de orelha". Teria sido praticamente impossível finalizar este livro sem a ajuda e o carinho da querida Marina Shizuko Assato, a quem dedico todas as "dobras e descobertas", de Lorena a Piracicaba. Não esqueço todos os que me ajudaram de alguma forma nesses anos todos. Especialmente em memória dos meus pais, José e Rosa, e ao André, meu filho querido, com carinho. Um beijo, Maria Madalena... para "você", dedico a canção mais bela.

Carlos Genova

"Não é um tratado científico, o que seria de interesse restrito, pois carece de fundamentações teóricas. Mas é um trabalho de um leigo em matemática que, por meio de práticas, vivências e observações, isto é, usando o método empírico, chegou a conclusões que muitos que seguiram pelo uso do 'rigor acadêmico', nem 'rasparam' ou chegaram perto das mesmas constatações. Mais que 'brincadeiras' ou 'passatempo' de criança, o autor nos coloca diante das 'leis matemáticas' que ditam as precisões da dobradura. É uma abordagem pioneira em território nacional. Corajoso e louvável. Aos que queiram o desenvolvimento e o tratamento de um 'método científico' de justificativas, fica aqui um convite para novos desafios. Diz um ditado chinês que 'toda longa caminhada começa no primeiro passo'. Já foi dado o primeiro. Quem aceita seguir adiante?"

Yukio Okuhara

INTRODUÇÃO

"Sem saber medir, calcular, raciocinar, argumentar ou lidar com informações estatisticamente, não dá para ser cidadão. A matemática não trata de "verdades eternas". Ela é dinâmica, sempre pronta para incorporar novos saberes. Os conceitos geométricos são parte importante no ensino fundamental. Por meio deles, o aluno desenvolve um tipo de pensamento que permite compreender, descrever e representar de forma organizada o mundo em que vive. Atividades geométricas contribuem para o avanço de procedimentos de estimativa visual, de comprimentos, de ângulos e de outras propriedades das figuras, sem usar instrumentos de desenho ou medida. Isto pode ser feito com origami, recortes, modelagem etc". Trechos extraídos dos "Parâmetros Curriculares Nacionais para o ensino fundamental.

Na presente obra, ofereço aos leitores o que tenho: receitas de origami juntamente com algumas reflexões sobre uma geometria bastante simples. Com isso, já dá para começar um pequeno diálogo. Mas para nos entendermos, a linguagem é fundamental e sabemos que existem algumas que são comuns a todos. Outras, no entanto, não são conhecidas pela maioria das pessoas. Assim, torna-se necessário estudá-las para entender melhor o conteúdo de certas mensagens. Cada expressão tem uma linguagem. Cada linguagem uma grafia, uma notação característica. É, portanto, necessário conhecer os símbolos que compõem essas notações. O origami, como a música, tem uma linguagem própria e uma notação que podemos chamar de universal. Notação é um sistema de representação gráfica de elementos de determinado campo de conhecimento.

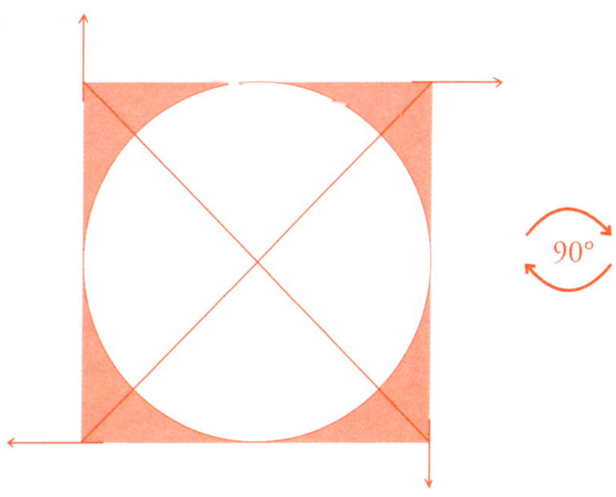

A arte de medir

As primeiras unidades de medida referiam-se direta ou indiretamente ao corpo humano, como, palmo, pé, braça, passo. Em algumas partes do mundo, o corpo do rei era uma referência para a jarda, por exemplo. Cada povo tinha um método diferente para medir. O Sistema Métrico Decimal surgiu por um pedido do governo republicano Francês, dirigido à Academia de Ciência para que criasse um sistema comum. A palavra "metro" vem do grego, "metron", que significa "medida". O metro passou por diversas definições antes de ser considerado o comprimento da luz no vácuo durante 1/299.792.458 de um segundo.

$$\frac{1}{299.792.458}$$

Origami é a arte de "medir dobrando", utilizando uma "régua particular" escondida na folha de papel. Mas o que é medir?!? Medir uma grandeza se faz adotando uma unidade padrão e, por meio dela, determinam-se os múltiplos e submúltiplos do padrão. Nossa unidade é o metro, portanto, usaremos os submúltiplos, centímetros, milímetros. Já para as medidas de superfícies, tomaremos como unidade o m^2. No antigo Egito, o povo cultivava a terra, que era dividida em lotes. O rio Nilo transbordava todo ano e a enchente apagava as marcas dessa divisão. Quando as águas se retiravam, começava a tarefa de redefinir tais marcas, sempre um pouco diferentes das anteriores. Era como restabelecer a ordem sobre a terra. Os gregos, chamaram essa atividade de geometria. "Geo" quer dizer terra e "metria", medida. Hoje, pode-se falar em "muitas geometrias". geometria (simplificadamente) é o estudo das formas e as relações entre elas. Na educação antiga, as principais disciplinas eram aritmética, geometria, astronomia, harmonia e música. A prática da geometria era uma interpretação de como o Universo se ordenava e se sustentava. Podemos melhorar a qualidade da nossa relação com alguns fundamentos da geometria euclideana pelo do origami. Em seguida, recorrendo ao compasso, transferidor ou *softwares* específicos, é possível também construir e conferir os resultados obtidos. Observar, intuir, tentar, aproximar, construir, analisar e contemplar. Para isso, sugiro começar com uma folha quadrada, que representará a unidade geradora de uma variedade de formas que se harmonizarão dialogando entre si. A folha quadrada ou outra forma indicada, representará o "antigo Egito". A nós, caberá a tarefa da geometria. O quadrado orienta a compreensão do espaço pelas direções dos seus lados. É formado por elementos iguais e opostos, unindo quatro linhas retas em quatro ângulos retos.

A matéria-prima

A forma mais indicada para a prática do Origami é a quadrada. Embora tenha a forma, a folha de papel não é um quadrado. Este tem lados mas, não tem superfície, como aquele que é feito com canudinhos para beber refrigerante. A folha, por sua vez, tem lados e superfície. Vez ou outra, usamos a palavra quadrado para facilitar. Para iniciantes, uma folha padrão tem a medida do lado entre 14 e 16 cm. Para peças mais complicadas recomenda-se papel maior. No Brasil, poucas livrarias e papelarias disponibilizam papel cortado em quadrados. Algumas, geralmente orientais, importam papel do Japão, Coreia ou Estados Unidos. Esses papéis, certamente, são mais caros, no entanto, mais bonitos. Entre nós, é mais comum o papel A4, branco ou colorido em ambas as faces. Mas não basta que a folha tenha a aparência quadrada. Tem que ter lados congruentes e quatro ângulos de 90º. Quanto aos ângulos, vale para o papel A4. Na folha quadrada, podemos checar essas medidas dobrando por uma das diagonais. Se não houver a sobreposição exata dos triângulos é necessário aparar com tesoura. No caso da folha A4, dobrando o papel pela diagonal, não acontece a sobreposição dos triângulos. Diferenças milimétricas não chegam a ser um problema para a prática do origami básico! Mas para o rigor do origami, faz-se necessário a justeza da medida e da dobra, tanto quanto possível! Também existem origamis maravilhosos dobrados a partir de outros formatos.

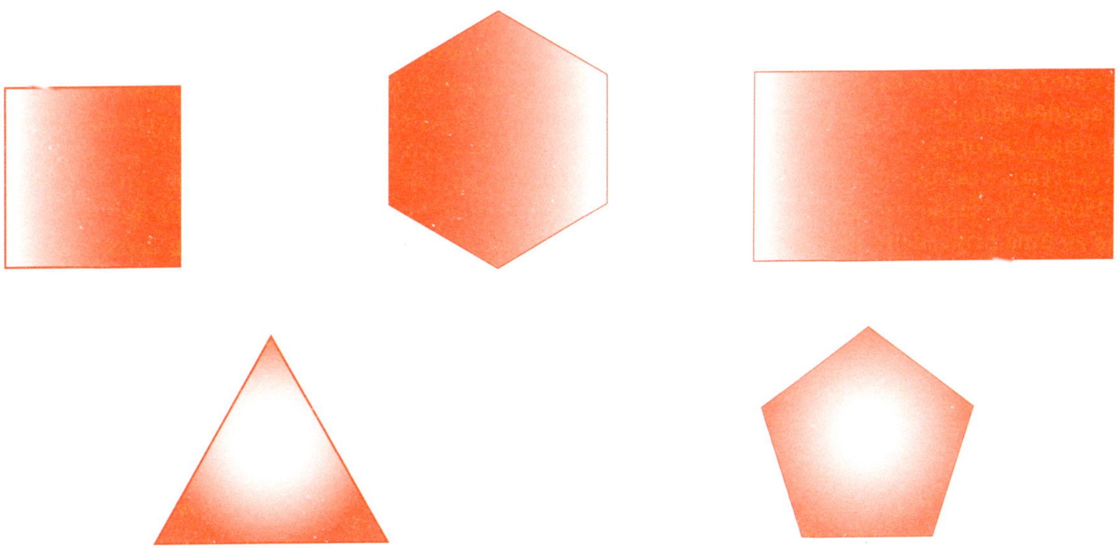

Origami é dobradura

Origami
Ori = dobrar
Gami = papel

Origami é uma forma de expressão. Quem manipula o papel abre uma porta para a comunicação com o outro. Dobrar papéis valoriza o movimento das mãos, estimula articulações e exercita o cérebro. É provável que o origami seja de origem chinesa. No entanto, foram os japoneses que impulsionaram a prática e é, por isso, considerado um patrimônio dessa cultura, embora exista uma tradição de dobrar papéis em países da Europa com figuras bastante populares, como a Pajarita, na Espanha. Monges budistas coreanos teriam levado o segredo da fabricação do papel da China para o Japão. Imaginem um monge coreano dizendo para um monge japonês: "Tenho um negócio da China para você"! No ocidente, Friedrich Froebel, Lewis Carrol, Harry Houdini (o mágico), Miguel de Unamuno e muitas outras figuras importantes, envolveram-se com a arte de dobrar papéis enxergando nela um valor pedagógico. Peças em origami estão presente em filmes, aparecendo em cenas sob as formas de galinha, boneco, unicórnio, avião, *tsuru*, cisne etc. O mais famoso talvez seja *Blade Runner*, dentre tantos outros como, *Top Gun, Hardboiled, Fist of Legend, If Lucy Fell, James and the giant peach*. Desconheço as versões dos títulos no Brasil. Entre nós, ficou famosa a campanha para a preservação da Serra da Jureia feita com animais em origami que tinham movimento. A mídia impressa vive apresentando barquinhos, aviões, *folders* especiais e cartões. Origami é uma brincadeira só para crianças? Não! Miguel de Unamuno, na Espanha e Isao Honda, no Japão fizeram um grande esforço para convencer as classes mais cultas de que, essa prática não era só uma brincadeira de criança. Dentre tantos nomes que se destacaram e ainda se destacam no universo do origami, estão Akira Yoshisawa, Samuel Randlett, Robert Harbin, Toyoaki Kawai, Vicente Palacios Garrido, John Montroll, Robert Lang, Jun Maekawa, Kunihiko Kasahara, David Brill, Eric Joisel. Seria preciso um livro só para relacionar os grandes artistas. Pensando melhor, origami é uma atividade para crianças sim. De "0 a 100" anos, com todo carinho.

Noção, conceito, ideia

Conceito é a compreensão que alguém tem de uma palavra: noção, concepção, ideia. Do grego, ideia quer dizer: aspecto exterior, aparência, forma, maneira de ser.

Por meio do origami, várias ideias podem ser trabalhadas como:
Formas, classificação segundo a medida dos lados, dos ângulos;
Tamanho grande ou pequeno, reconhecimento das cores;
Os fundamentos geométricos das dobras;
Conceitos de matemática e vocabulário específico da geometria;
Simetria – congruência – ângulos;
Frações – relação – proporção – medida;
Análise de objetos 3D, relações de espaço;
Explorar padrões e fazer conexões;
Ilustração de eventos históricos, datas;
Aprender como proteger e conservar a vida selvagem, dobrando um animal discutindo o tema;
Interpretação de diagramas;
Comunicação, leitura e compreensão;
Dramaturgia ilustrada com peças;
Conectar as crianças com matemática e ciência;
Modelos para aerodinâmica, velocidade, movimento e volume;
Criatividade, imaginação, desafio, decoração;
Sentir texturas diferentes, projetos de grupo;
Precisão, sucessão e habilidade de organização;
Concentração, memória, coordenação;
Cooperação, paciência e socialização
Auto estima;
Motiva crianças a mostrar peças para a família e amigos em uma
(conexão casa/escola).

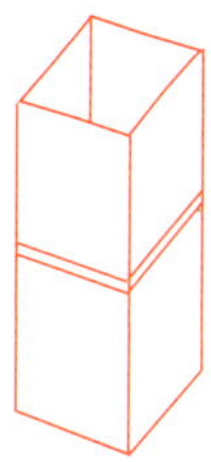

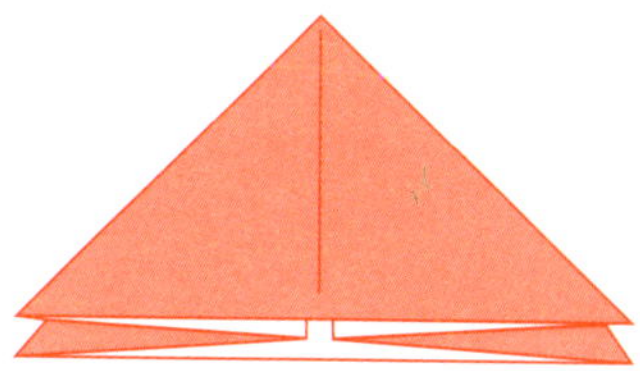

Prática e comunicação

A escrita do origami é em forma de receitas com desenhos em sequência. Há uma comunicação por meio dessa sequência de desenhos entre autor e leitor, cujo objetivo mais imediato é a transmissão de uma mensagem, ou seja, a construção por dobras de uma determinada peça. As peças são as "mensagens" do autor ou do grupo, quando for o caso de invenção coletiva. Essa comunicação mais imediata a que me refiro, só se realiza efetivamente se o receptor (leitor) conseguir demonstrar pela da leitura e execução das receitas (desenhos) que entendeu a mensagem. É possível que nas primeiras tentativas as pessoas não consigam executar com perfeição as instruções contidas nas receitas. Por isso, é recomendável a participação em oficinas para exercitar a prática da leitura e da execução das dobras, descobrindo pequenos segredos que ajudam no aperfeiçoamento. Algumas peças dobradas e manipuladas produzem som, estalo, "máquina de escrever", "de fotografar" etc. Outras podem chamar a atenção pelas diferentes texturas e cores dos papéis utilizados. Outras, ainda, tem movimento como um homem "tocando" violino, pássaro que "bate" asas etc. Peças mais complexas às vezes precisam ficar algum tempo "de molho" para ter a forma final bem definida. Algumas massas comestíveis que podem ser dobradas de várias formas, recheadas, assadas, fritas ou cozidas, remetem ao origami. *Capeletti, esfihas* etc.

O PEIXE E O GATO (simples)

Antes de "pegar no pesado" devemos fazer um "alongamento". Esta peça é especial para isso. Diz a história que: um gato comeu e bebeu demais. Foi até à praia e dormiu perto da água. Um peixe grande deu um bote, comeu-o e voltou nadando para o mar. A história pode ser incrementada quando contada para crianças, dramatizada, simulando o movimento lateral do peixe que sai nadando. Os desenhos dos olhos, bigodes e escamas, devem ser feitos previamente. Outras histórias podem ser adaptadas, utilizando a mesma dobradura como ilustração.

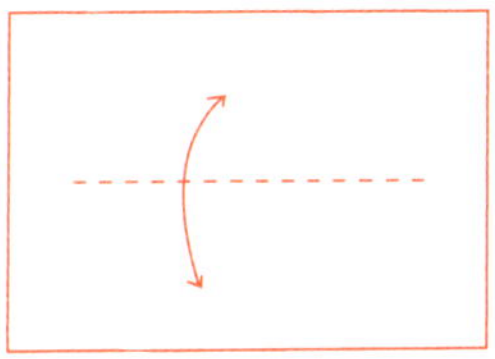

1. Marque a metade da folha dobrando e desdobrando.

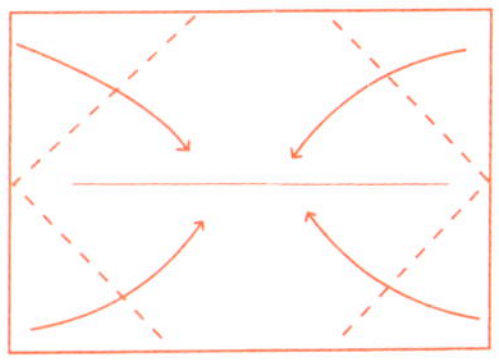

2. Dobre os quatro cantos para a linha marcada.

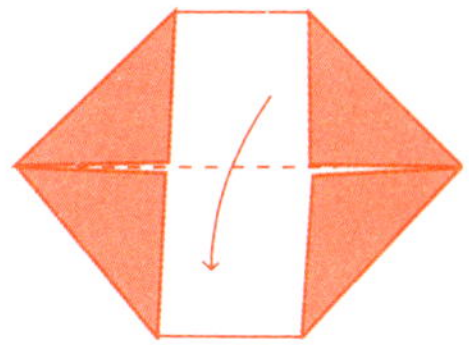

3. O "retângulo" se transformou em um "hexágono" (6 lados). Dobre ao meio para baixo.

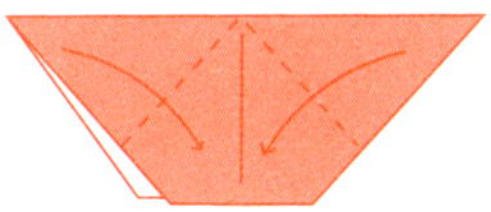

Gato tem cara de "trapézio"?
4. Dobre as pontas para baixo.

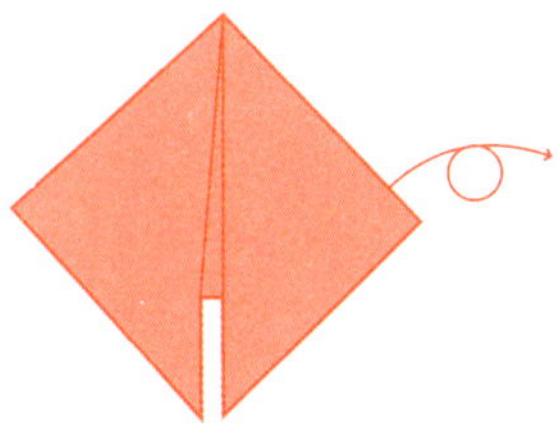

5. Olha o "quadrado" de novo. Vire a peça.

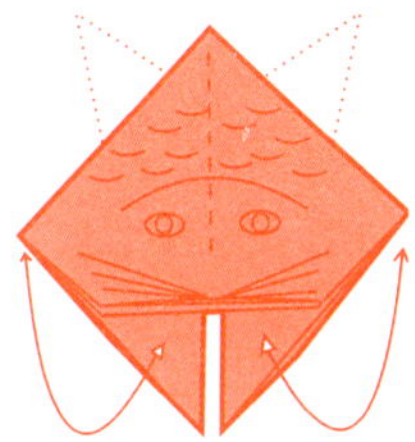

6. Dobre ao meio para a esquerda.

7. Ôpa, virou um "triângulo". Segure no círculo e bata com força para baixo e ouça o som do estalo.

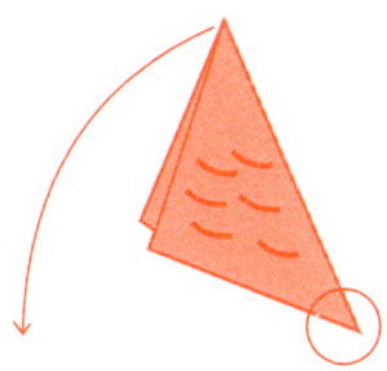

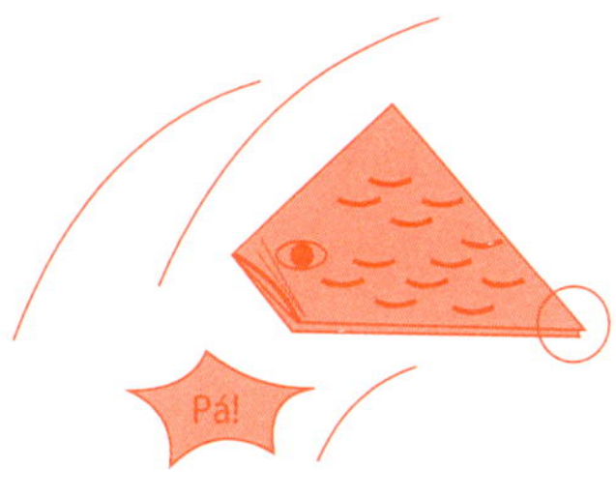

8. Nossa, virou um "quadrilátero". Segure pelo rabo, fazendo movimentos rápidos para a direita e esquerda, imitando o nado do peixe.

CAPÍTULO I

O código do origami e a prática de dividir a folha quadrada

Código é um sistema de signos simples ou complexos, organizados e convencionados de tal modo que possibilitem a construção e a transmissão de mensagens. Os desenhos deste livro representam a folha de papel, seus movimentos e formas causados pelas dobras. O *tsuru* popularizou-se a tal ponto que pode ser considerado um signo que remete à prática do origami.

O CÓDIGO

O código do origami é um conjunto de sinais convencionais, desenhos que representam a folha de papel a ser dobrada, setas, linhas e regras, que permitem a leitura e a construção de modelos "planos e tridimensionais". Esse código é fixado em uma sequência de desenhos com indicação de ações, sendo um sistema simbólico de representação das dobras. Salvo raras exceções, essa notação é universal.

Dobrar para frente (dobra tipo vale).

Dobrar para trás (dobra tipo montanha).

Desdobrar.

Dobrar e desdobrar (a marca fica representada por um traço mais fino).

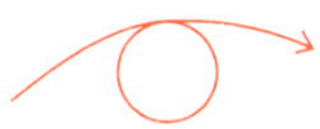

Virar o papel, a peça ou o modelo (como virar a folha do caderno para a direita ou para a esquerda).

Introduzir (colocar o papel auxiliar para dentro, unindo peças, e ou dobrar uma aba para dentro de uma "bolsa".

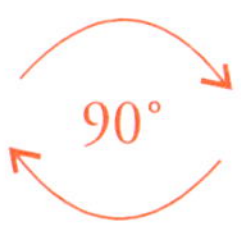

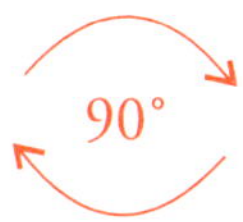

Girar (sentido horário ou anti-horário).

Indica partes iguais, tantas quantas forem as curvas.

Abrir ou apertar, afundar.

LEITURA E EXECUÇÃO

É importante ler pausadamente cada fase para entender o resultado da fase seguinte. As linhas tracejadas indicam ações diferentes das linhas traço e ponto. As diferentes cabeças das setas indicam ações diversas. Com um pouco de atenção, dá para notar que determinados tipos de setas estão associadas a determinados tipos de linhas e dobras.

Dobras simples.

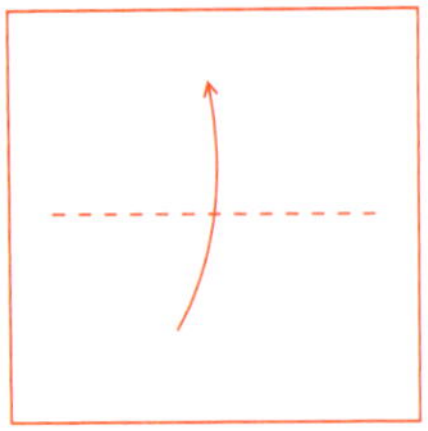

Dobrar para frente
(dobra tipo "vale").

Resultado.

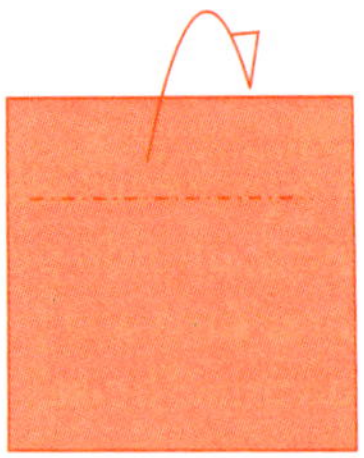

Dobrar para trás
(dobra tipo "montanha")

Resultado.

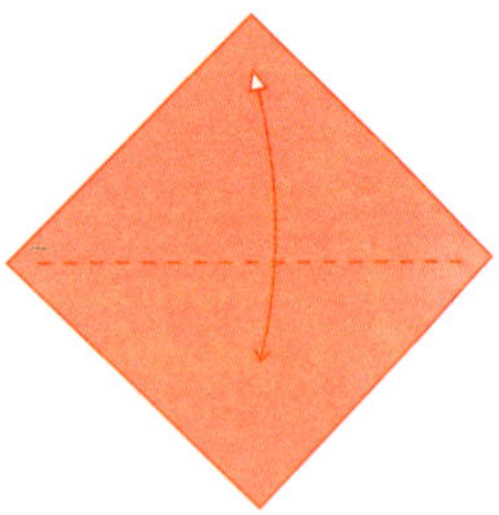

Dobrar e desdobrar (vincar, marcar).

Resultado.

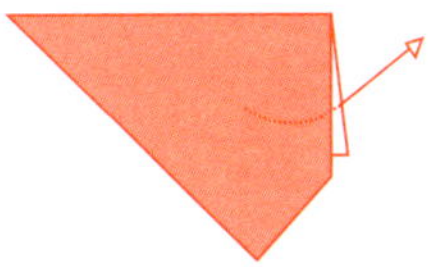

Desdobrar o papel interno.

Resultado.

Dobrar para trás
(o pontilhado indica que é a aba
posterior).

Resultado (visão raio X).

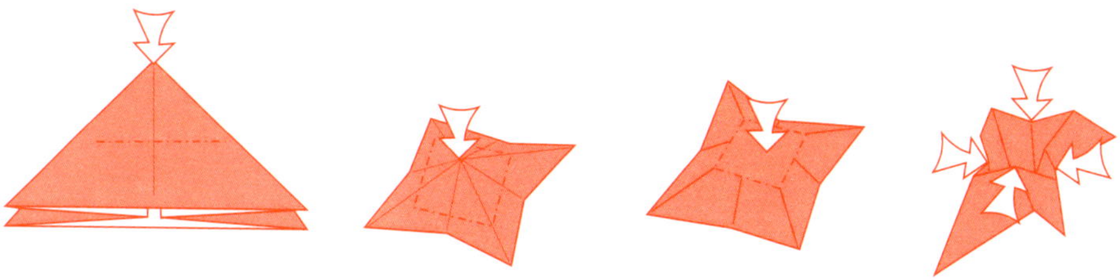

Afundar. É preciso abrir todo o papel para executar o afundamento.

Resultado.

LENDO E ENTENDENDO

Para evitar dificuldades, identificar e executar dobras simples ou complexas, cada fase é acompanhada por textos auxiliares. Alguns autores optam por explicar detalhadamente cada indicação de ação e, outros, com poucas palavras.

As dobras

Alguns tipos de dobras repetem-se com frequência. Elas fazem parte de um "vocabulário" mínimo constituído por procedimentos mais frequentes. Estes são o "segredo do cofre" da prática de dobrar. Por isso, deve-se dar atenção especial às formas básicas clássicas: base do balão (pág. 80), base preliminar (pág. 84), base da pipa ou casquinha do sorvete (pág. 85), base do peixe (pág. 59), base do pássaro (pág. 87) e da rã (págs. 89 e 90). Essa atenção, deve se estender a algumas técnicas fundamentais como as dobras invertidas por dentro (págs. 85 e 86) e por fora (pág. 54), dentre outras, cujas receitas foram incluídas neste livro, juntamente com peças que apresentam graus de dificuldade simples, intermediário e complexo a partir da página 119.

Os números

Pitágoras dizia que tudo é número. A filosofia deste mestre dizia que "não se pode compreender a natureza do universo, senão através do número e da forma". Para evitar enganos, pode-se dizer que numeral é qualquer nome ou símbolo usado para expressar o número. Este é a ideia e o numeral a representação desta. Algarismos são, portanto, caracteres convencionais com o auxílio dos quais representamos os números.

RACIOCÍNIO

"Raciocinar é pensar com a própria cabeça, com autonomia, e requer o enfrentamento de situações novas na busca de soluções até então desconhecidas".
(Se alguém souber a autoria da frase acima, favor comunicar para ser incluída na próxima edição)

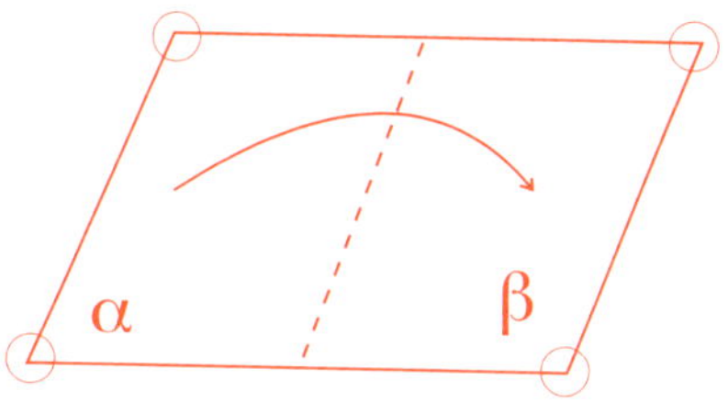

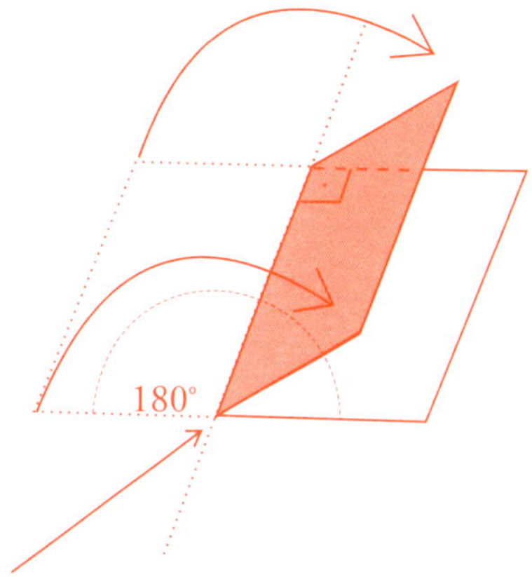

A dobra

A marca da dobra tipo "vale" ou "montanha" é um segmento de reta, um eixo em torno do qual acontece um movimento de rotação descreve, em relação ao plano, um giro de 180° que divide a folha em relação a esse eixo em duas regiões sobrepostas. Quando a folha tem uma forma regular, ao sobrepor uma região ou semiplano sobre outro, acontece a congruência.

Divisões

Para as divisões da folha em ângulos e retângulos mostradas na presente obra, pode-se usar folhas quadradas medindo entre 14 cm e 16 cm de lado e 60 e 75 g/cm. No entanto, a folha pode ser maior ou menor, devendo ser adequada a cada pessoa e também ao projeto. Peças complexas requerem folhas maiores.

Quadrado

Em aritmética ou álgebra, quadrado representa o resultado da multiplicação de um número por si próprio ou de uma expressão por ela mesma. Em geometria, quadrado é um quadrilátero regular, equilátero e equiângulo, ou seja, lados com medidas iguais e ângulos com medidas iguais.

DIVIDINDO

A maneira pela qual dividimos a superfície da folha, os ângulos, e também como combinamos as dobras "vale" e "montanha" determinará o resultado final de uma peça. Por isso, quanto mais estudo e treino dessas divisões melhor. Há quem diga que, em origami, a folha não está sendo dividida mas apenas demarcada e dobrada. Talvez para a maioria dos casos deste livro. Mas na divisão em 11 retângulos, por exemplo, a sugestão é para cortar a folha em onze "pedaços". Para facilitar usaremos a palavra divisão. Esta é a operação matemática que implica na ideia de verificar quantas vezes uma grandeza está contida na outra.

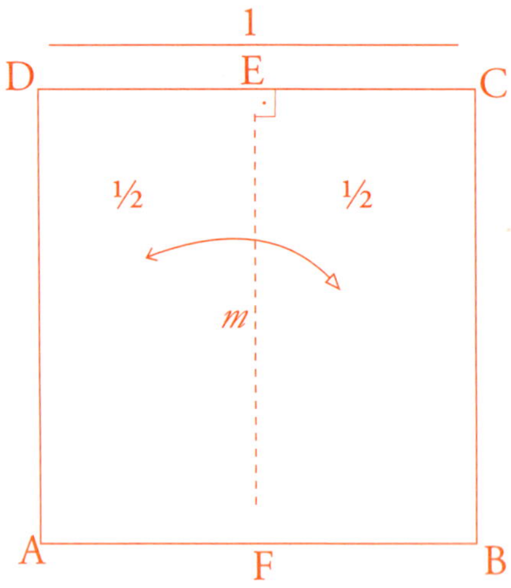

"Abençoai-nos, ó número divino, vós que gerastes deuses e homens! ó sagrado, sagrado *tetraktys*, vós que contendes a raiz e a fonte da criação eternamente em curso! Pois o divino número começa com a unidade profunda, pura, até que atinge o quatro sagrado; transforma-se então no sagrado dez, na mãe de todos, o que compreende tudo, o que abarca tudo, o primeiro a nascer, o que nunca se desvia, o que nunca se fatiga, o de tudo".
(1 + 2 + 3 + 4 = 10). Esta era a prece dos pitagóricos dirigida ao *tetraktys*, o quadrado sagrado que representaria os quatro elementos, fogo, água, ar e terra.
Trecho extraído de "Número: a linguagem da ciência", Tobias Dantzig, páginas 47 e 48, Zahar Editores, 1970.

A DIVISÃO DA FOLHA QUADRADA EM REGIÕES RETANGULARES COM AS MESMAS MEDIDAS

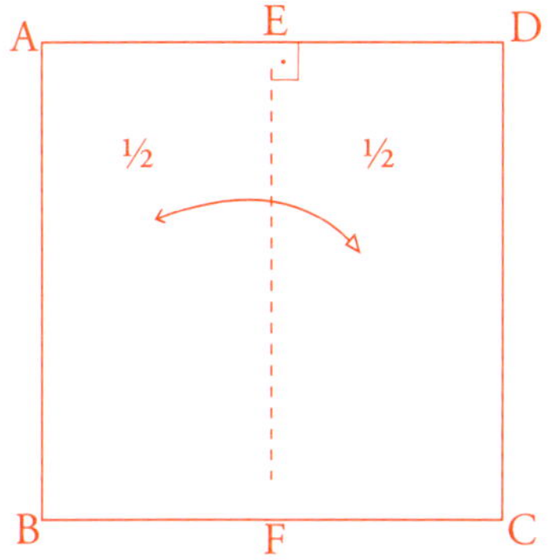

1. A congruência se comprova pela superposição AEBF = EDFC.

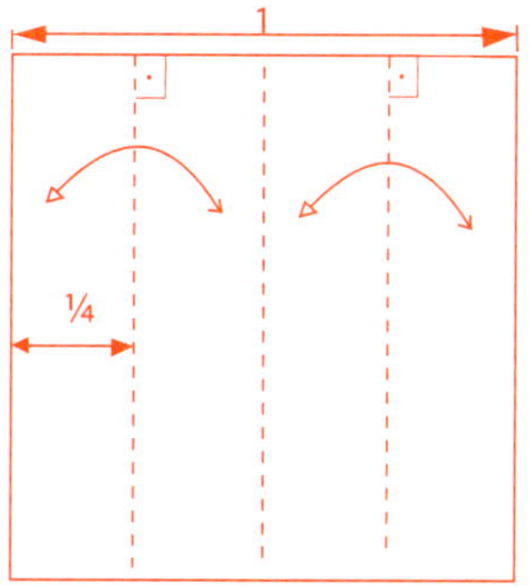

2. Considerando a folha quadrada como unidade, cada uma das partes é representada por um número fracionário (½ , ¼...). Duas dobras pelas metades dos "retângulos" geram quatro retângulos congruentes. Dobre e desdobre as metades.

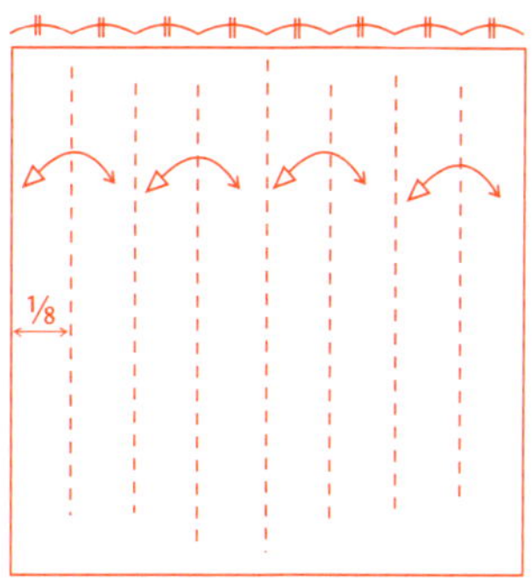

3. Quatro dobras pelas metades dos "retângulos" geram oito "retângulos" congruentes. Dobre e desdobre as metades.

Na página anterior, uma folha quadrada foi dividida em oito "retângulos" congruentes. Essa divisão simples será usada como referência para divisões ímpares e para a construção das formas prismáticas.

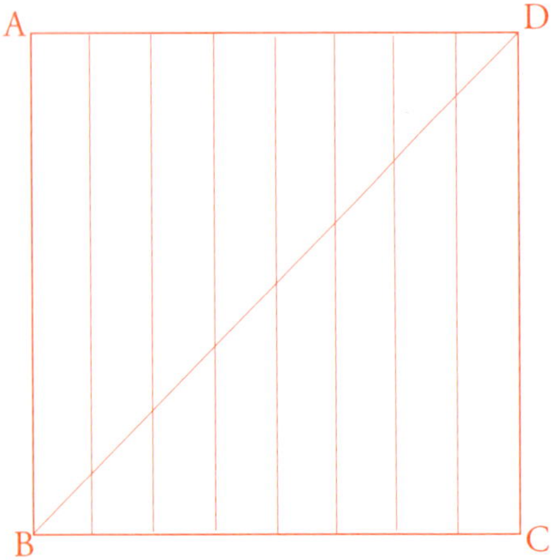

Retas são infinitas, sem origem e extremidade, ao contrário da folha de papel. Por isso, podemos dizer que o conjunto de três ou mais segmentos de retas vincados na folha quadrada, paralelos entre si, compõe um feixe de segmentos paralelos. Se um feixe de segmentos de retas paralelos determina segmentos congruentes sobre uma transversal (BD) que, no caso, é a diagonal da folha quadrada, determina também segmentos congruentes sobre qualquer outra transversal, no caso, (AB) que é o lado da folha quadrada.

Aplicando a divisão.

Para qualquer origami, temos de dividir a folha de papel seguindo as instruções da receita. Ao planejar a folha acima, usei papel triangular e com a divisão em oito partes. A receita resumida dessa peça consta no meu livro *Origami a milenar arte das dobraduras*, publicado pela Escrituras Editora.

A CAIXINHA (INTERMEDIÁRIA)

Uma aplicação da divisão par. Esta é uma caixinha tradicional. Os leitores podem encontrá-la em um grande número de livros sobre origami. A forma cúbica é composta por duas caixas.
A área interna da caixa representa ⅛ da área total da folha.

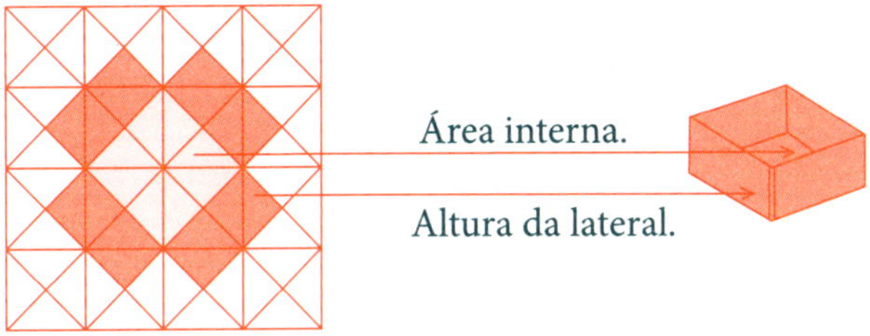

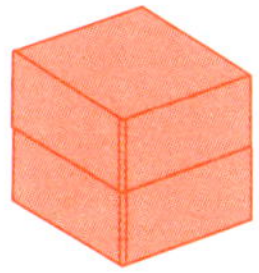

Forma cúbica.

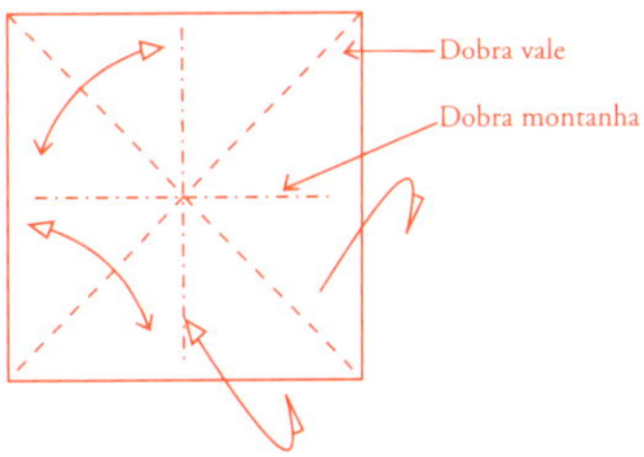

1. Dobre e desdobre nas diagonais. Em seguida repita nas medianas.

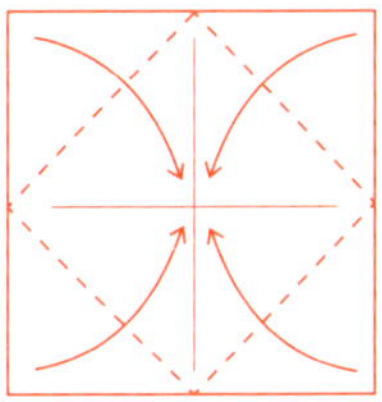

2. Dobre os cantos para o centro.

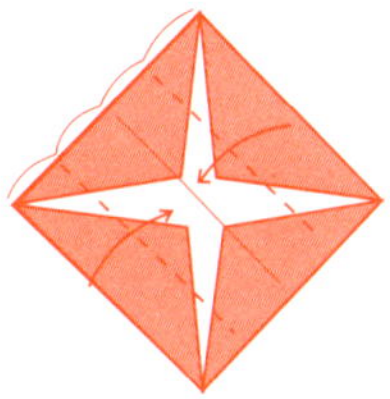

3. Dobre dois lados para o meio.

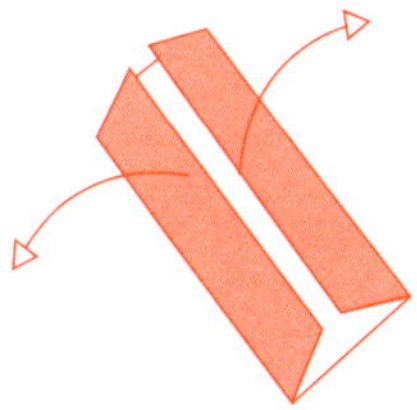

4. Abra somente as últimas dobras.

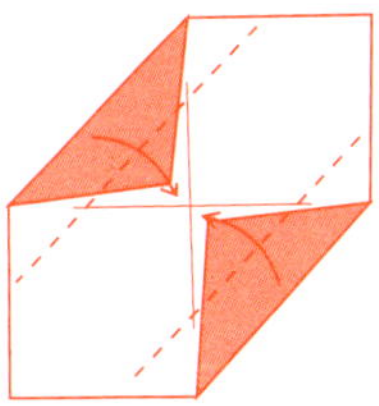

5. Dobre dois lados para o meio.

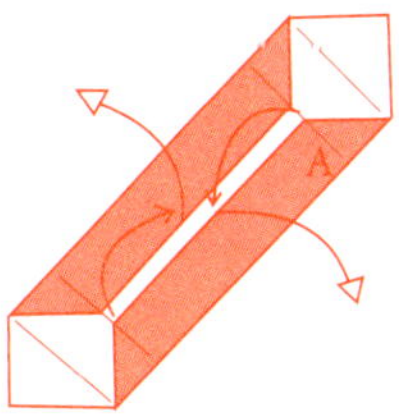

6. Abra as laterais e dobre nos vincos formando as "paredes". Uma por vez.

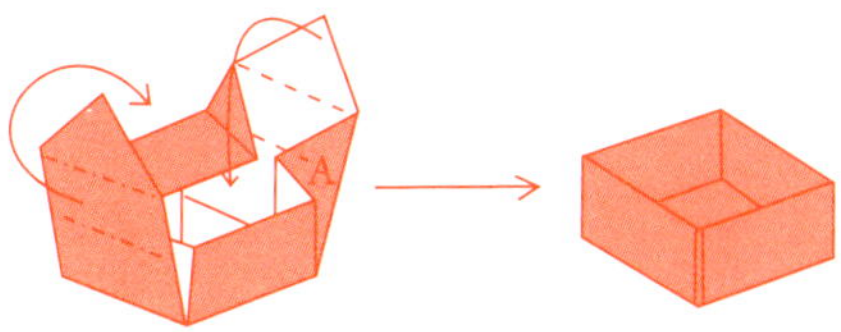

7. Dobre nos vincos para dentro. As pontas se encontrarão no centro da caixa.

AS DIVISÕES NO PORTA-RETRATOS (SIMPLES)

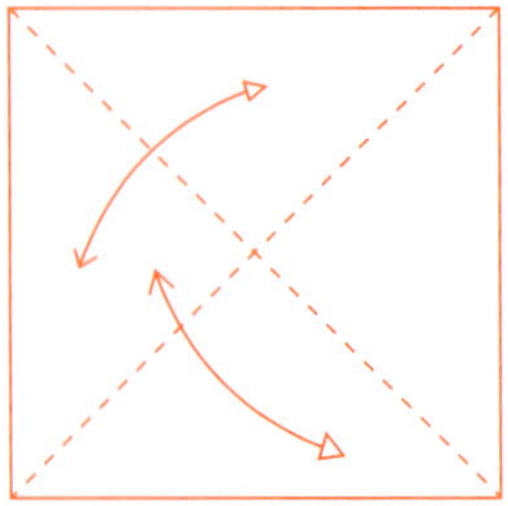

1. Dobre e desdobre nas diagonais. Dividimos em quatro partes triangulares.

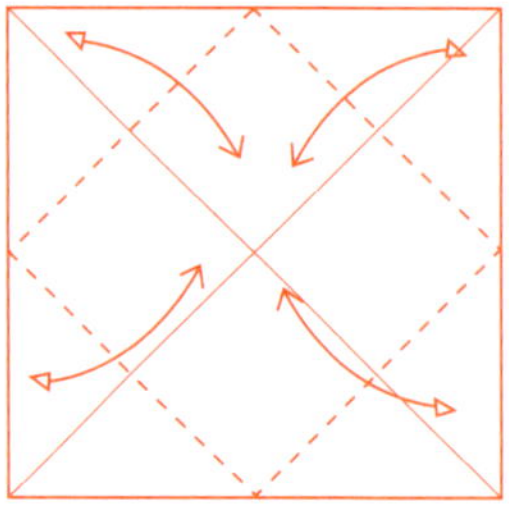

2. Dobre e desdobre os quatro cantos para o centro. O novo "quadrado" tem ½ da área do "quadrado" inicial.

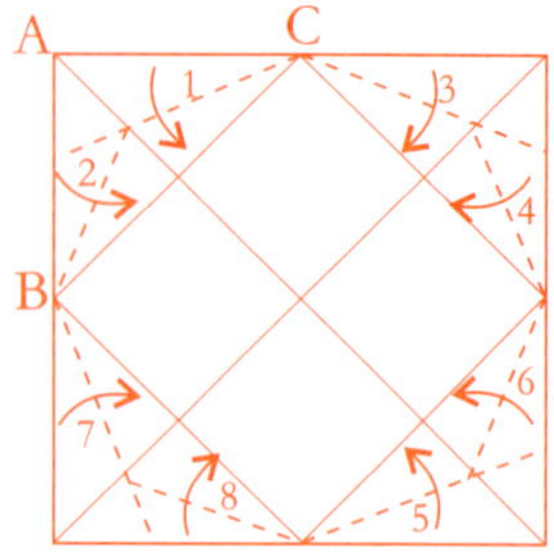

3. Dobre em ordem numérica. $\overline{AC}$ sobre $\overline{BC}$ e $\overline{AB}$ sobre $\overline{BC}$. Repita nos outros cantos.

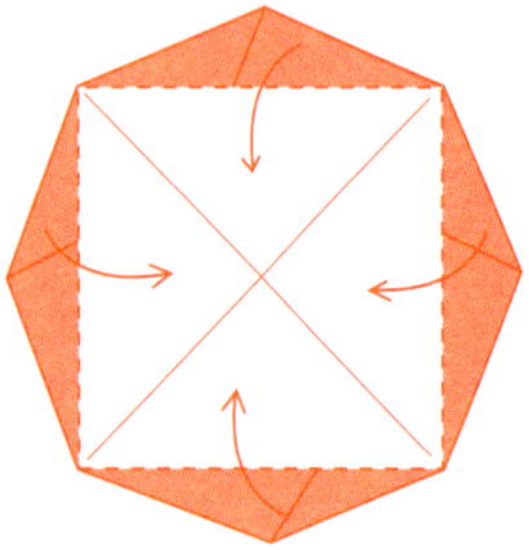

4. Dobre os cantos do "octógono" para o centro.

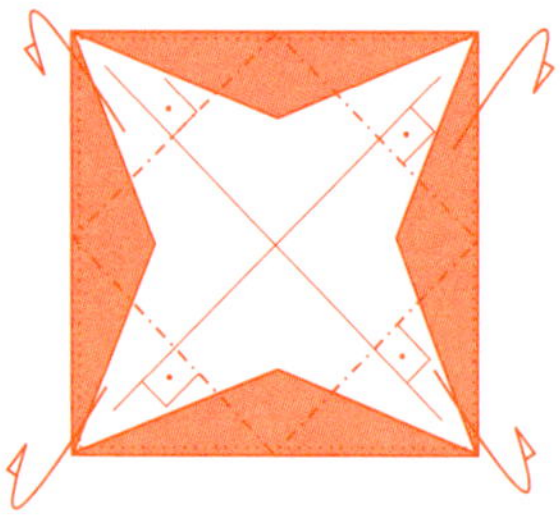

5. Encaixe a foto (linha pontilhada). Dobre os quatros cantos para trás (para o centro e junto com a foto).

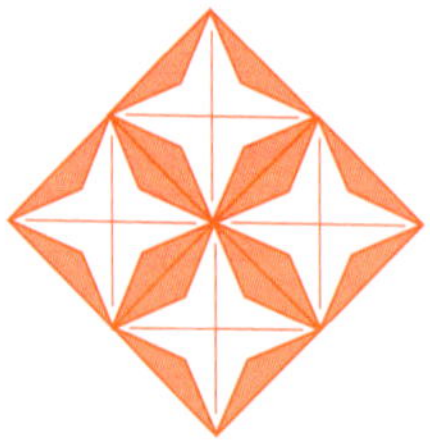

6. Com o "quadrado" da fase cinco, dá para montar mosaicos como mostram esses dois desenhos.

O porta retrato.

O CORAÇÃO SOLITÁRIO E A DIVISÃO EM QUATRO (INTERMEDIÁRIA) ©2007

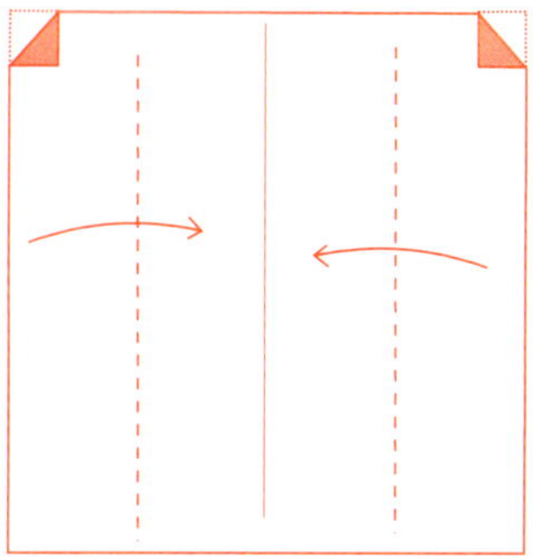

1. Divida em quatro "retângulos" e dobre dois cantos superiores, sem medida exata. Em seguida, dobre os lados para o meio.

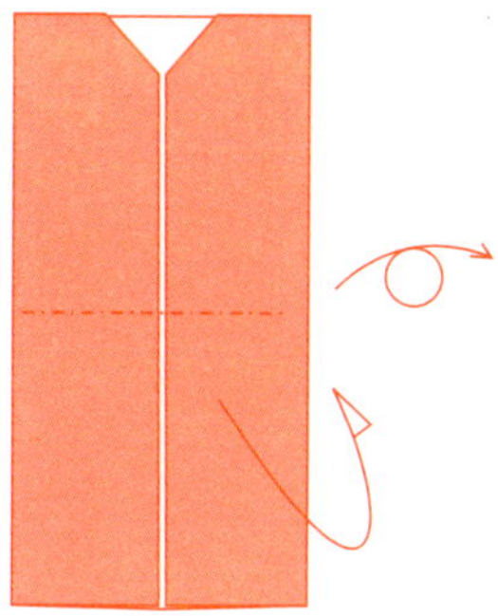

2. Dobre ao meio, para trás e vire a peça.

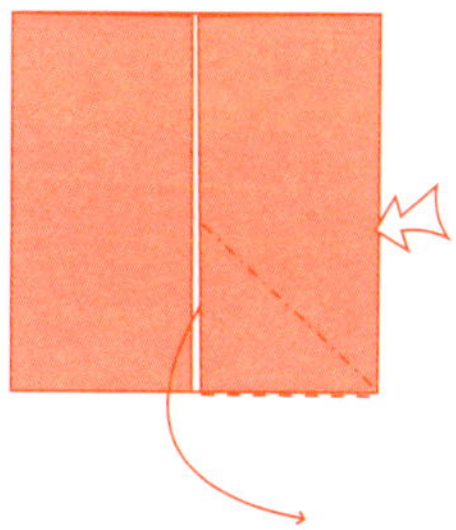

3. Abra e achate.

4. Continue abrindo e achatando.

5. Dobre para a direita, achatando na seta branca.

6. Retire o papel interno e vá trazendo para fora.

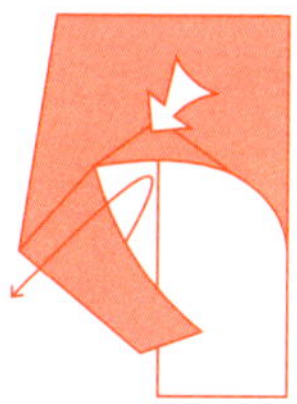

7. Continue retirando o papel. Veja resultado na fase 8

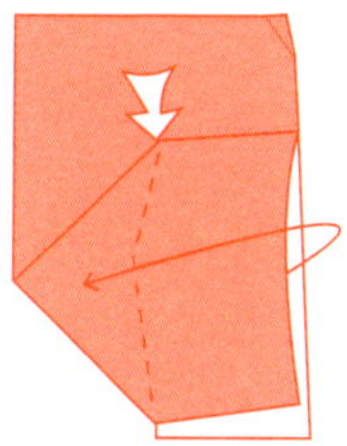

8. Abra e achate.

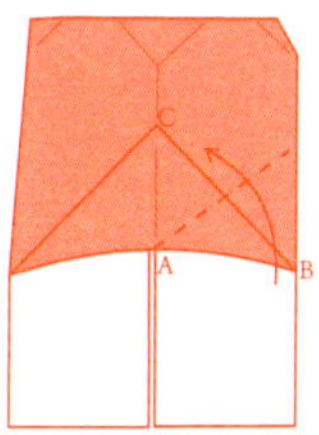

9. Dobre para cima. AB sobre AC.

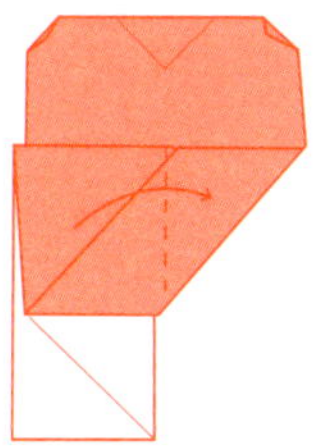

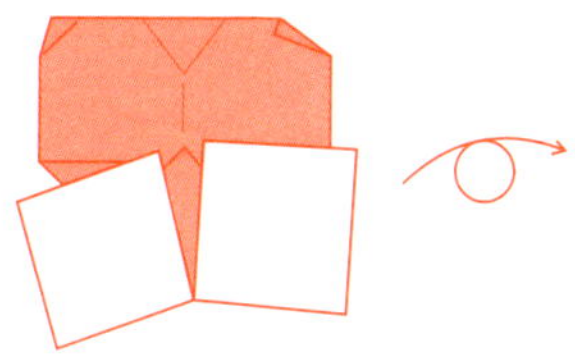

10. Dobre para a direita e repita as fases 9 e 10 no lado esquerdo, conforme a fase 11. Vire a peça.

12. Coloque sobre a mesa.

OS "PRISMAS"©2005

Prisma é um sólido limitado por polígonos congruentes e paralelos que são suas bases. As faces laterais podem ter formas retangulares ou paralelogramos, conforme o prisma, seja reto ou oblíquo aos planos das bases como mostram os desenhos. Utilizando a divisão da folha quadrada em oito "retângulos" congruentes, podemos começar dobrando formas que representam os prismas. Dobraremos apenas as faces. Na realidade, os prismas não podem ser ocos.

"Retângulo" é um tipo especial de "paralelogramo". O "losango" também é "paralelogramo" e o "quadrado" é "losango" e "retângulo" ao mesmo tempo.

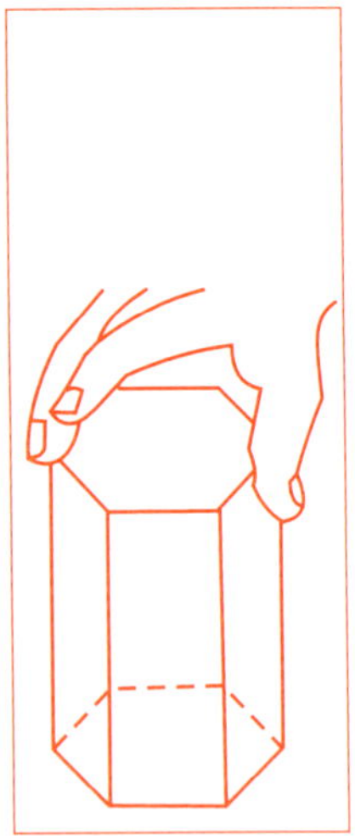

DOBRANDO "PRISMAS"

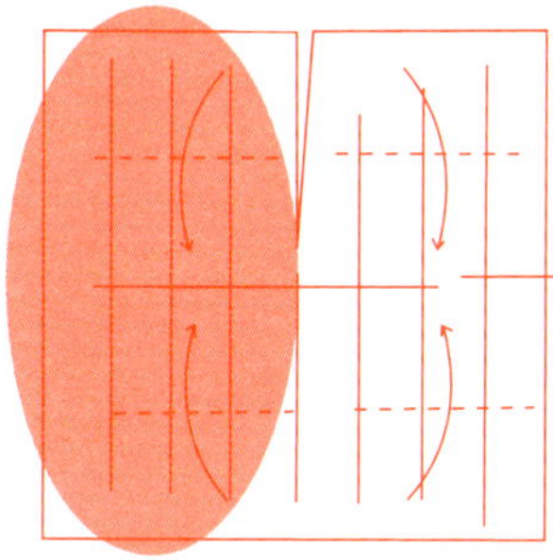

1. Com uma folha quadrada dá para construir dois "prismas" de bases triangulares. Marque o meio horizontalmente. Divida em oito "retângulos". Em seguida, corte o quadrado pela metade. Por último, dobre dois lados para o meio. Trabalharemos só a metade da folha quadrada, no caso, um "quadrado duplo" ou "retângulo 2 X 1".

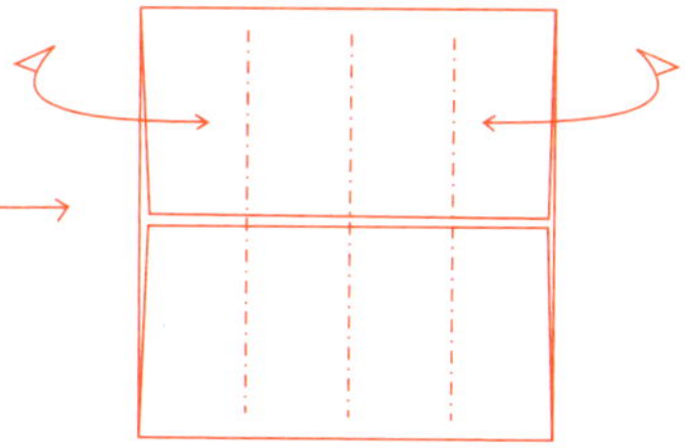

2. Reforce todos os vincos para trás, dobrando e desdobrando. Vire o papel e comece a fechar o modelo como mostra o próximo desenho.

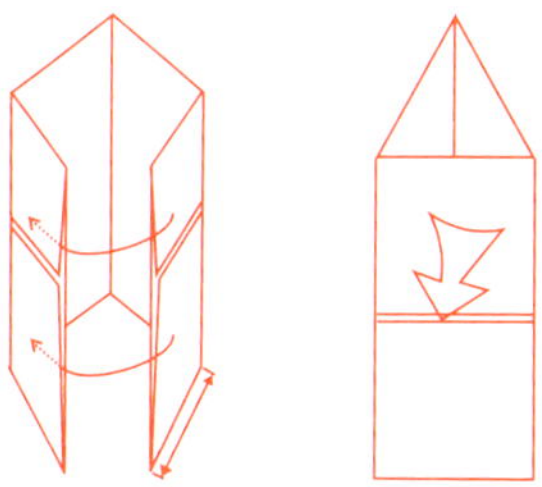

3. Feche o modelo encaixando uma parte dentro da outra.

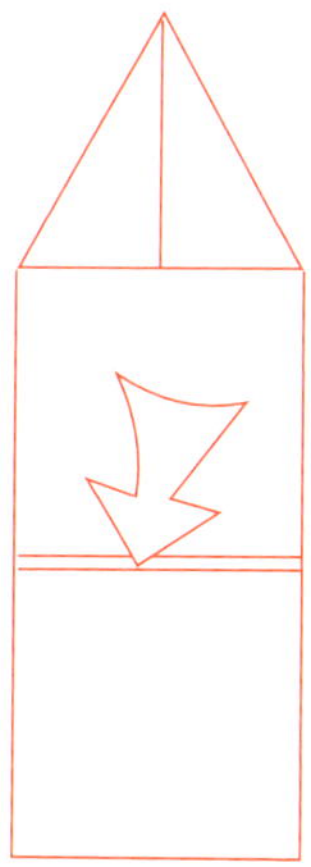

4."Prisma" reto de base triangular equilateral pronto. A seta indica um encaixe que será utilizado, para unir os módulos. Pode-se ou não colar, dependendo do manuseio. Podemos chamar de módulos prismáticos as peças que têm a forma de prismas.

CONECTANDO

O elemento de conexão, deve ser dobrado a partir de uma folha que tenha a mesma medida utilizada para fazer o módulo. Sua largura, portanto, deve ser igual ao lado das faces do módulo. Este método serve para conectar todos os módulos prismáticos mostrados no livro.

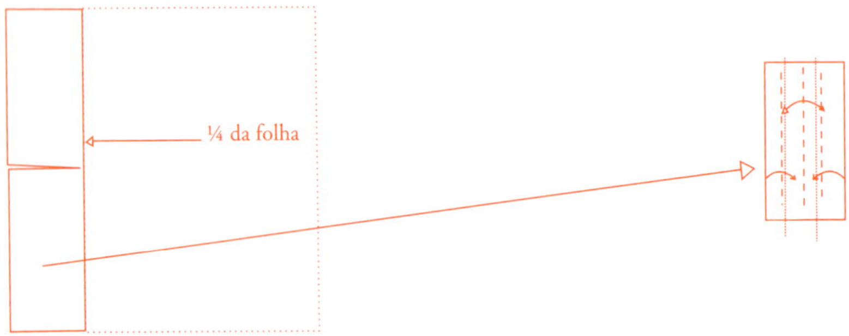

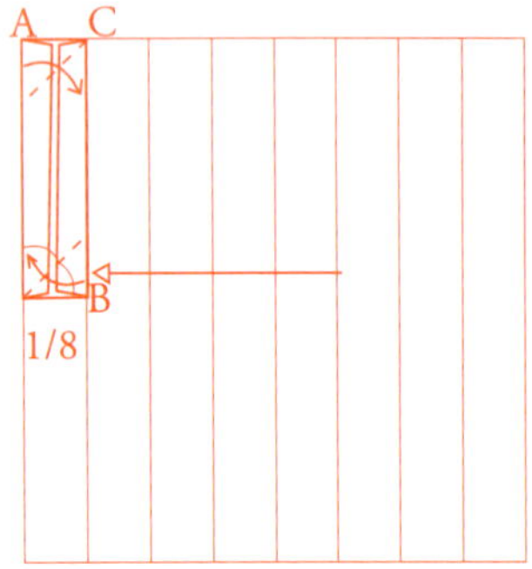

Divida uma folha quadrada em 4 partes retangulares congruentes. Recorte cada uma delas. Depois, uma a uma, corte-as ao meio.

Na metade cortada, marque o meio. Depois dobre os lados para o meio. As diferenças causadas pelas dobras, certamente, obrigarão os leitores a reduzirem a largura desse elemento de conexão conforme mostram as linhas pontilhadas. Isso permitirá um bom encaixe.

Dobre $\overline{AC}$ sobre $\overline{CB}$ e repita na parte inferior.

Pode-se também utilizar o papel A4 ou A5 para obter os "quadrados" e para produzir os "prismas" de base octogonal e eneagonal, usar folha A5 aumentando os retângulos conforme mostra o desenho. Assim, nas formas prismáticas todas as faces terão medida única.

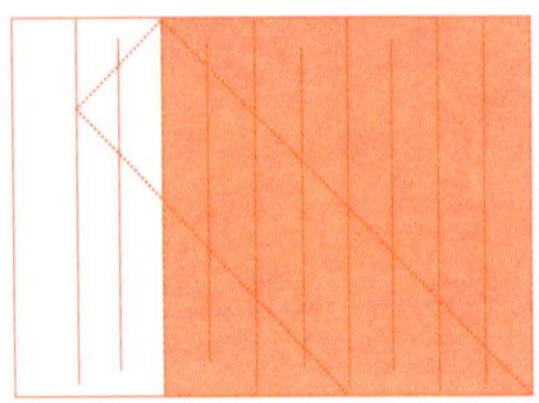

Vire o papel. Este é o elemento para a conexão de todos os módulos. Esta medida é válida somente quando as divisões da folha quadrada forem pares.

Obs.: Não esquecer de ajustar a largura do elemento de conexão para conectar os módulos.

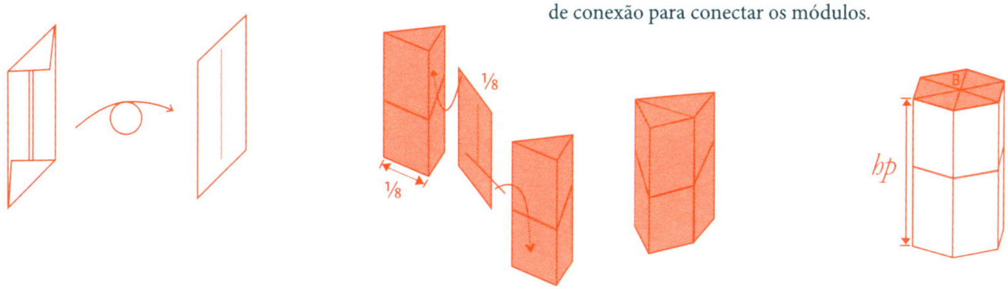

Encaixe o elemento de conexão nos módulos, metade dentro de cada um. Caso tenha alguma dificuldade, faça um ajuste nesse elemento, diminuindo um pouco sua largura. Para que a união forme uma peça o mais regular possível, todas as dobras devem ser executadas com firmeza e a montagem deve ser feita sem pressa. A medida do volume de um prisma regular é obtida multiplicando-se a área da base (B) pela altura do prisma (*hp*) V = B . *hp* Para calcular a área da base, basta decompor o "polígono" em "triângulos" calcular sua área, $\frac{b \, . \, ht}{2}$ e multiplicar pelo número de "triângulos" que compõem o "polígono" regular.

É um método bastante simples para dobrar o envoltório lateral dos prismas, com a simples divisão da folha quadrada em oito partes retangulares congruentes. Como as "formas prismáticas" são vazadas, os leitores podem calcular as medidas das bases tendo como referência as medidas dos lados de cada forma, uma vez que é possível medi-los no envoltório.

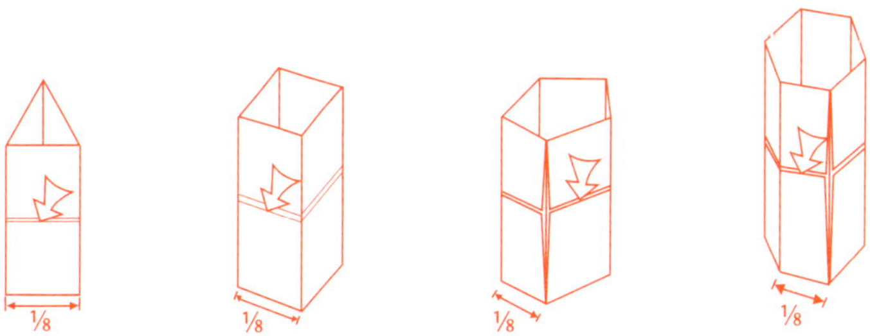

A seta mostra a abertura pela qual é introduzido o papel para a conexão dos módulos prismáticos.

“PRISMAS” DE BASES DIFERENTES

Base quadrada.

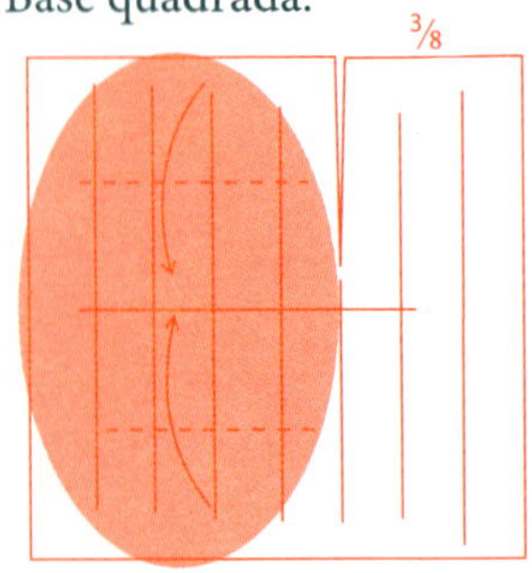

Corte fora ⅜ do “quadrado” (retangularmente) e dobre a parte esquerda como está indicada.

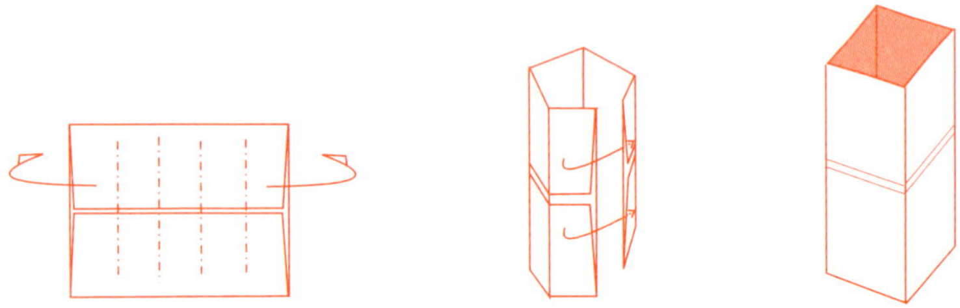

O sistema de dobras é sempre o mesmo. O que muda é a divisão da folha conforme mostram os desenhos.

Base pentagonal.

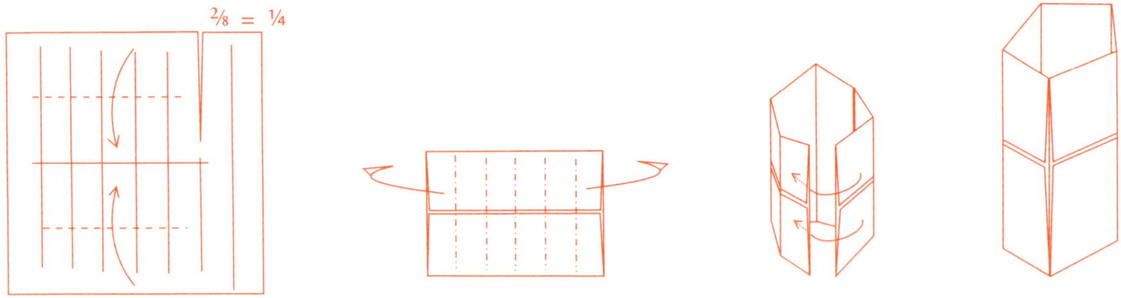

Base hexagonal.

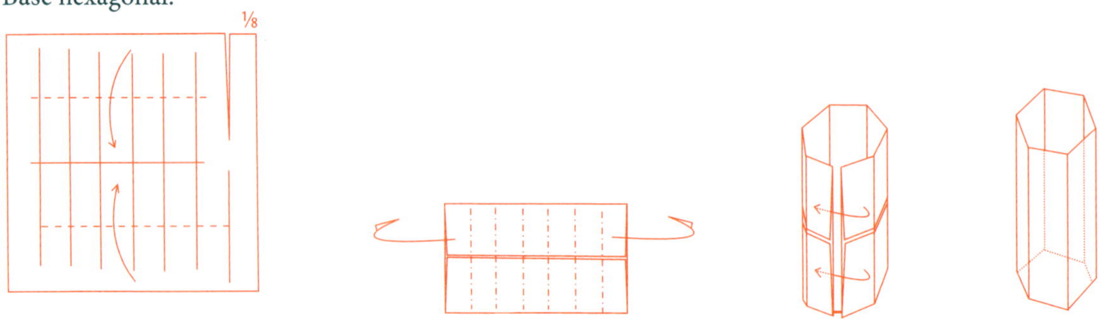

Caixinha pág. 29

Caixa cúbica pág. 29

Porta-retratos pág. 30

Mosaico pág. 30

Coração solitário pág. 31

Malha de prismas I pág. 37

Malha de prismas II pág. 37

Malha de prismas III pág. 37

Malha de prismas IV pág. 37

Malha de prismas V pág. 37

Envelope para presente pág. 39

Nó pentagonal pág. 48

BASE HEPTAGONAL

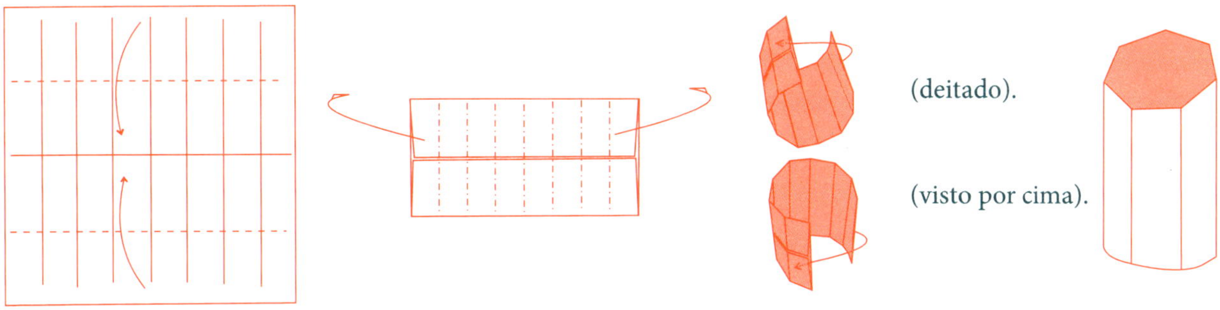

As malhas com prismas.

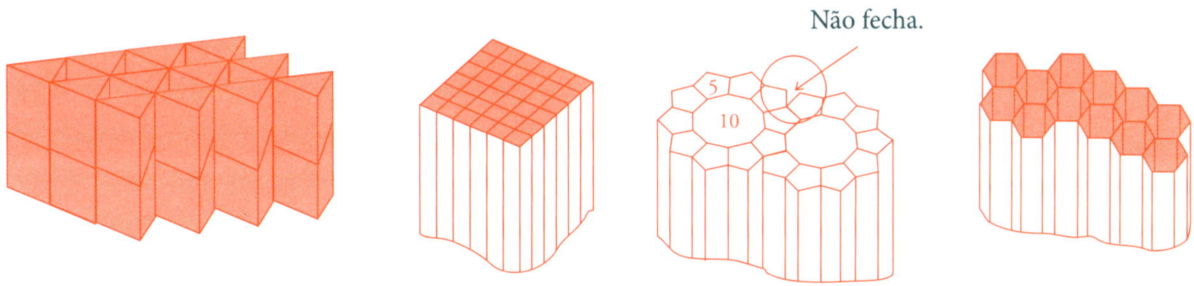

As mega cidades são construídas a partir da utilização de "prismas" retos com mais de um tipo de base, tem-se, portanto, os prédios como exemplo.

Na formação das malhas, o sistema de conexão dos "prismas" é o mesmo mostrado nas páginas anteriores. Algumas malhas são inviáveis porque as medidas dos ângulos internos de determinados polígonos regulares não somam 360° em torno de um mesmo ponto ("pentágono", "heptágono"...).

Somente se as malhas forem manipuladas com frequência por muitas pessoas, é aconselhável um pouco de cola nos elementos de conexão entre um "prisma" e outro. É possível compor malhas com diferentes tipos de "prismas". Embora as peças em papel, nesse caso, sejam apenas envoltórios desses "prismas", podem ser úteis em sala de aula na manipulação da folha (coordenação motora fina), na análise das formas, no cálculo de áreas das "bases", áreas laterais, volumes, além da contemplação da beleza das peças em si.

A GEOMETRIA DO DIA A DIA

A geometria está presente no nosso dia a dia, quer para a harmonia ou desarmonia. Está na planta das cidades, prédios, campos, quadras, casas, nos desenhos das calçadas etc. Por trás de cada embalagem dos alimentos que consumimos está a intervenção de um projetista que, além do desenho atraente, tem que torná-la prática. O origami está presente em muitas embalagens, tais como a do leite, caixas de remédios, chás, dentifrícios, suporte para copos etc.

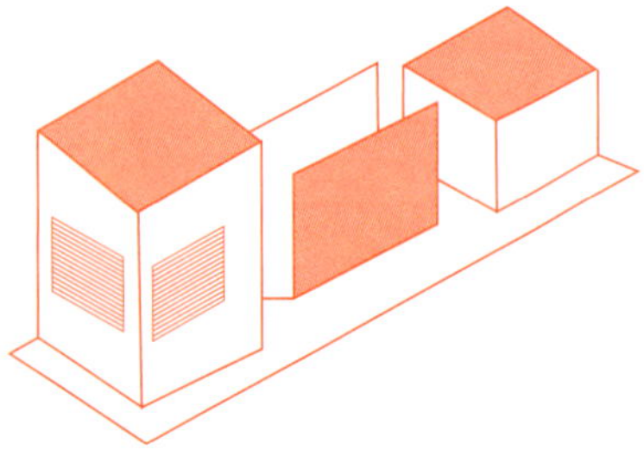

Utilitários:
objetos organizadores de mesa, ótimos separar para lápis, clips e papel.

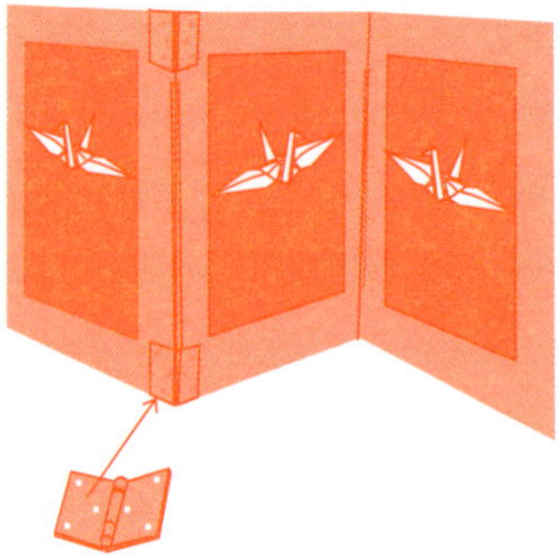

Porta-retratos triplo com dobradiças.

As torres gêmeas eram os "prismas" que foram derrubados.

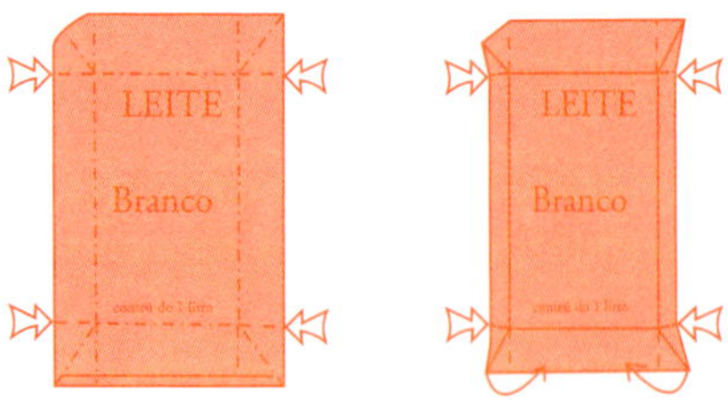

As linhas de dobra na embalagem de leite.

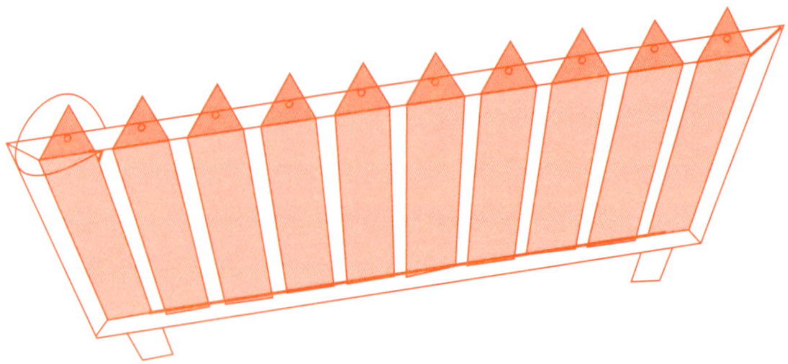

Painéis de propaganda: esse em particular usa "prismas" de base triangular que giram sobre um eixo, possibilitando a exibição de três anúncios em um só painel.

A GEOMETRIA DO EMBRULHO (SIMPLES)

É bom receber e dar presentes. Quando forem comprar uma lembrança para alguém, prestem atenção nas mãos da pessoa que for fazer o embrulho. Provavelmente ela irá dividir "a olho". Dobrará o papel valorizando o presente e, sem saber, estará "fazendo origami". A receita abaixo mostra um "envelope" simples que serve para vários tamanhos.

Geralmente o papel tem forma retangular que, nesse caso, adaptei para A4.

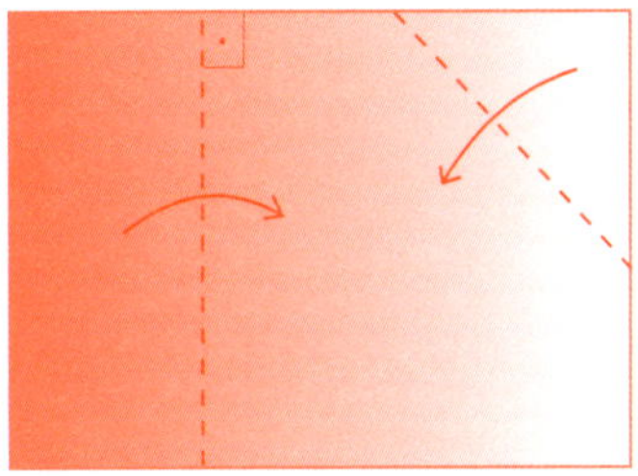

1. Faça duas dobras "a olho", baseadas no tamanho do presente. O envelope terá a largura do retângulo marcado na parte esquerda da folha.

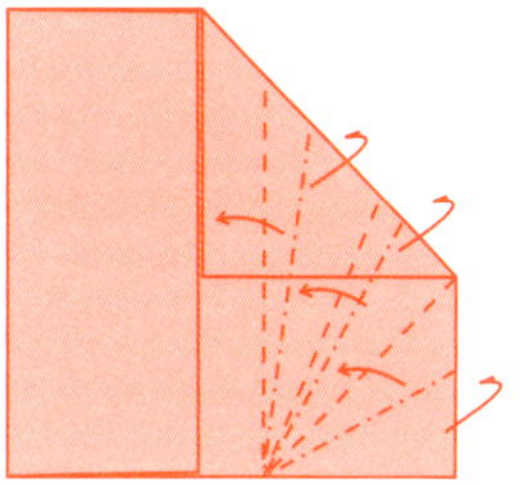

2. Note que são dobras tipo leque e também são feitas sem uma medida exata, mantendo somente o vértice.

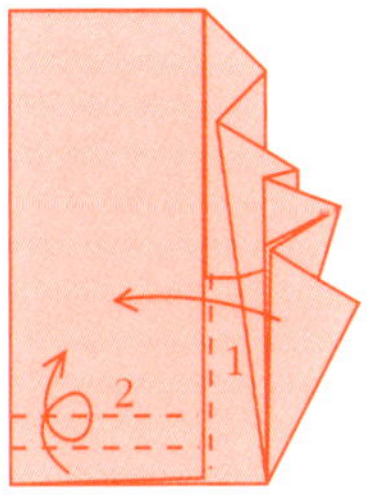

3. Dobre em ordem numérica. Não cole a parte de baixo mas deixe a dobra firme.

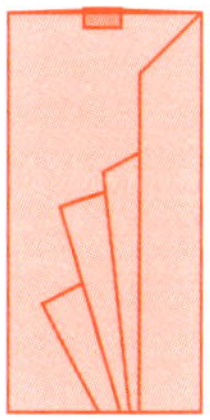

4. Envelope pronto e lacrado com o "selo da loja".

CORAÇÕES APAIXONADOS© 2000

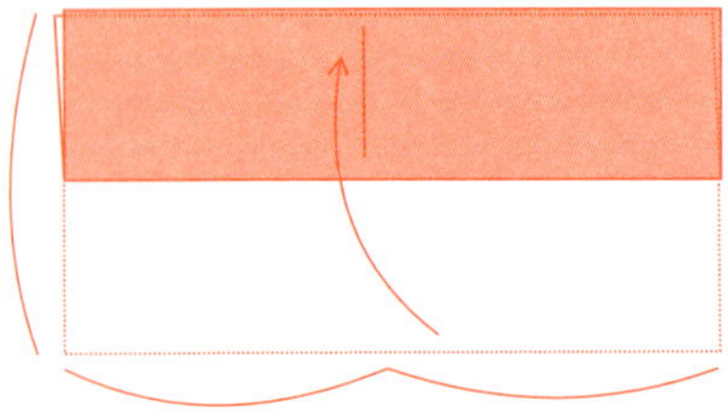

Usar retângulo 2 X 1, papel espelho vermelho.
1. Dobre ao meio para cima.

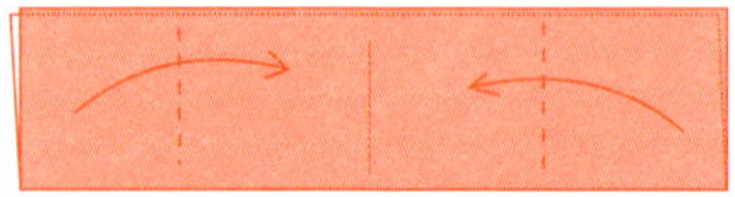

2. Dobre os lados para o meio.

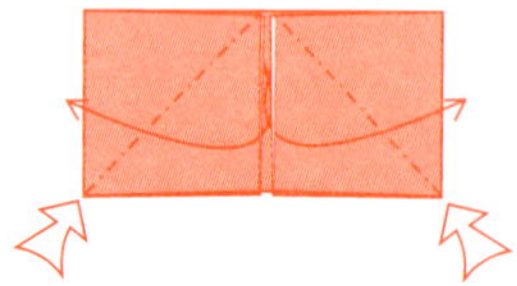

3. Abra e achate nos dois cantos.

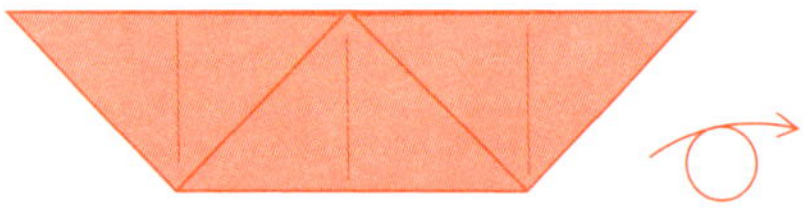

4. Vire o papel.

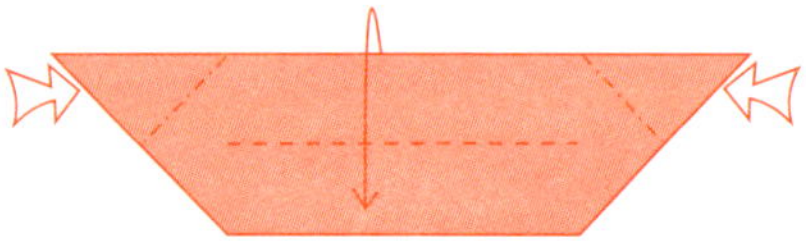

5. Dobre pela metade para baixo e achate os cantos.

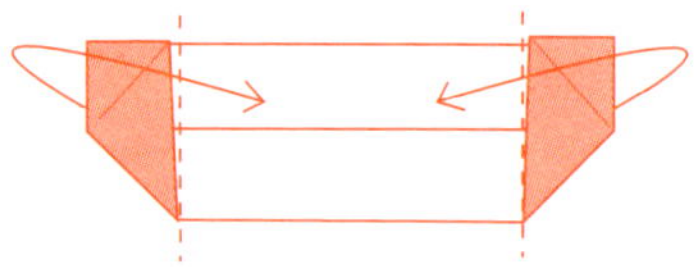

6. Dobre só partes coloridas para a frente.

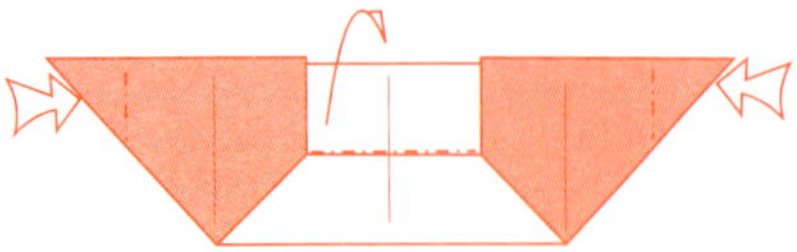

7. Essa dobra deve ser executada como na fase 5.

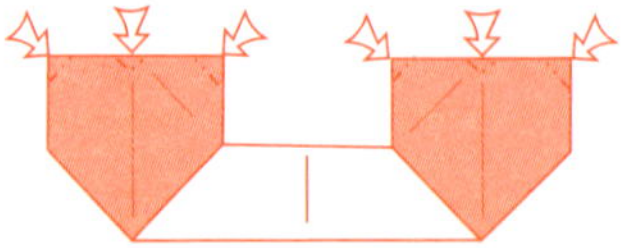

8. Afunde os cantos e molde o ponto situado no meio dos corações.

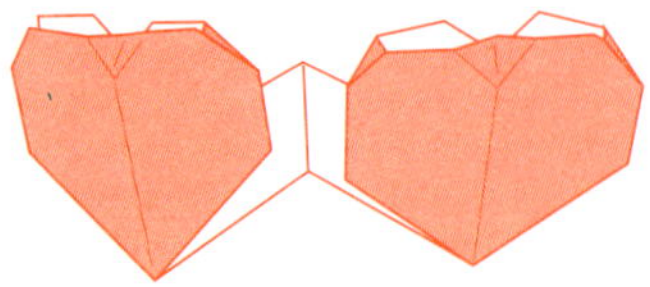

9. Corações apaixonados.

DIVIDINDO A FOLHA EM 3 PARTES RETANGULARES DE MESMA MEDIDA

A divisão em 3, 6 e 12 partes retangulares do mesmo tamanho. A partir da divisão em 12 partes congruentes, também é possível montar as formas prismáticas, que ficam com as faces mais estreitas. O método para a montagem é o mesmo mostrado anteriormente.

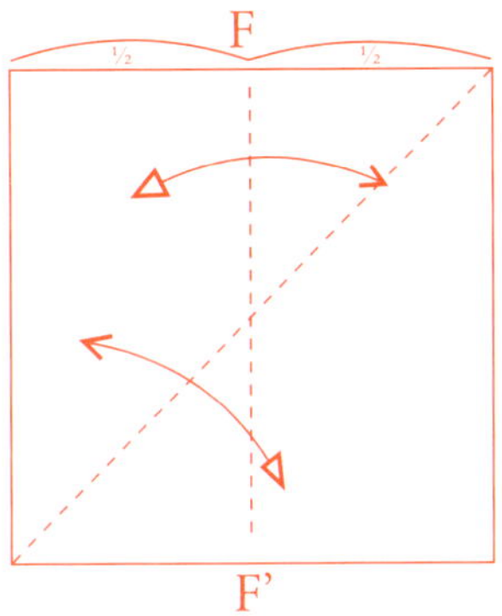

1. Use os pontos médios(M e 'M') para fazer a marca vertical.

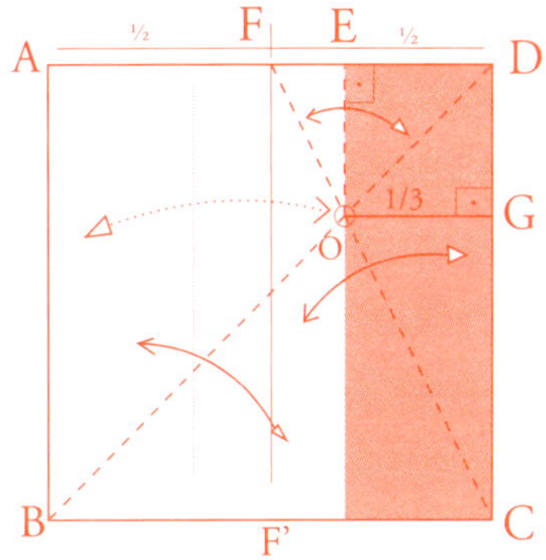

2. Execute a dobra tomando como guias $\overline{CF}$ e $\overline{BD}$. Faça uma dobra que parte de F até o vértice C. O ponto de interseção dessa nova dobra com BD determina ⅓ do lado da folha. Para achar o outro terço dobra-se $\overline{AB}$ sobre o ponto de interseção *O*.

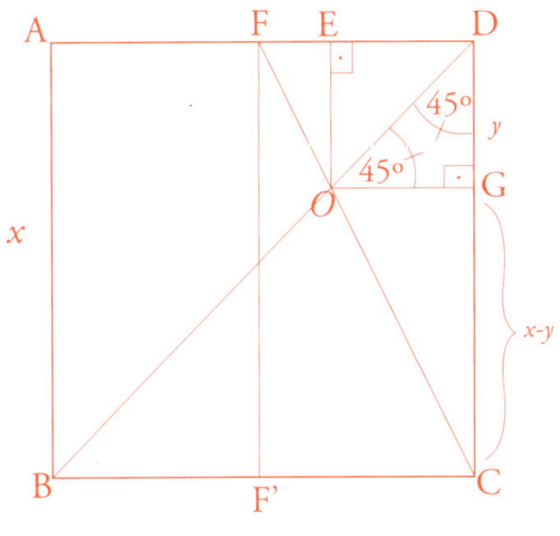

$\hat{O} = \hat{D} = 45^{\circ}$

$\overline{DG} = \overline{OG}$

$\overline{DE} = \frac{1}{2}x$

$\overline{DC} = x$

$tg\,\hat{C} = \frac{\overline{DE}}{\overline{DC}} = \frac{\frac{1}{2}x}{x} = \frac{1}{2}$

$tg\,\hat{C} = \frac{\overline{OG}}{\overline{CG}} \quad \frac{y}{x-y} = \frac{1}{2}$

$2y = x - y$

$2y + y = x$

$3y = x$

$y = \frac{1}{3}x$

$y = \frac{1}{3}\overline{AD}$

Medida de DE = $\frac{1}{3}$ da medida de AD

Para dividir a folha quadrada em 6 partes retangulares do mesmo tamanho, basta dobrar as metades dos terços. Procure dobrar devagar e com precisão, evitando acumular diferenças nas dobras sucessivas.

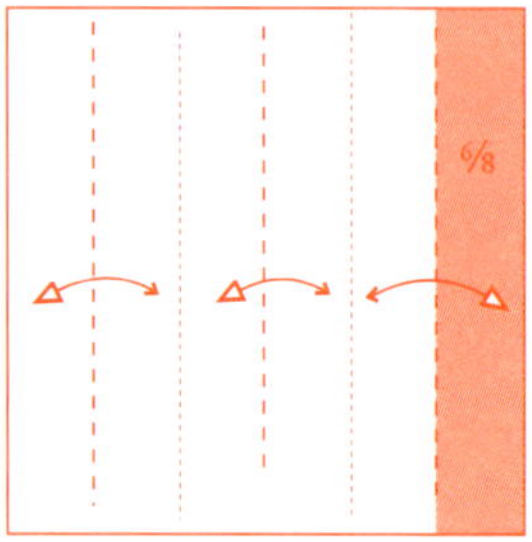

Para dividir a folha quadrada em 12 partes retangulares do mesmo tamanho, basta dobrar as metades das sextas partes. Aqui é preciso mais cautela ainda para evitar diferenças.

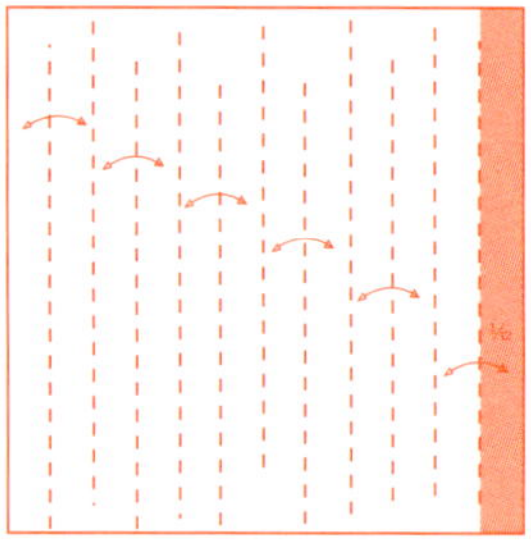

Na divisão em 3, 6, e 12 partes, como as medidas dos retângulos formados são mais estreitas do que as medidas daqueles formados nas divisões em 2, 4 e 8, naturalmente não dá para compor uma malha misturando as duas formas. As malhas devem ser montadas separadamente.

A concha é baseada nessas divisões. É criação de Robert J. Lang, publicada no livro Origami Sea Life, de John Montroll e Robert J. Lang. *New York:* Dover Publications, *Inc, 1990.*

A DIVISÃO DA FOLHA QUADRADA EM 5, 10 E 20 PARTES RETANGULARES DO MESMO TAMANHO

A partir da extremidade do segmento que determina $^2/_8$ do lado da folha, "E", fazer uma dobra até o vértice inferior direito *O'*. Na interseção desse segmento $\overline{BE}$ com a diagonal $\overline{AC}$, obtém-se o ponto *O* que corresponde a $^1/_5$ do lado da folha. $\overline{BF}$ corresponde a $^1/_5$ de AB.

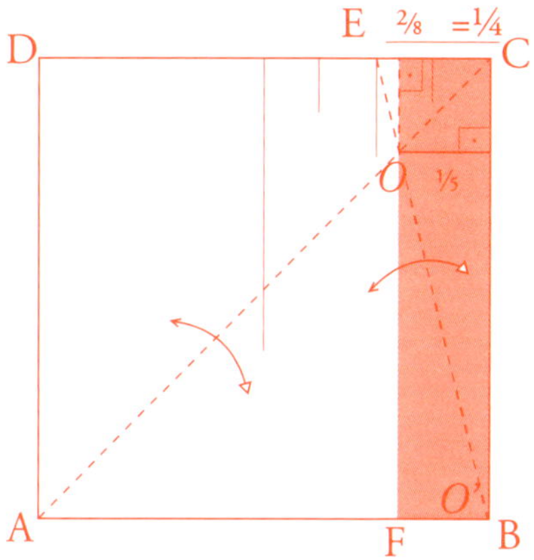

Faça a primeira dobra, sobre o ponto de interseção *O*, encontrado na fase anterior.
A parte restante da folha deve ser dobrada em quatro partes, conforme mostram os desenhos abaixo.

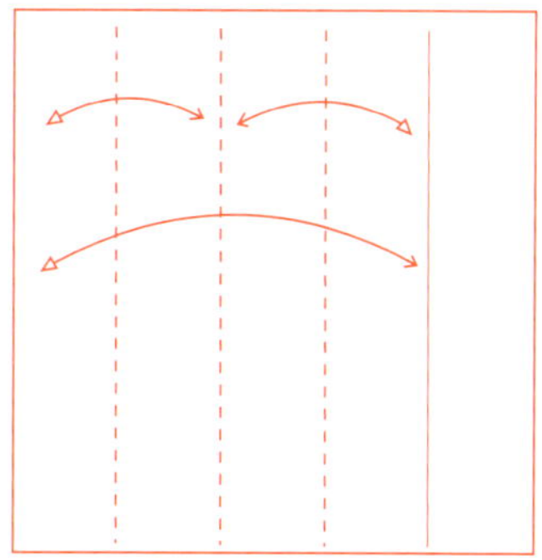

Basta dobrar cada metade das quintas partes para obter dez "retângulos" congruentes. Se quiser obter vinte, dobre as metades das décimas partes.

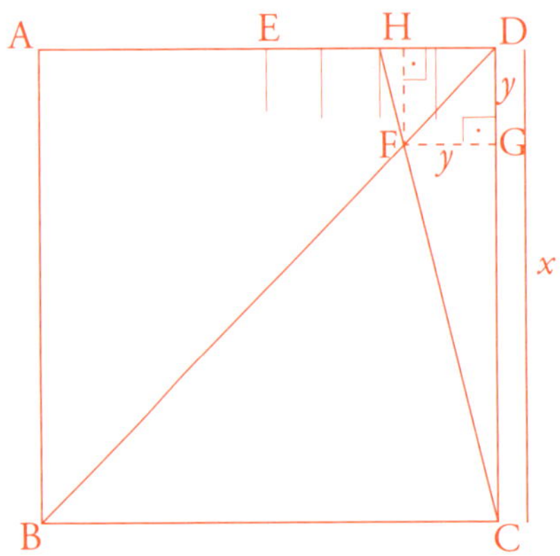

$$\operatorname{tg} \hat{C} = \frac{DH}{DC} = \frac{y}{x-y}$$

Por construção $DH = \frac{1}{4}x$

$DC = x$

$$\operatorname{tg}\hat{C} = \frac{\frac{1}{4}x}{x} = \frac{y}{x-y}$$

$$\frac{1}{4} = \frac{y}{x-y}$$

$$4y = x - y$$

$$5y = x$$

$$y = \frac{x}{5}$$

Esta caixa é uma criação de David Brill. Para conseguir esse resultado o papel foi dividido em 5 partes retangulares iguais, horizontal e verticalmente, formando 25 quadradinhos.

A DIVISÃO EM 7, 14 E 28 PARTES RETANGULARES DO MESMO TAMANHO

O primeiro desenho indica que foi marcada a diagonal e, também, foi feita uma pequena marca na metade da folha. Ao marcar ¼, restam ¾ à direita. A segunda dobra é feita partindo da marca ¼ até o vértice inferior direito. A interseção da diagonal com a segunda dobra determina 4/7 a esquerda da folha e 3/7 a direita.

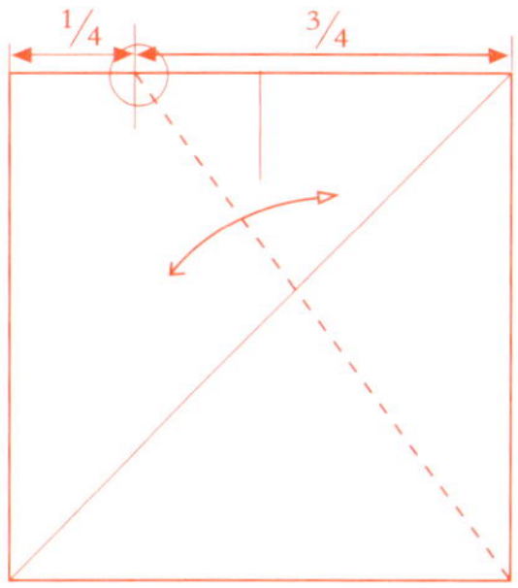

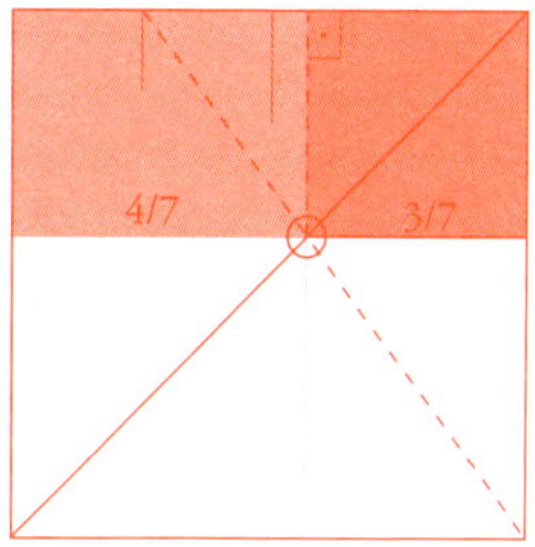

Os desenhos abaixo indicam que a partir da divisão em 4/7 e 3/7, pode-se executar a primeira marca, dobrando e desdobrando a folha. É mais fácil executar primeiro as três dobras marcando os 4/7 da folha. Em seguida, dobrando a parte direita (3/7) para a esquerda e, tendo como guias as marcas que estão na parte de baixo, executa-se as duas dobras marcando os 3/7 da folha. Todas essas dobras devem ser executadas devagar, com atenção para que não sejam acumuladas diferenças dobra após dobra.

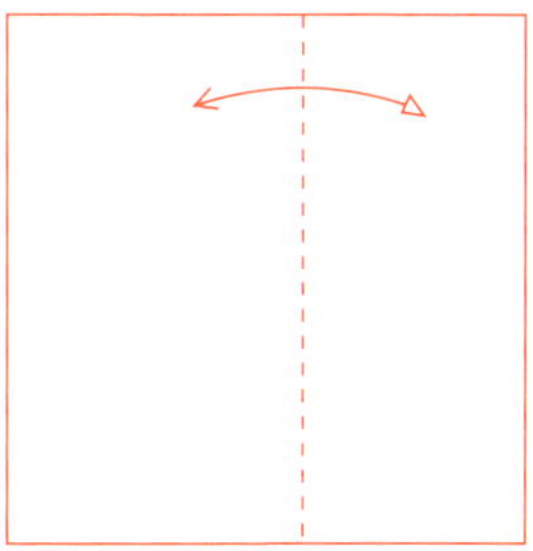

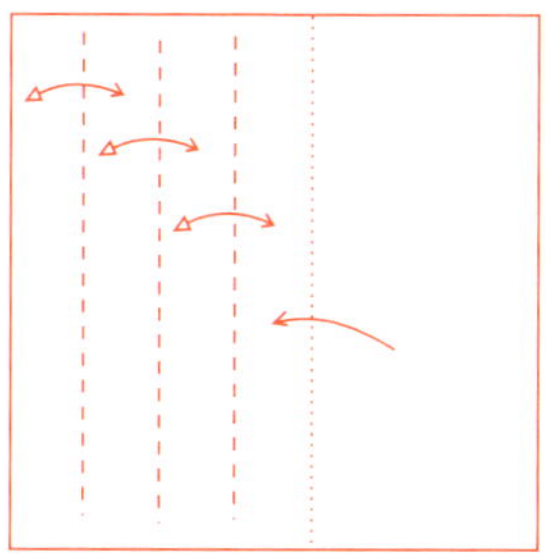

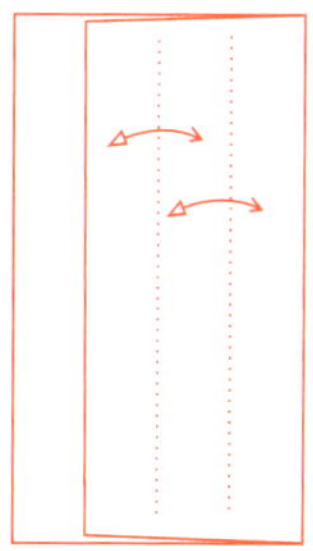

Após obter 7 partes retangulares do mesmo tamanho, dobrando cada sétimo pela metade, obtemos 14 "retângulos" congruentes. Repetindo a operação nos 14 "retângulos" obtemos 28. Quanto maior o número de "retângulos" mais precisas devem ser as dobras, caso contrário aparecerão diferenças.

Nessas divisões, as primeiras dobras sempre são delicadas e é preciso atenção para evitar as diferenças já mencionadas.

O macaco é uma criação de John Montroll. A receita dessa peça, nas primeiras fases, indica a marcação de $^{1}/_{7}$ na folha quadrada, como referência para as outras dobras.

A DIVISÃO DA FOLHA QUADRADA EM NOVE PARTES RETANGULARES DO MESMO TAMANHO

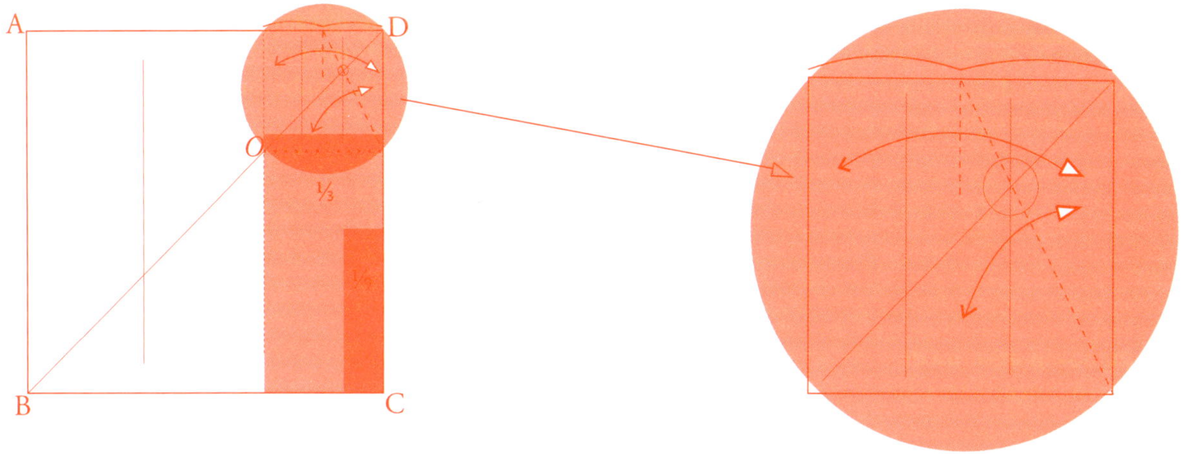

Para dividir o quadrado em 9 “retângulos” congruentes, aplica-se o mesmo método da divisão em 3, em um dos terços. Note que a partir do ponto *O*, dobrando perpendiculares até $\overline{AD}$ e $\overline{DC}$, tem-se um “quadrado” menor, cuja área corresponde a 1/9 da área do “quadrado” maior. Marcando a metade desse “quadrado”, e fazendo uma dobra que parta dessa marca, até o vértice inferior direito, determina-se ⅓. Por sobreposição, é possível dividir cada terço em 2, totalizando 6.
E cada terço em 3 partes iguais, totalizando 9. Dividindo os sextos em 2, temos 12 partes. Para a construção da forma prismática, devem ser seguidos os passos das construções já mostradas.

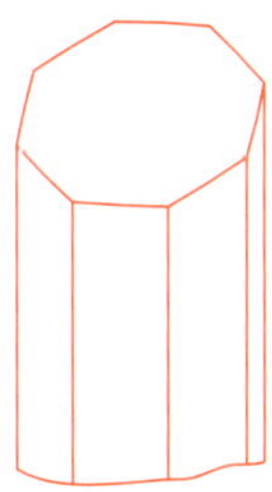

Modelo de forma prismática pronto (base octogonal).

Malha combinando formas prismáticas de base octogonal e de base “quadrada”.

O NÓ PENTAGONAL (SIMPLES)

Depois de praticar alguns exercícios exaustivos como os das páginas anteriores, convém relaxar um pouco e brincar de dar nós em tiras de papel. Seu time foi rebaixado? Faça como diz uma tradição japonesa: escreva um desejo em tiras de papel com "nós pentagonais", pendurando-as em ramos de bambú. Se seu desejo demorar para ser realizado, não perca o sono.

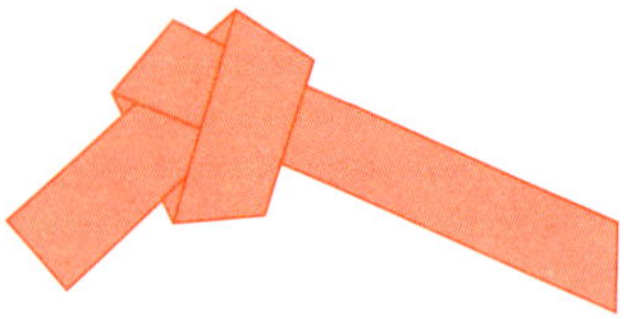

Dê um nó em uma tira de papel, sem forçar e amassar.

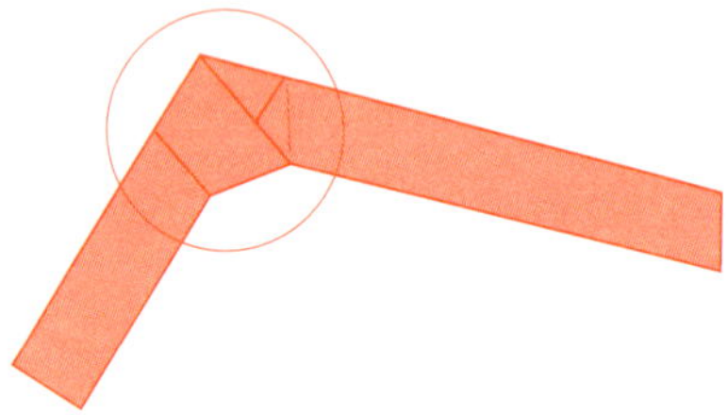

Vá apertando o nó até obter a forma pentagonal regular, sem amassar as bordas.

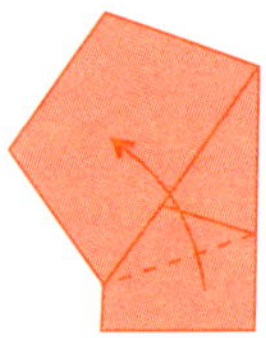

1. Corte uma das pontas da tira, rente ao lado da forma pentagonal. Dobre um dos lados da tira, sempre respeitando os limites deste "pentágono".

2. Concluída a dobra, vire o papel.

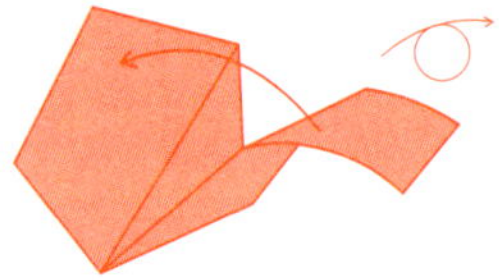

3. Dobre mais uma vez e vire o papel.

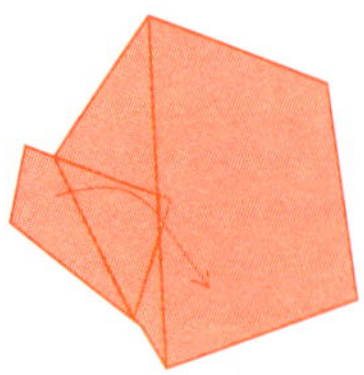

4. Dobre, sucessivamente, até sobrar uma pequena parte da tira que deverá ser dobrada para dentro do modelo.

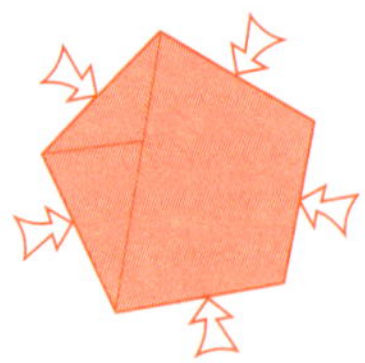

5. Pronto. Pressione os lados para moldar uma estrela com "volume". Pode-se também, marcar pelas diagonais.

6. Estrela.

OBTENDO 11 PARTES RETANGULARES DO MESMO TAMANHO©2004

Dobra-se pelo ponto médio G, para obter a metade da folha. $\overline{DE}$ equivale a ⅓ do lado $\overline{DA}$. Dobra-se de tal maneira que o vértice *O* toca o ponto médio G. Em seguida dobra-se de tal forma que o vértice *O’* toca o segmento $\overline{EF}$. As duas dobras interceptam-se no ponto *O”*, dividindo a folha em $^3/_{11}$ e $^8/_{11}$.

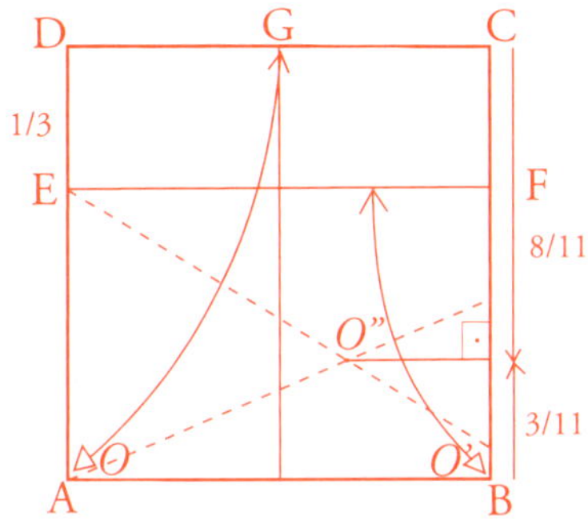

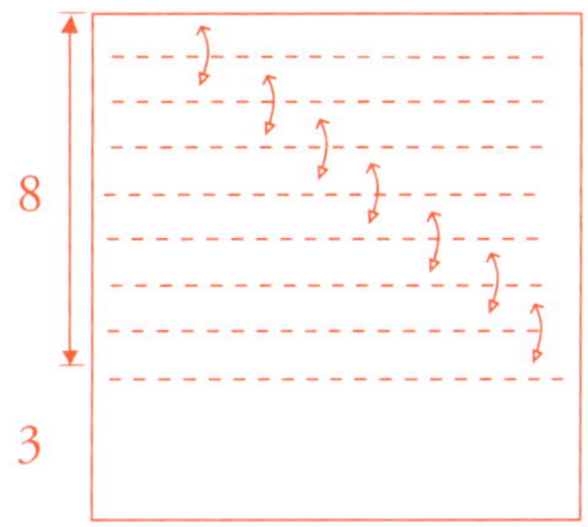

É mais fácil começar dobrando $^8/_{11}$, dobrando as metades sucessivas. Em seguida, dobra-se os $^3/_{11}$ para cima. Tendo como guias as marcas de divisão que são visíveis na parte da folha que está por baixo, dobra-se os retângulos de $^3/_{11}$. No último desenho, a tangente do ângulo AĈB multiplicado por $\overline{CA}$ é igual a $\overline{BA}$ cuja medida equivale a $^3/_{11}$ do lado da folha quadrada. São 11 “retângulos” (tiras) nos quais se pode dar um nó simples sem forçar, conforme mostra a página anterior. Esse nó forma um “pentágono” regular. É chamado regular porque tem lados e ângulos congruentes.

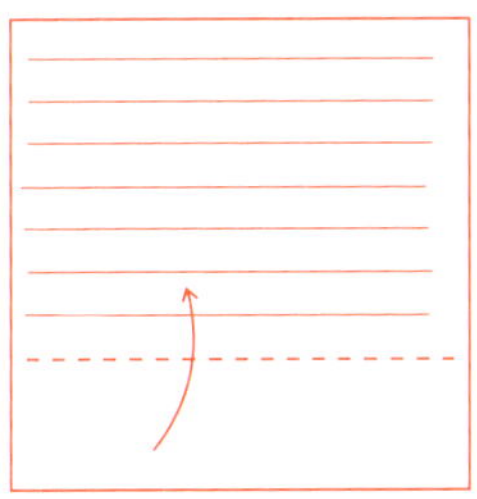

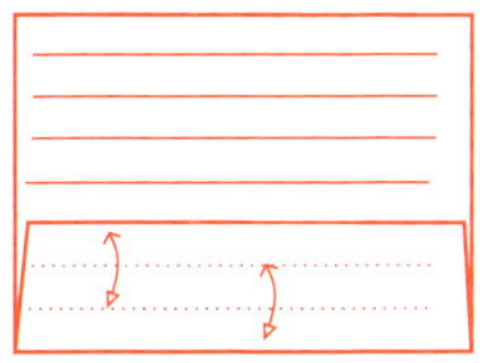

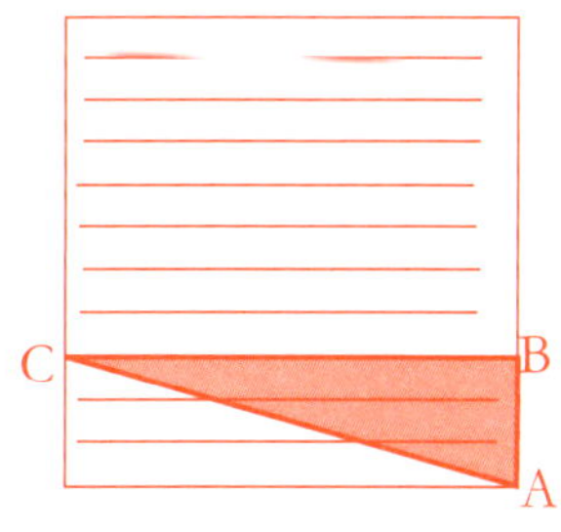

CAPÍTULO II
ÂNGULOS

COMPARANDO

Os "gansos" abaixo têm diferenças entre si. Um é mais magrinho, outro mais gordinho, outro mais comprido etc. É uma peça bem simples. Todos foram dobrados pelo mesmo método e, para cada um deles, foi utilizada uma divisão particular do ângulo reto. (90°).

Por meio dessa peça simples percebe-se o quanto é importante a divisão para o resultado final. Para dividir um ângulo reto em "n" ângulos congruentes aproximadamente, não é necessário o uso de outros instrumentos além das dobras na folha. Depois de feitas as marcações, com auxílio de um simples transferidor ou de *softwares* específicos para geometria, os resultados podem ser checados. A receita da próxima página traz uma técnica muito utilizada em origami. É a dobra invertida por fora e pode representar cabeças de animais, pés, mãos humanas etc. Em seguida, vem a receita para dobrar o ganso utilizando a divisão do ângulo reto em quatro ângulos congruentes.

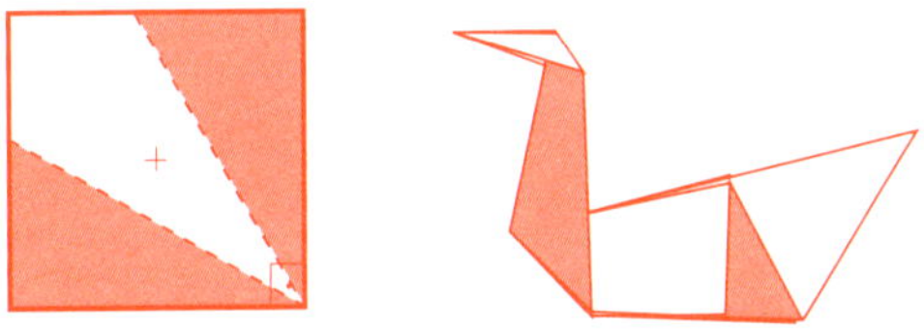

1. Divisão em 3.

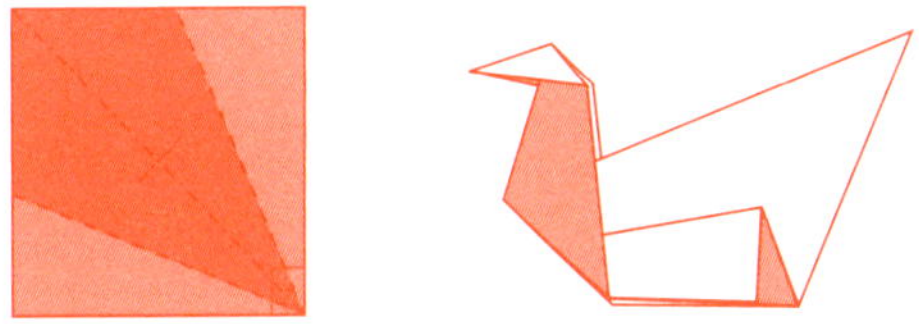

2. Divisão em 4.

3. Divisão em 5.

4. Divisão em 7.

TÉCNICA DA DOBRA INVERTIDA POR FORA

Embora possa parecer uma dobra difícil, com atenção e paciência é possível executá-la sem grandes problemas. Essa dobra é muito utilizada também para fazer as cabeças de animais, tal como a do ganso da próxima página.

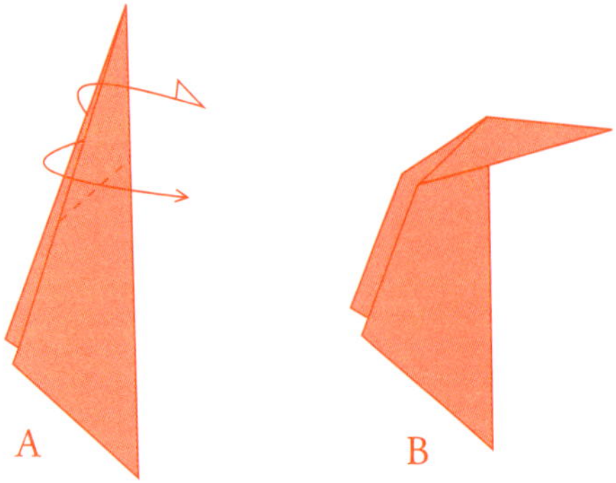

Os desenhos A e B estão na sequência indicativa como aparecem na maioria dos livros de origami.

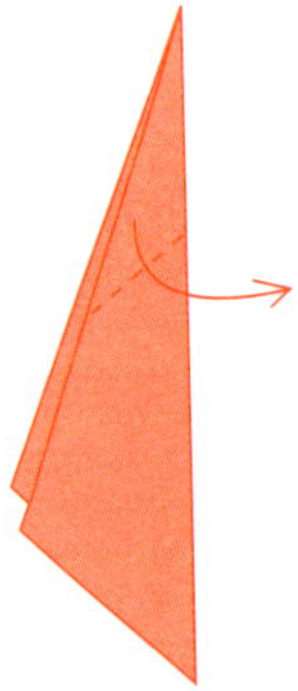

Execução:

1. Dobre para a direita.

2. Desdobre.

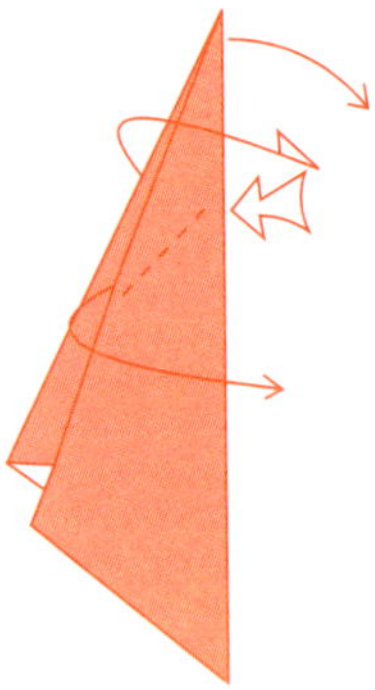

3. Abra as laterais e puxe a ponta para fora segurando no ponto da seta larga.

4. Continue puxando. A dobra de trás será invertida.

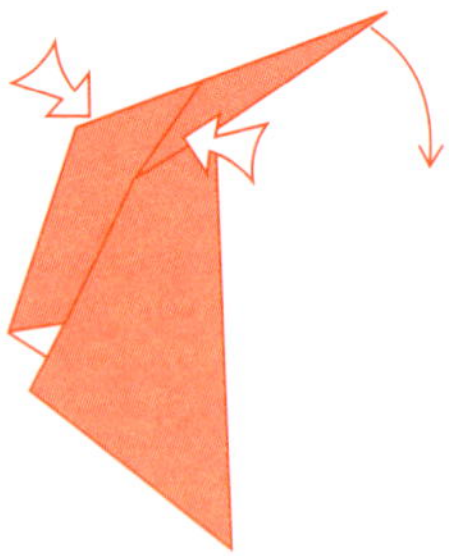

Estando na posição correta, aperte nas laterais para finalizar.

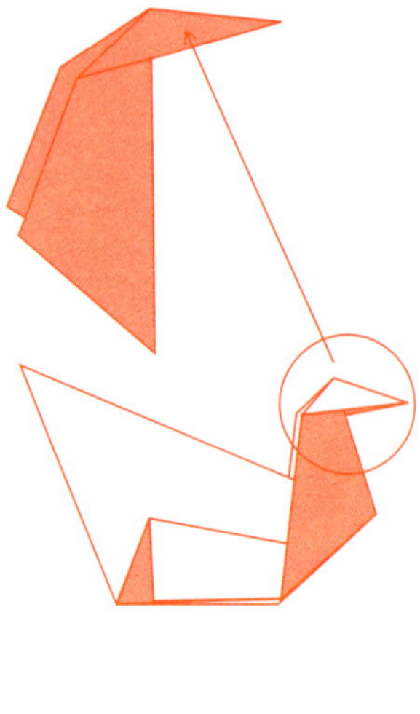

APLICANDO A DIVISÃO NO ÂNGULO RETO DE 90° (SIMPLES)

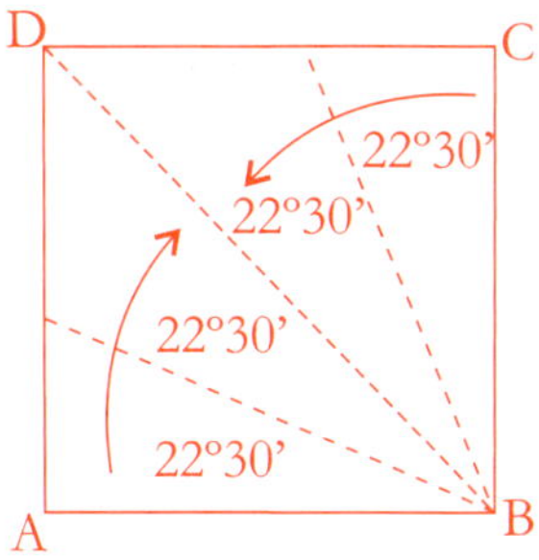

1. Dobre para a diagonal AB e CB paralelas à DD.

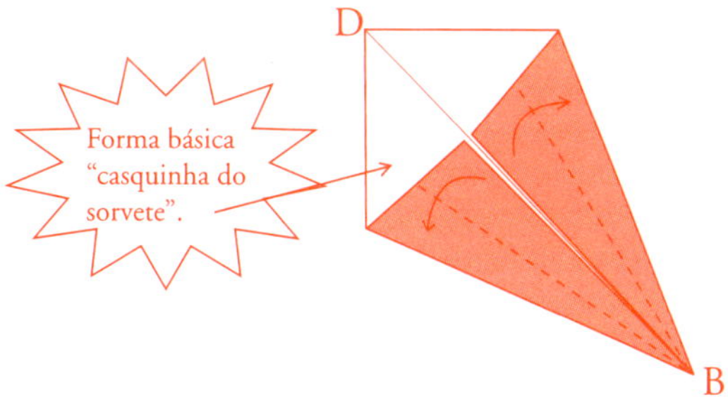

2. $\overline{BD}$ tem que estar visível. Dobre para os lados.

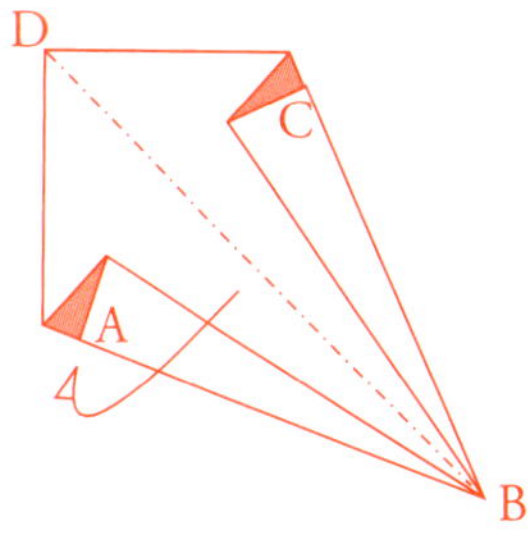

3. Dobre ao meio para trás.

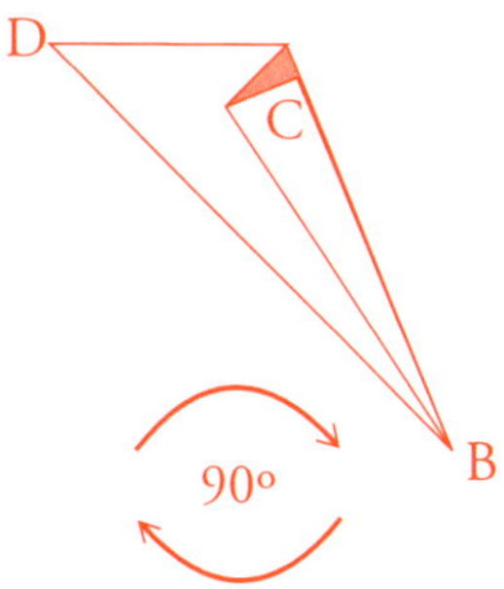

4. Girar no sentido horário.

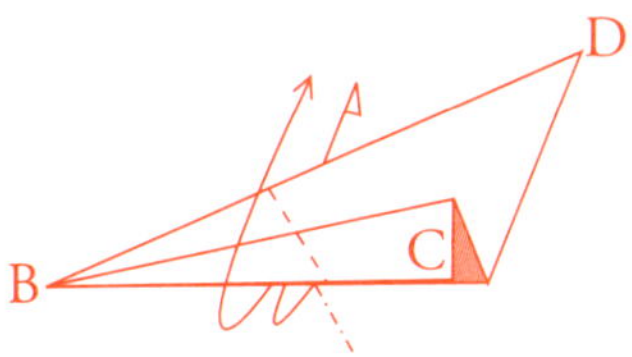

5. Dobra invertida por fora.

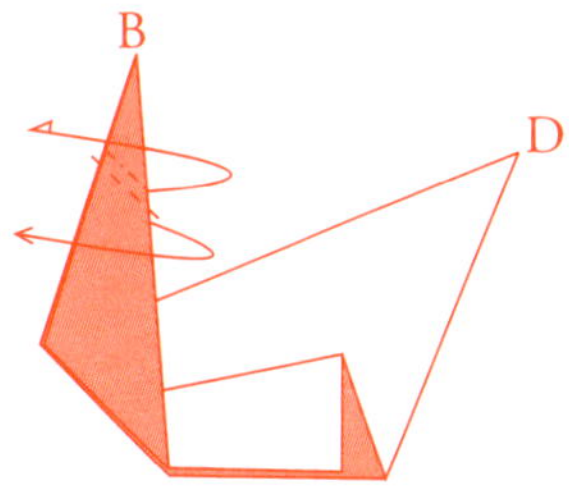

6. Outra dobra invertida por fora para fazer a cabeça.

5. Dobra invertida por fora.

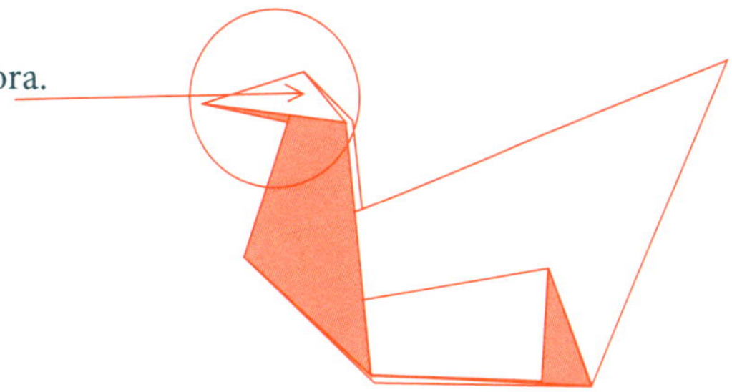

Ganso pronto, usando a divisão do ângulo reto em 4 regiões angulares com a mesma medida.

O QUE É ÂNGULO?

Em qualquer definição, dá para verificar que um ângulo é formado por dois lados e um vértice. Bissetriz é a semirreta com origem no vértice do ângulo que o divide em dois ângulos congruentes.

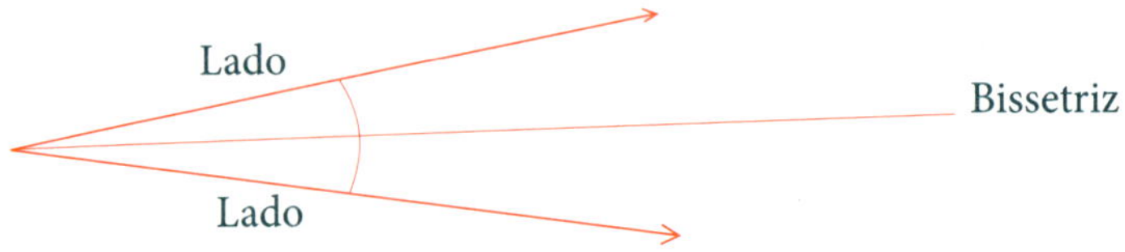

Considerando que uma volta completa tem 360°, formada por $^4/_4$ de volta, os ângulos são classificados em:

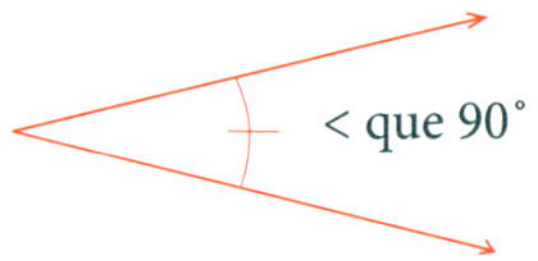

ângulo agudo

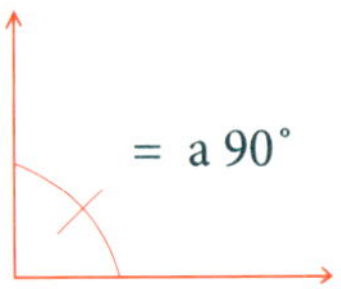

ângulo reto

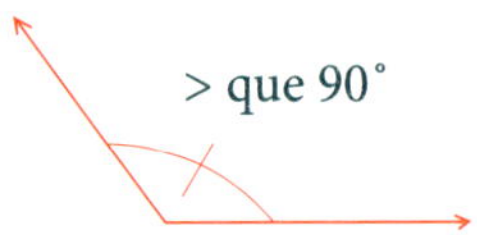

ângulo obtuso

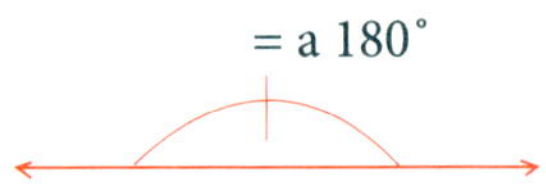

ângulo raso

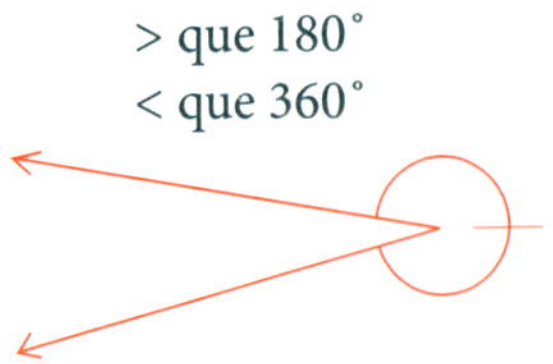

ângulo côncavo

O transferidor e o sextante são instrumentos utilizados para medir ângulos.

Existe ainda o ângulo pleno ou de uma volta medindo 360º

A DIVISÃO DO ÂNGULO RETO EM 2 ÂNGULOS CONGRUENTES

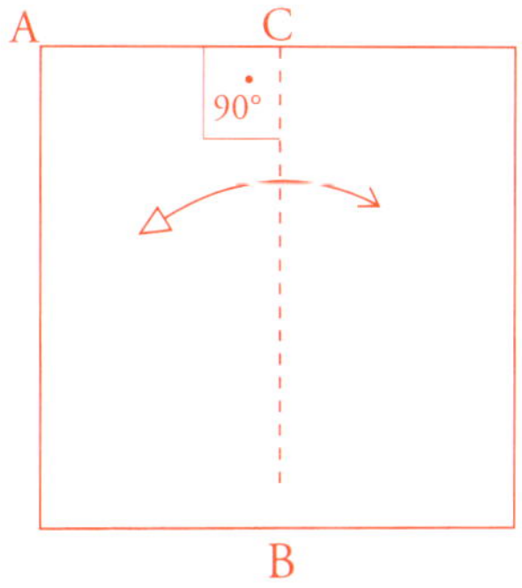

Dobre e desdobre pelos pontos médios dos lados de uma folha quadrada.

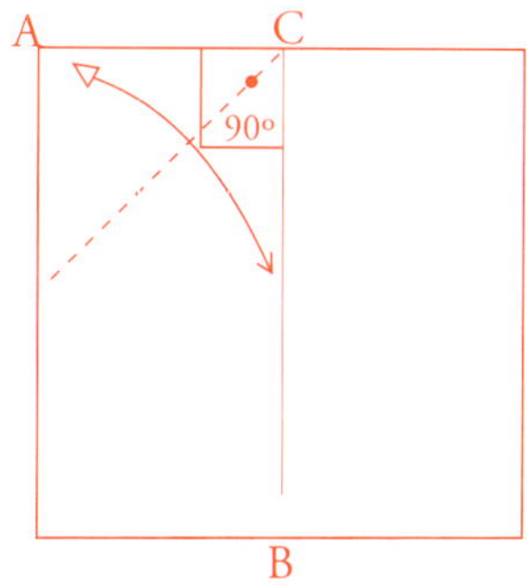

Dobre e desdobre, $\overline{AC}$ dobre $\overline{BC}$. A linha tracejada é bissetriz.

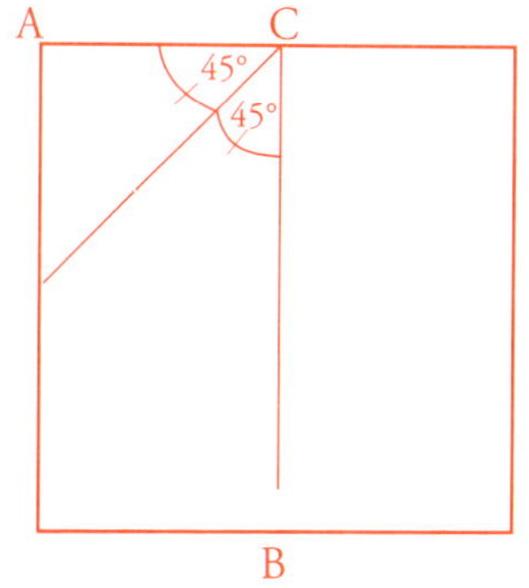

Pronto. O ângulo reto (90°) foi dividido em dois ângulos congruentes medindo 45°.

A divisão do ângulo reto em 4 ângulos congruentes

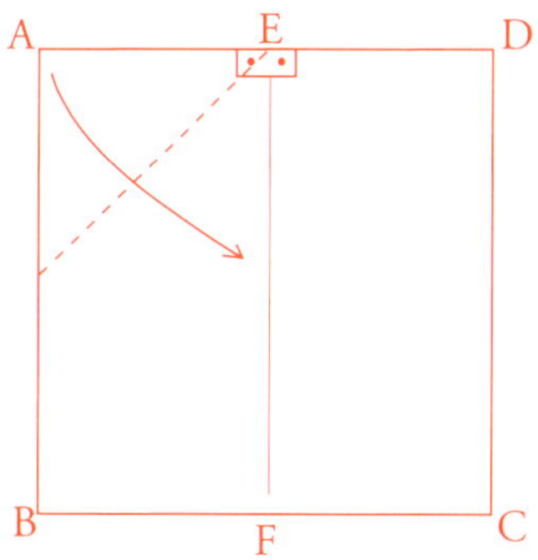

Divida o ângulo em dois ângulos congruentes.

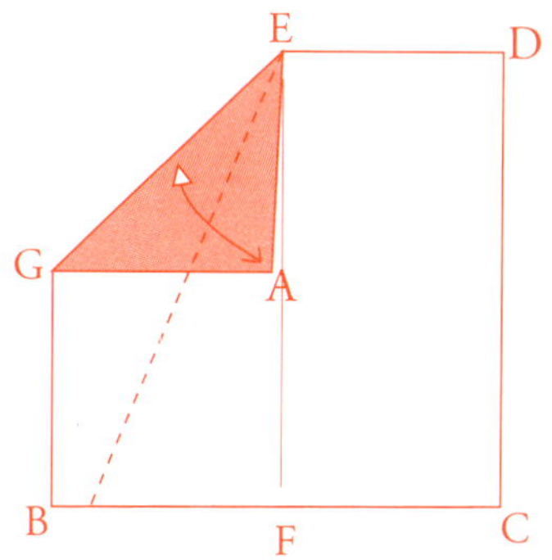

Dobre e desdobre $\overline{EG}$ sobre $\overline{EF}$. Evite que o triângulo dobrado na fase anterior se desloque.

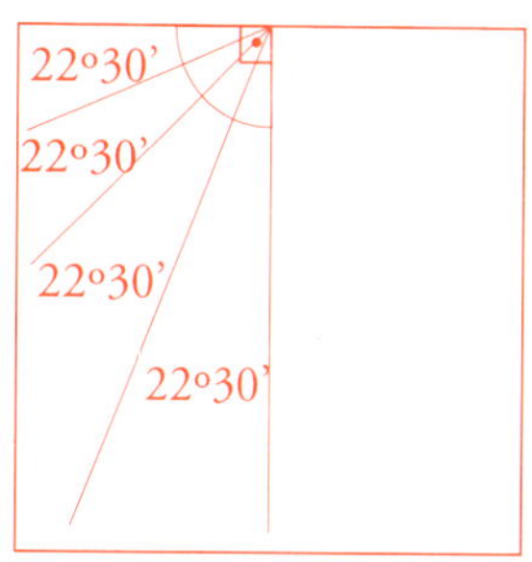

O ângulo reto dividido em quatro ângulos congruentes.

A DIVISÃO DO ÂNGULO RETO EM 8 ÂNGULOS CONGRUENTES (SIMPLES)

$\overline{AB}$ é o segmento de reta de extremos "A" e "B" .
AB é a medida do segmento $\overline{AB}$.
Portanto, o que está sendo pedido nestas fases é para dobrar um segmento sobre o outro.

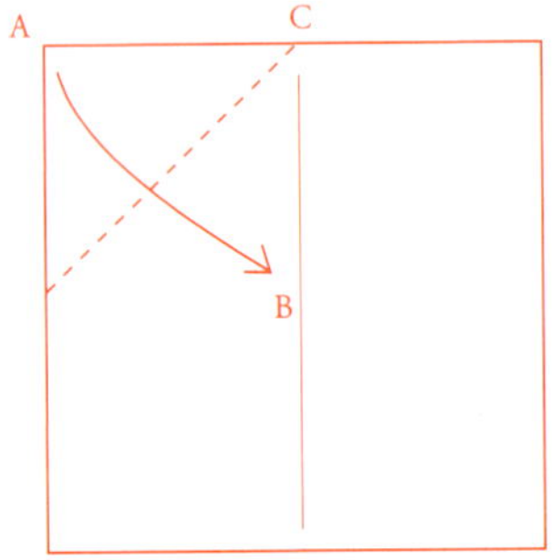

Dobre $\overline{AC}$ sobre $\overline{CB}$.

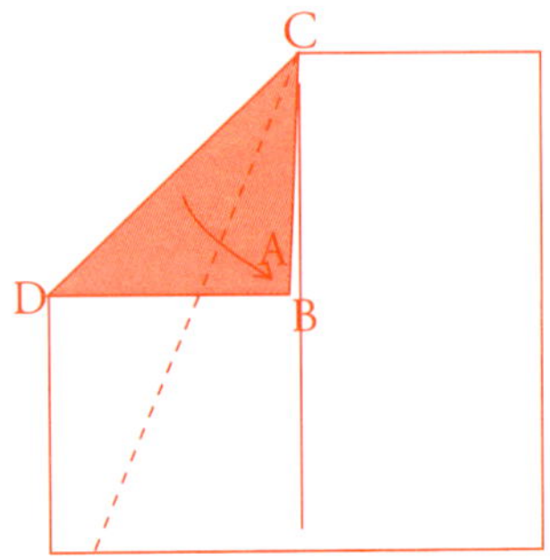

Dobre $\overline{CD}$ sobre $\overline{CB}$.

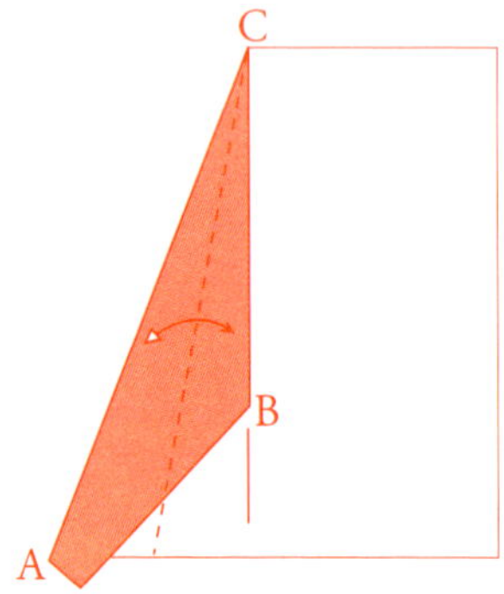

Dobre e desdobre $\overline{AC}$ sobre $\overline{CB}$.
Evite que as abas que estão embaixo se desloquem.

A divisão do ângulo reto em 8 ângulos congruentes

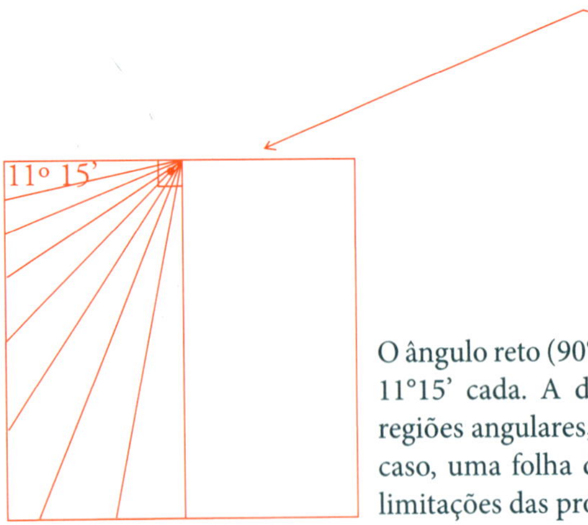

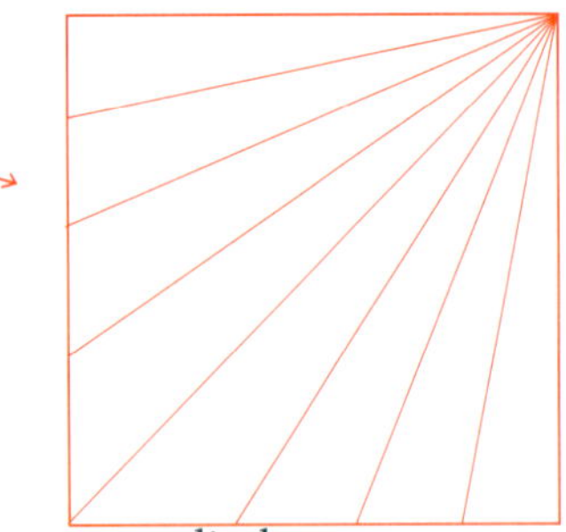

O ângulo reto (90°) foi dividido em 8 ângulos congruentes medindo 11°15' cada. A divisão está bem aproximada se, subrepondo as regiões angulares, nada sobra ou falta. A medição de um corpo, no caso, uma folha de papel, quase sempre fica comprometida pelas limitações das próprias dobras.

A CARPA (INTERMEDIÁRIA)

No Japão, carpas de pano suspensas em mastros comemoram o dia dos meninos, Koinobori (5 de maio). O dia das meninas é Hanamatsuri (3 de março), quando as famílias se reúnem para celebrar e desejar a elas um crescimento saudável e feliz.

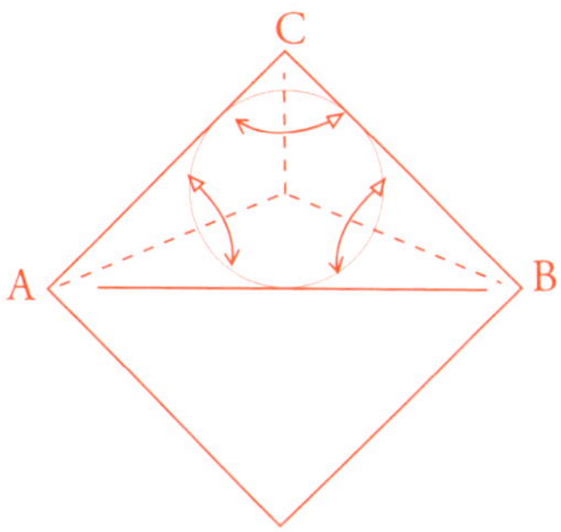

1. Dobre e desdobre nas bissetrizes.

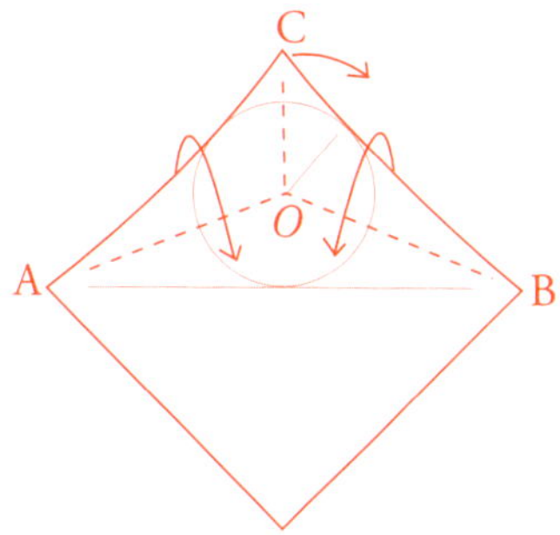

2. Dobre simultaneamente, formando uma "orelha de coelho", que nada mais é do que dobrar nas bissetrizes dos ângulos do triângulo ACB e seu ponto de interseção é o incentro (*O*).

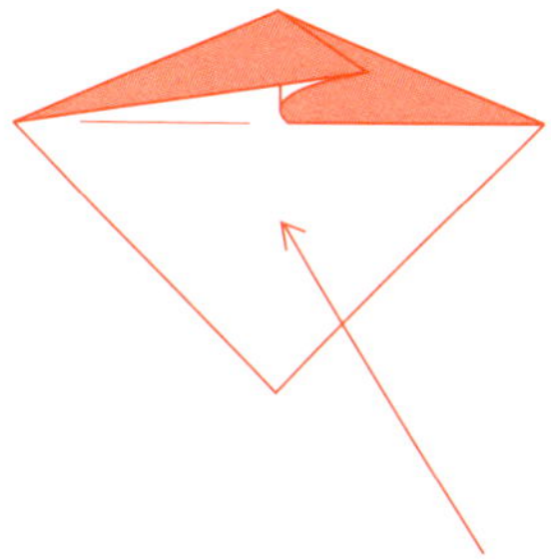

3. Repita as fases 1 e 2 no triângulo branco.

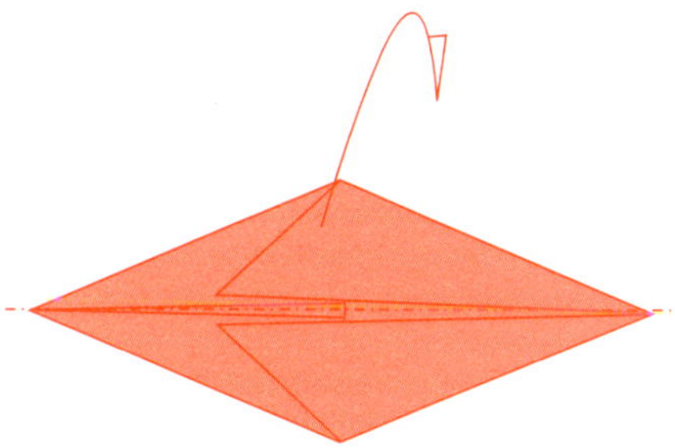

4. Base do peixe pronta. Dobre ao meio para trás.

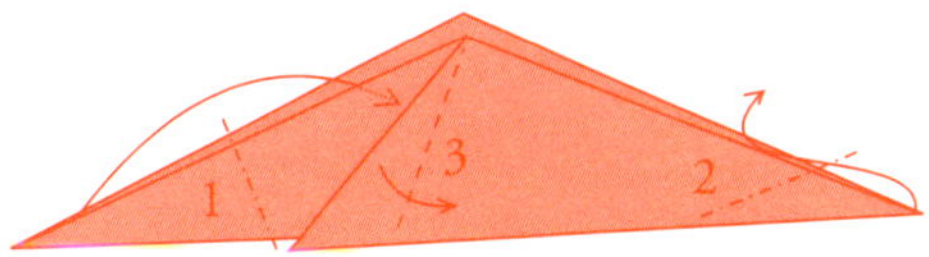

5. Dobre em ordem numérica.
1) Dobre a ponta para dentro, pela metade.
2) Dobre o rabo por dentro (págs. 85 e 86)
3) Dobre metade da aba e repita atrás.

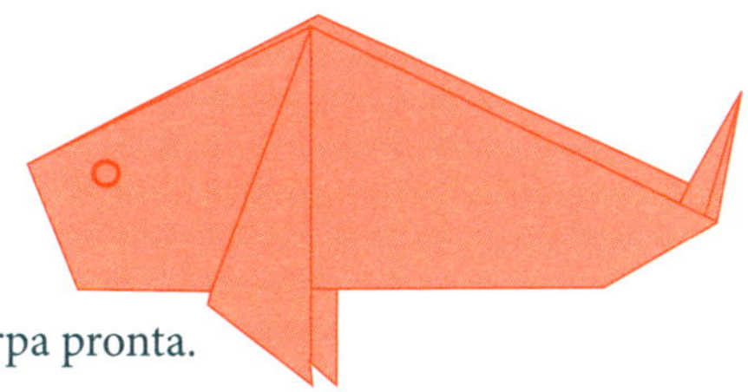

6. Carpa pronta.

FOCA DOBRADA A PARTIR DA BASE DO PEIXE (INTERMEDIÁRIA)

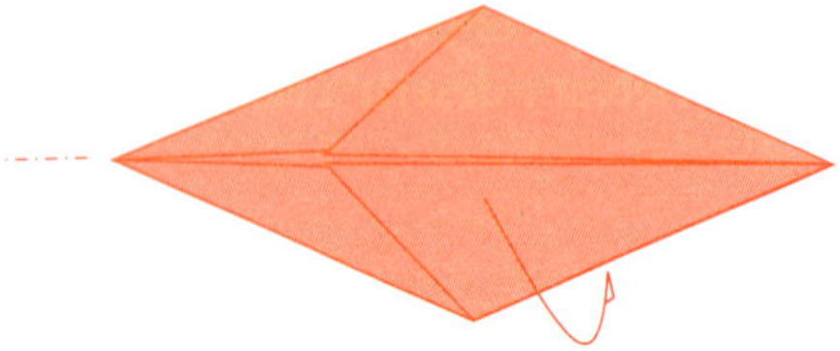

1. Comece pela base do peixe (pág. 59) e dobre ao meio para trás.

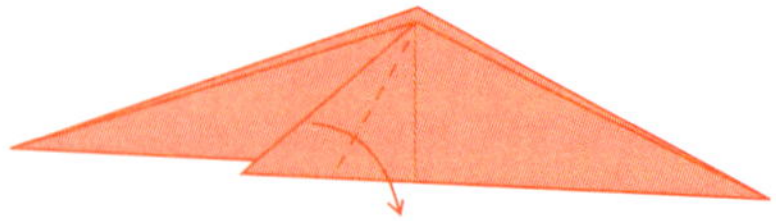

2. Dobre uma ponta para baixo. Note que a dobra é na bissetriz.

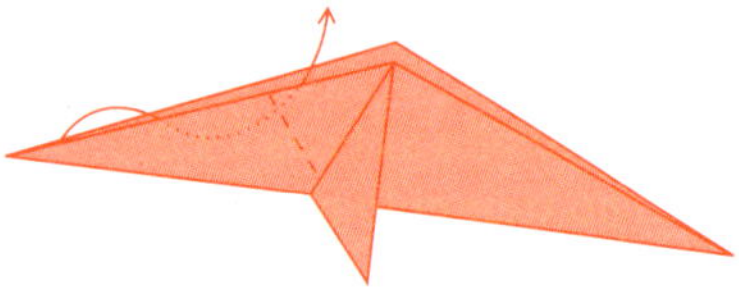

3. Dobra invertida por dentro. (pág. 85 e 86)

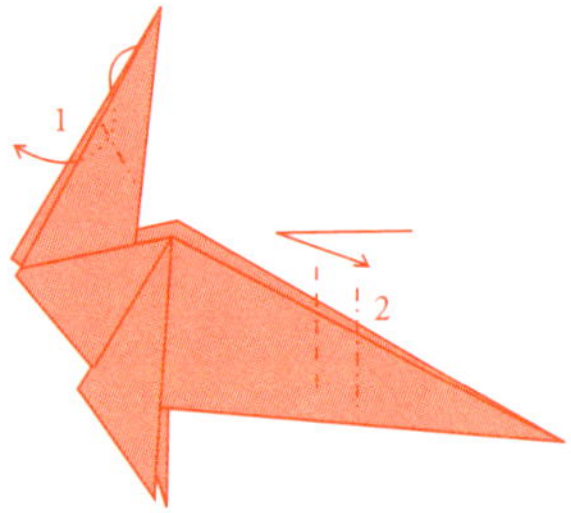

4. Dobre em ordem numérica.
1) Dobra invertida por dentro.
2) Dobre a mesma ponta, uma vez para a esquerda e outra para a direita.

5. Dobre em ordem numérica.
1) Dobre por fora para fazer a cabeça.
2) Dobre só a nadadeira de trás, para a frente.

Gato dobrado a partir da base do peixe. (Autoria: J. Aníbal Voyer)

6. Foca.

A TRISSEÇÃO DO ÂNGULO RETO (SIMPLES)

Qualquer ângulo pode ser bisseccionado (dividido em dois ângulos congruentes) e qualquer segmento de reta pode ser dividido em qualquer número de partes iguais com régua e compasso ou origami. No livro *Bugs and Birds in Origami*, dos 20 tipos de pássaros criados por John Montroll, oito deles são dobrados a partir da divisão inicial mostrada nesta página. Ver exemplo na página 63.

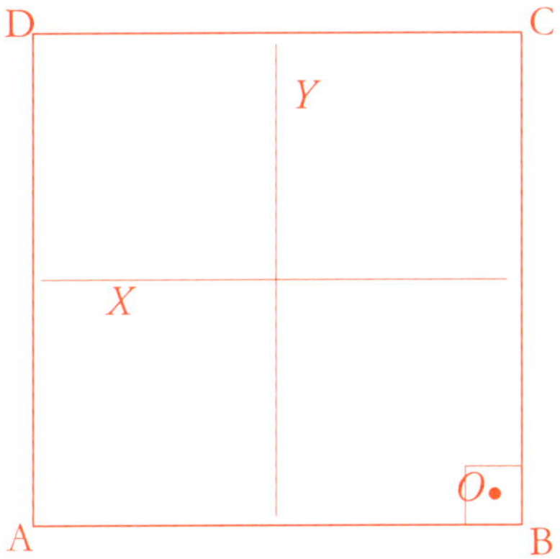

1. Marque a folha dobrando e desdobrando pelos pontos médios dos lados. Formam-se os eixos X e Y e o ângulo a ser dividido é $A\hat{B}C$.

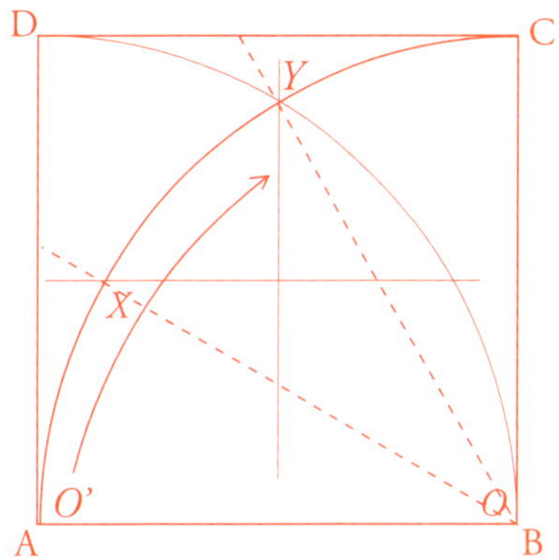

Fazer duas dobras (uma de cada vez), partindo do vértice *O* de tal forma que o vértice *O'* toca o eixo Y e o vértice *B* toca o eixo X. É como traçar os arcos com vértices *O* e *O'*, raios $\overline{BA}$ e $\overline{BC}$, para determinar os pontos *X* e *Y*.

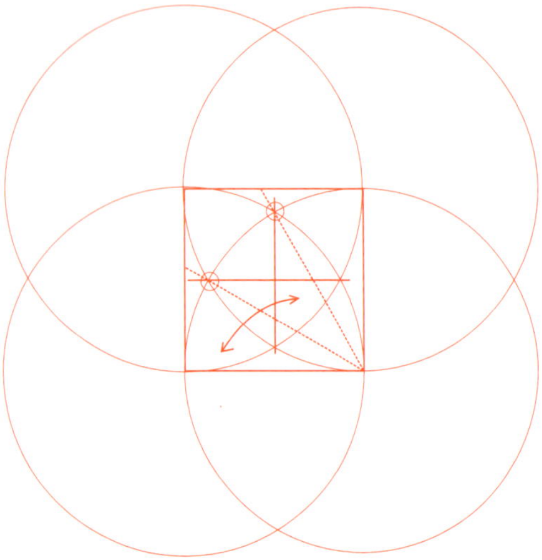

Centrando o compasso nos quatro vértices do quadrado, o raio da circunferência é o lado do quadrado.

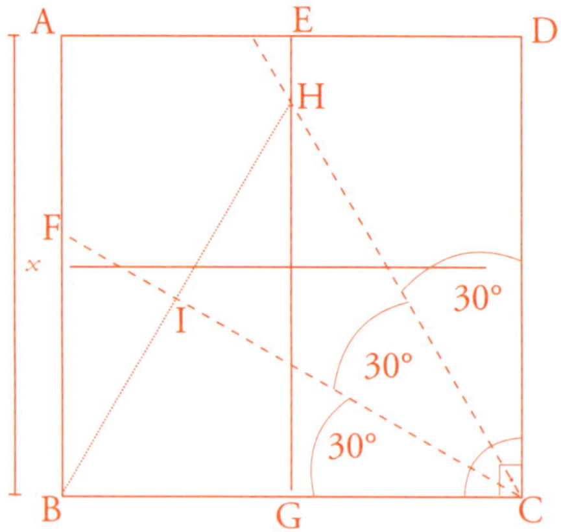

AD = x

AE = $\frac{x}{2}$

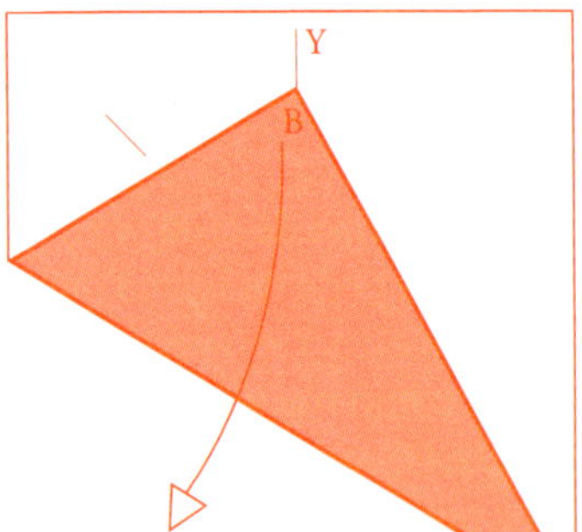

Esta é a execução da fase 2 da página anterior.
Desdobre e repita no lado direito da folha.

Pela dobra feita, CB = CH = BH

3 lados congruentes.

O triângulo BCH é equilátero.

$m(\hat{C}) = m(\hat{H}) = m(\hat{B}) = 60°$

I é ponto médio de $\overline{BH}$

$m(B\hat{C}I) = m(H\hat{C}I) = 30°$

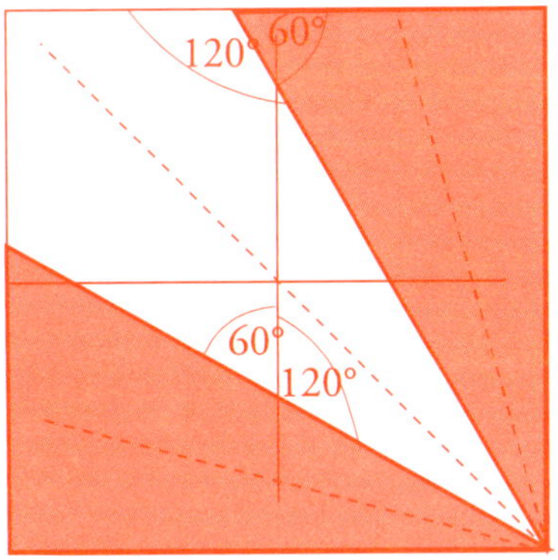

Ao fazer a divisão, foram formadas três figuras. Dois triângulos e um quadrilátero. O eixo de simetria dessas figuras é a bissetriz de cada ângulo. Dobre e desdobre para dividir o ângulo reto em 6 ângulos congruentes e, por último, em 12 ângulos congruentes.

O ganso acima é uma criação de John Montroll. Essa peça tem como ponto de partida, a divisão de um ângulo reto de uma folha quadrada, em três ângulos congruentes.

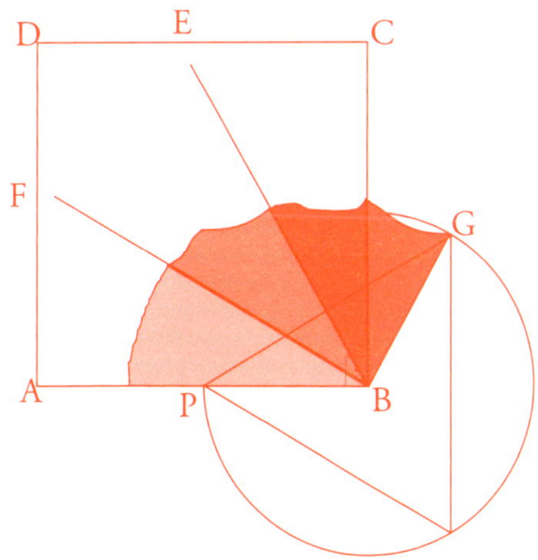

Extrapolando o origami.
A multisseção do ângulo reto: ©2006
Em qualquer polígono regular convexo inscrito, que tenha como centro o vértice do ângulo reto de um quadrado e, como raio, metade do lado desse quadrado, a divisão de seu ângulo central em 4 ângulos congruentes, divide o ângulo reto em tantos ângulos congruentes quantos forem os lados do polígono.

TULIPA

Esta tulipa foi uma das primeiras peças que aprendi. Já vi tantas pessoas dobrando e ensinando sua receita e, às vezes, tenho a impressão que já seria de domínio público. No entanto, penso que sua autoria deve ser atribuída a Kunihiko Kasahara. Aqui está uma pequena variação na receita do cabinho da flor. A tulipa é bem conhecida mas pode ser substituída por outra flor uma vez que a receita não está disponível.

A tulipa com o cabinho original.

A variação do cabinho, obtendo duas pontas a mais.

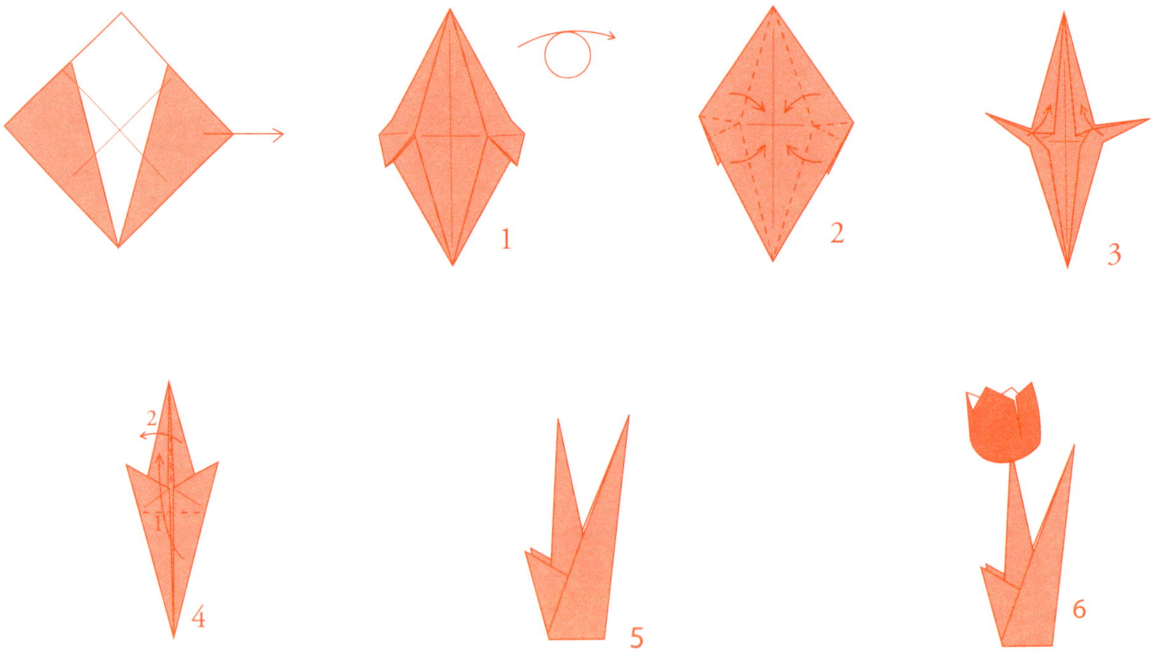

Para o primeiro cabinho, o ângulo reto foi dividido em quatro ângulos congruentes. Na variação, divide-se o ângulo reto em 3 ângulos congruentes. A receita desse segundo cabinho está resumida.

DATILOGRAFANDO COM PAPEL A4 (SIMPLES)

Um pequeno intervalo para lembrar um passado não tão distante.
Quem se lembra da velha e boa máquina de escrever? Pois é, em muitos lugares do Brasil ela ainda trabalha bastante. Este origami que produz som, diverte as pessoas e lembra nossas "datilografadas" e as cartas de amor, as notas promissórias etc.

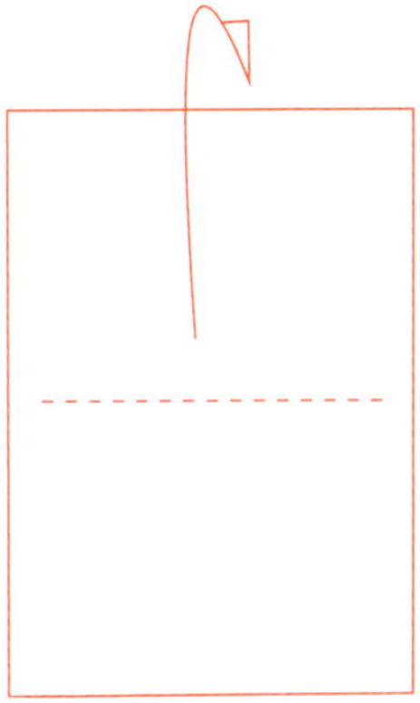

1. Dobre ao meio para trás.

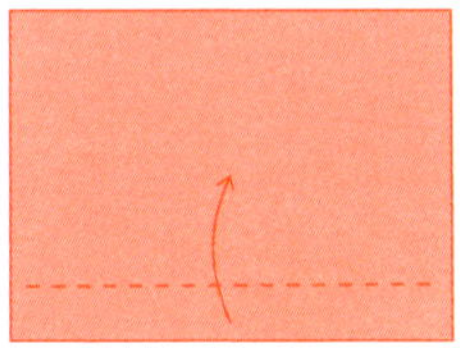

2. Dobre para cima. 2 ou 3 cm.

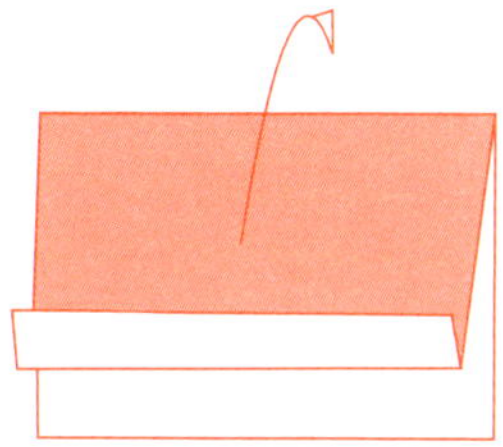

3. Enrole para trás.

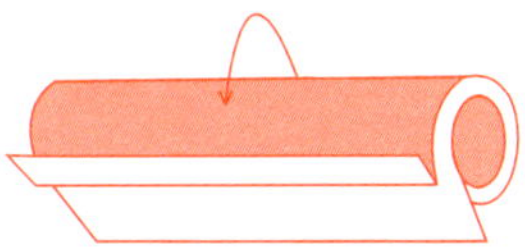

4. Desenrole parcialmente.

5. Coloque sobre a mesa e bata com o dedo para imitar o som da máquina de escrever.

O ÂNGULO DESCONHECIDO E O ORIGAMI © 2007 (INTERMEDIÁRIA)

É fundamental aprender a dobrar perpendiculares, paralelas, marcar pontos médios e bissetrizes. Como qualquer outra atividade, é preciso praticar para obter bons resultados.

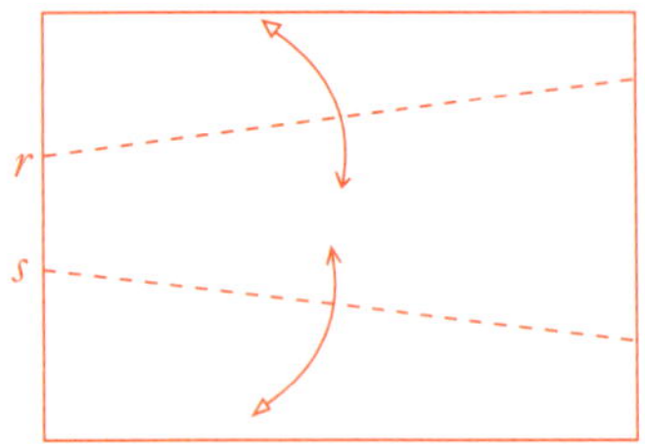

1. Usar papel A4.
Fazer duas dobras que representem duas retas concorrentes, r e s, com pontos de interseção desconhecidos.

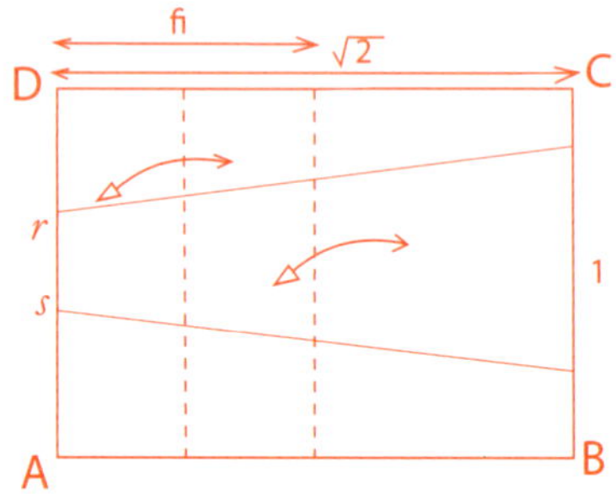

2. Dobre e desdobre nas metades da folha.

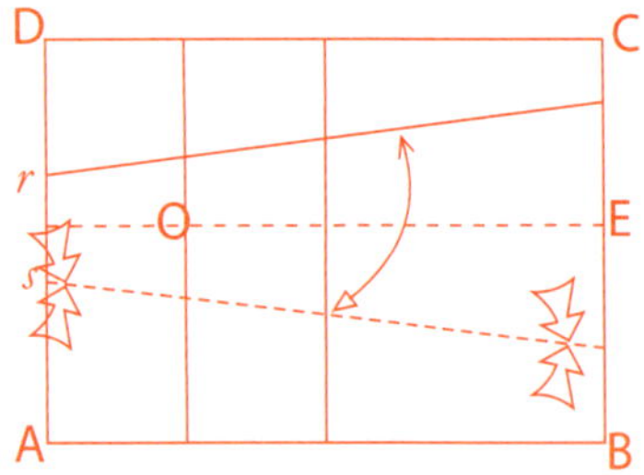

3. Pince com indicadores e polegares nos pontos indicados pelas setas cheias e dobre por $\overline{OE}$. Ao fazer essa dobra, a reta *s* coincide com a reta *r*.
$\overline{OE}$ é bissetriz do ângulo formado pelo ponto de interseção desconhecido das retas "*r*" e "*s*".

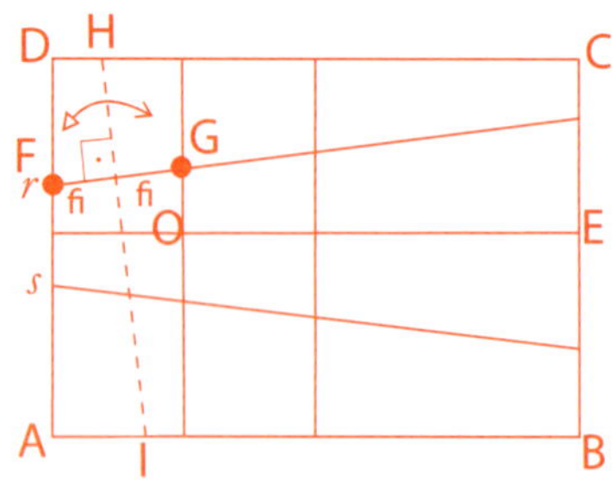

4. Dobre uma perpendicular à reta *r*, de tal modo que o ponto *F* coincida com o ponto *G*. A dobra intercepta a metade do segmento $\overline{FG}$.

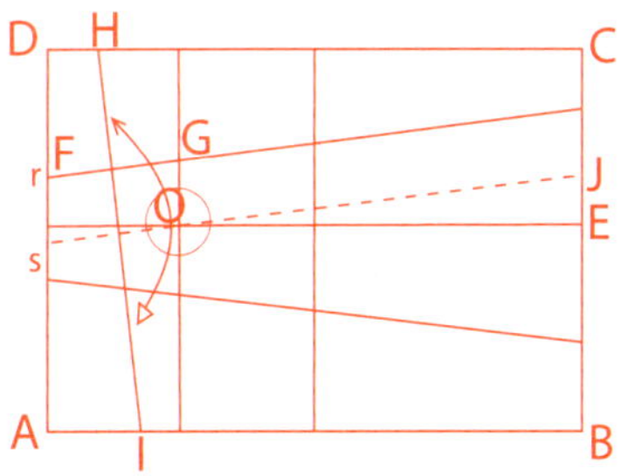

5. Dobre e desdobre perpendicular à $\overline{HI}$ passando pelo ponto *O*. Ao fazer essa dobra, $\overline{OJ}$, o segmento $\overline{HI}$ coincide sobre si mesmo. Muita atenção e cuidado para executar a dobra com a máxima precisão ao passar pelo ponto *O*.

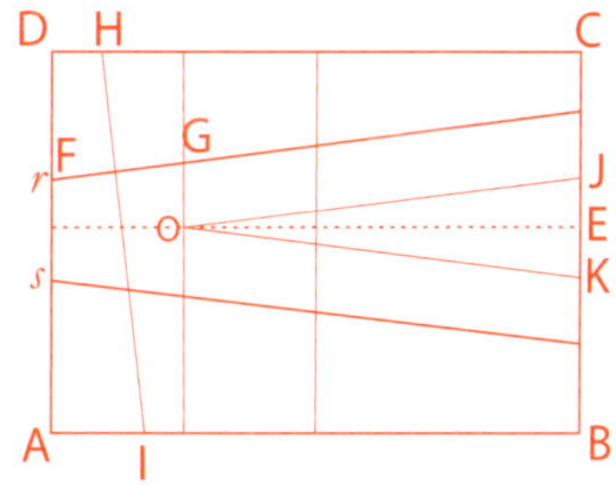

6. Para executar a dobra $\overline{OK}$ dobrar uma perpendicular a reta *s* e repetir a operação da fase anterior. Ou também pode-se dobrar por $\overline{OE}$ para depois, tendo $\overline{OJ}$ como guia, marcar $\overline{OK}$.

Dadas as duas retas concorrentes com ponto de interseção desconhecido, não é tão simples executar as dobras para determinar a bissetriz do ângulo desconhecido. No entanto, é um bom desafio para aprimorar a execução dessas dobras. Considerando o desenho abaixo que mostra uma folha bem diferente da folha A4 usada no exercício anterior, convido os leitores a acompanharem na próxima página, a justificativa da validade desse método feita pelo professor Yukio.

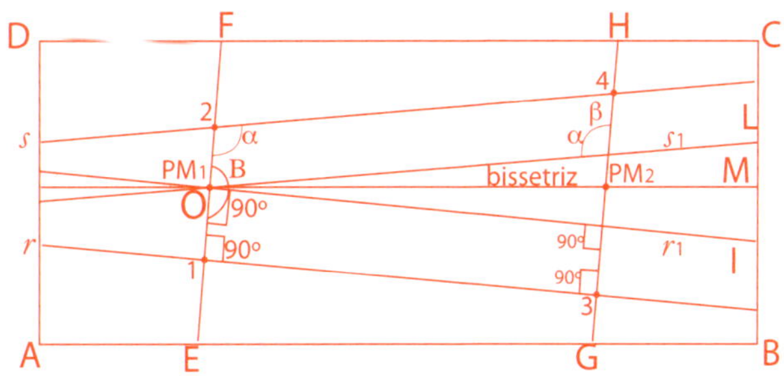

OI // *r*
OL // *s*

O MÉTODO É VÁLIDO PARA QUALQUER MEDIDA E NEM PRECISA TER ÂNGULOS RETOS.

Parte I

Dadas as retas "*r*" e "*s*", concorrentes com interseção desconhecida, pode-se usar o origami para "dobrar" a bissetriz. Usando o método empírico, fazendo coincidir as retas "*r*" e "*s*" prontamente tem-se a bissetriz. Como a proposta é de validar o método para qualquer tamanho de papel, há o risco de nos deparar-se com pequenas diferenças, oriundas das próprias dobras. Portanto, fazendo coincidir a reta "*r*" sobre si, tem-se $\overline{EF}$ perpendicular a "*r*" e os pontos 1 e 2. (1 = $\hat{E}$F *r* - 2 = $\hat{E}$F *s*).
Repetindo o mesmo procedimento, dobrando G e H tal que GH perpendicular a "*r*" e
os pontos 3 e 4. (3 = $\hat{G}$H *r* - 4 = $\hat{G}$H *s*). Justapondo os pontos 1 e 2 de $\overline{EF}$, 3 e 4 de $\overline{GH}$, encontra-se os pontos médios $\overline{PM}$1 e $\overline{PM}$2. A reta que passa por estes é a bissetriz do ângulo dado.

Parte II

Medida do ângulo
a) Caso nenhuma informação numérica seja dada, a única alternativa é usar o transferidor e medir *in loco*.
b) Se forem dadas as medidas das inclinações:

Por construção, tem-se paralelas e perpendiculares que formam ângulos correspondentes congruentes.

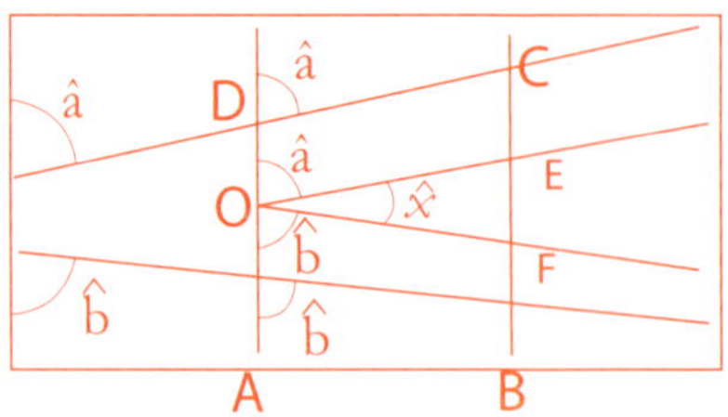

Era uma vez a TV preto e branco. De 1950 para cá muito evoluíram os métodos da transmissão acelerou e hoje tem-se imagens de alta definição. Em muitas residências e empresas os sinais dessa programação são captados por uma antena parabólica bem conhecida de todos. Técnicos utilizam instrumentos para regular (apontar) a antena, levando em consideração as medidas de dois ângulos: "Azimute e Elevação". Azimute é o ângulo entre o norte geográfico e a direção para a qual deve apontar a antena e varia conforme sua posição geográfica. Elevação é o ângulo entre a horizontal e a direção para a qual a antena deverá ser apontada. Varia conforme sua posição em relação ao eixo leste-oeste.
Ve-se representar uma dessas antenas com a técnica do origami modular. São vários módulos iguais encaixados um no outro, podendo receber um reforço de cola caso o manuseio seja constante.
Use 13, 14 ou 15 módulos para conseguir uma forma côncava. Diminuindo o número de módulos a peça fica mais côncava. (Pode ser também "guarda-chuva", "pirâmide" etc).

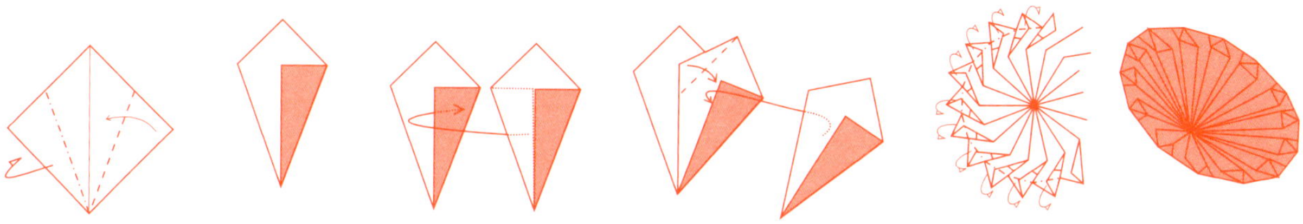

1 2 3 4 5 6

Ver "casquinha do sorvete" (pág. 85).
O módulo é simples e a montagem também. Conecte os módulos devagar, até dar a volta completa.

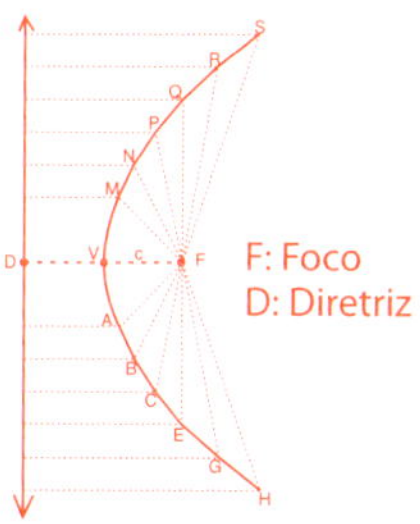

Em geometria, parábola é uma curva aberta, lugar geométrico dos pontos do plano cujas distâncias a um ponto fixo (foco), e a uma reta fixa chamada (diretriz).

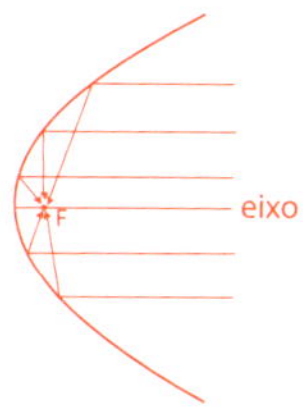

Propriedade.
Quando os sinais incidem na superfície, desviam todos para um único ponto: o foco. (Antena).

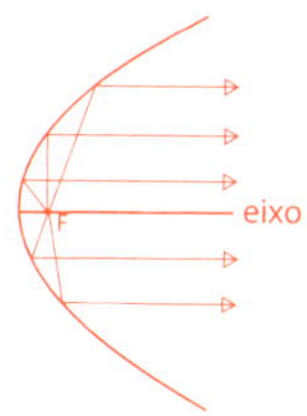

Propriedade (inversa).
Quando os sinais partem do foco, ao incidir na superfície, desviam e são refletidos paralelamente (farol do carro).

A DIVISÃO DO ÂNGULO RETO EM 5 ÂNGULOS CONGRUENTES (DIFÍCIL)

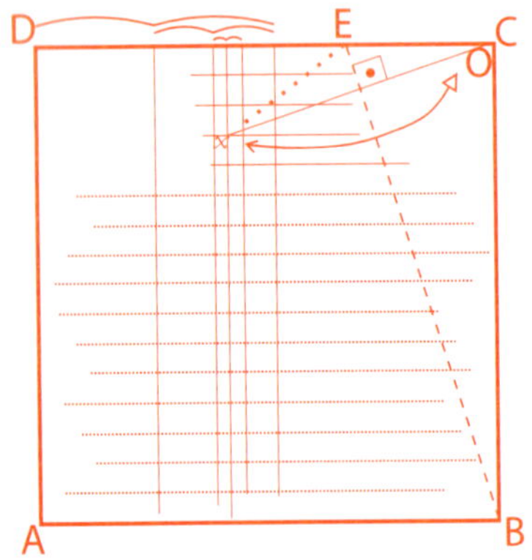

1. Atenção para os sinais que indicam partes iguais. Faça uma dobra que parta do vértice inferior direito, de tal modo que o vértice *O* toque a linha que marca $^{3}/_{16}$ da folha quadrada.

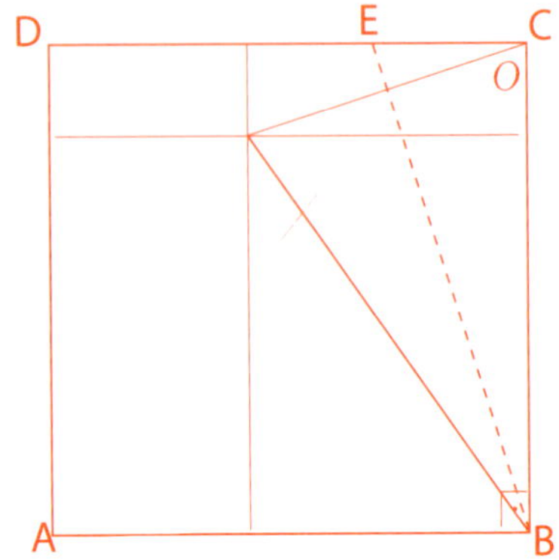

2. Encontrada a quinta parte, fica bem fácil a execução das outras dobras. Basta atenção e calma para não acumular diferenças nas dobras sucessivas.

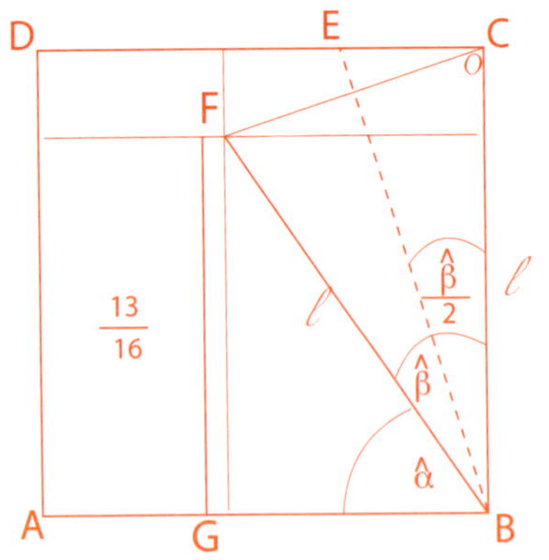

$$\text{sen}\ \hat{\alpha} = \frac{\frac{13}{16}\,\ell}{\ell}$$

$$\text{sen}\ \hat{\alpha} = \frac{13}{16}$$

$$\text{sen}\ \hat{\alpha} = 0{,}8125$$

$$\alpha \cong 55^\circ$$

$$\alpha + \beta = 90^\circ$$

$$55^\circ + \beta = 90^\circ$$

$$\beta = 35^\circ$$

$$\frac{\beta}{2} = 17^\circ 30'$$

$$90^\circ : 5 = 18^\circ$$

Nesta divisão tem um erro de meio grau, aceitável para origami e as dimensões normais das folhas utilizadas. A considerar ainda, as diferenças causadas pelas dobras sucessivas.

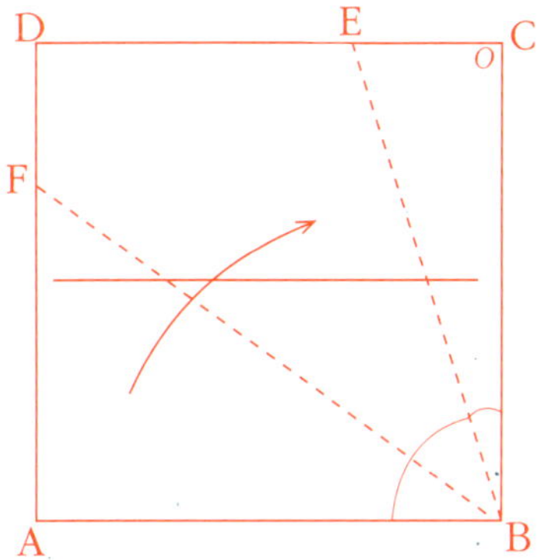

Dobre $\overline{AB}$ sobre $\overline{BE}$, que é a marca da dobra anterior.

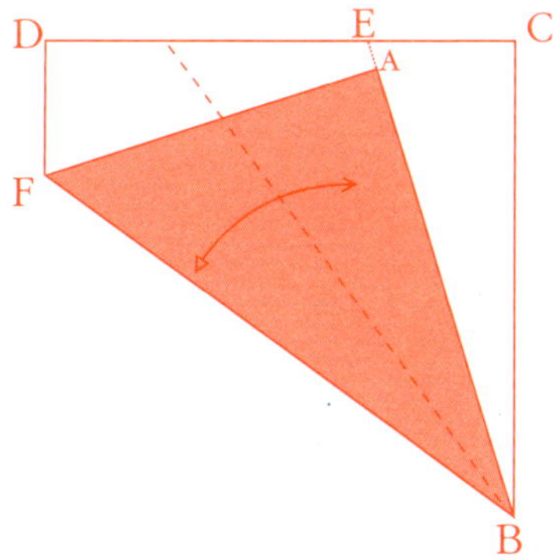

Dobre e desdobre $\overline{BF}$ sobre $\overline{BE}$.

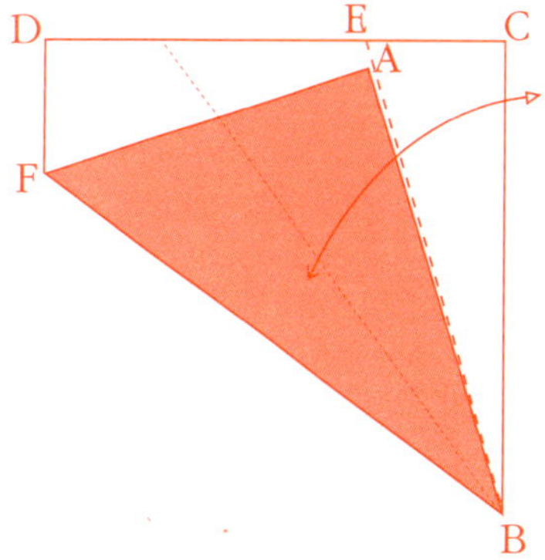

Marque $\overline{BE}$ e desdobre tudo.

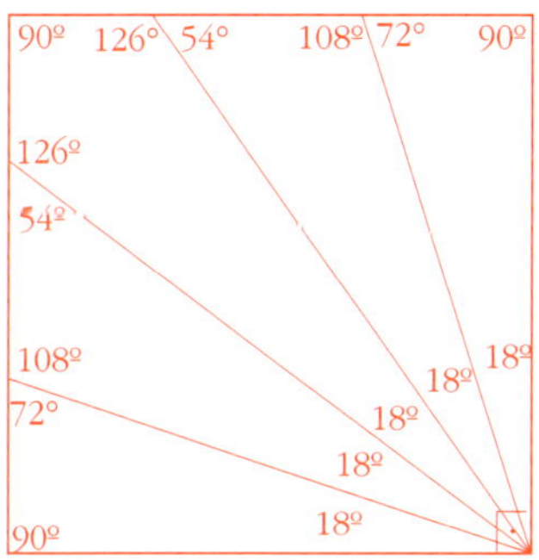

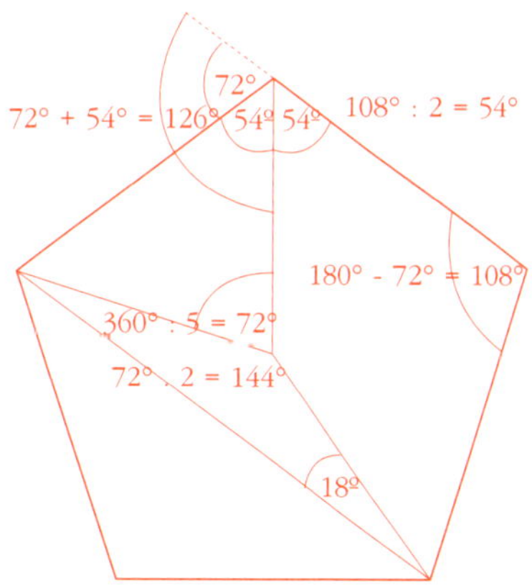

Compare as medidas dos ângulos obtidas na divisão por origami no desenho da esquerda e, os ângulos do pentágono regular. Comparar é examinar simultaneamente, a fim de conhecer as semelhanças, as diferenças ou relações.

A DIVISÃO DO ÂNGULO RETO EM 7 ÂNGULOS CONGRUENTES (DIFÍCIL)

Divida a folha quadrada, em 8 retângulos congruentes, fazendo somente pequenas marcas. A dobra parte do vértice inferior direito e, o vértice *O*, toca a marca de ⅜ da divisão.

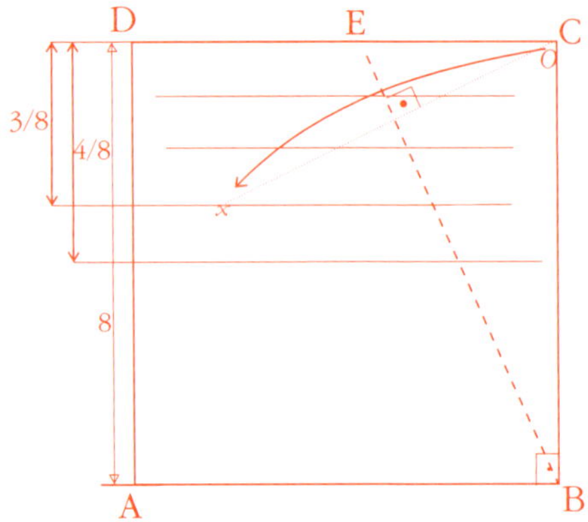

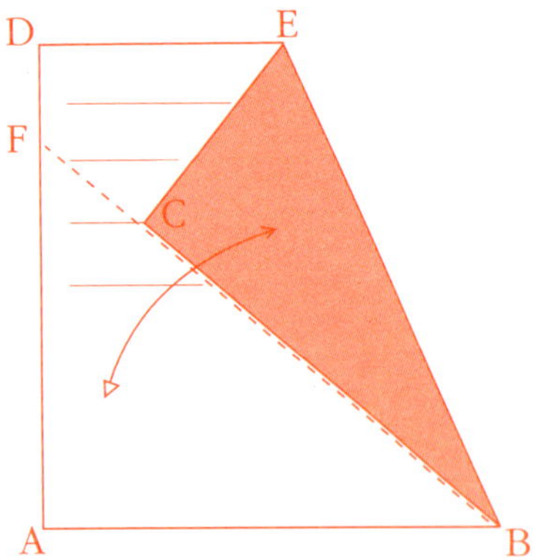

Dobre e desdobre em $\overline{BF}$. No triângulo colorido, o ângulo interno inferior é o dobro do ângulo que corresponde a $^1/_7$ do ângulo reto.

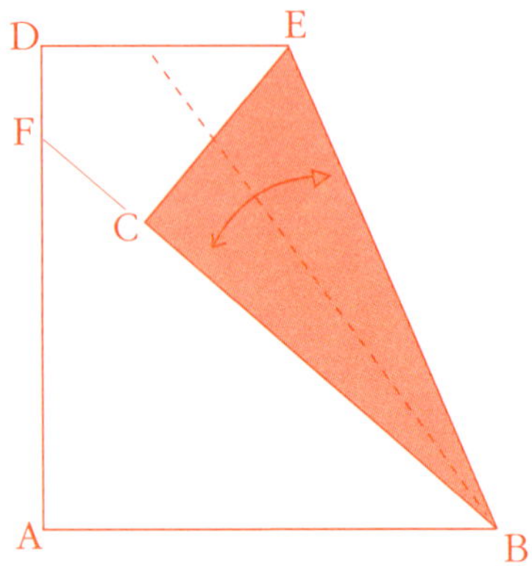

Dobre e desdobre $\overline{BE}$ sobre $\overline{BF}$. O papel que está embaixo também é dobrado.

O peixe pág. 59

A foca pág. 60

A tulipa pág. 64

Antena parabólica pág. 69

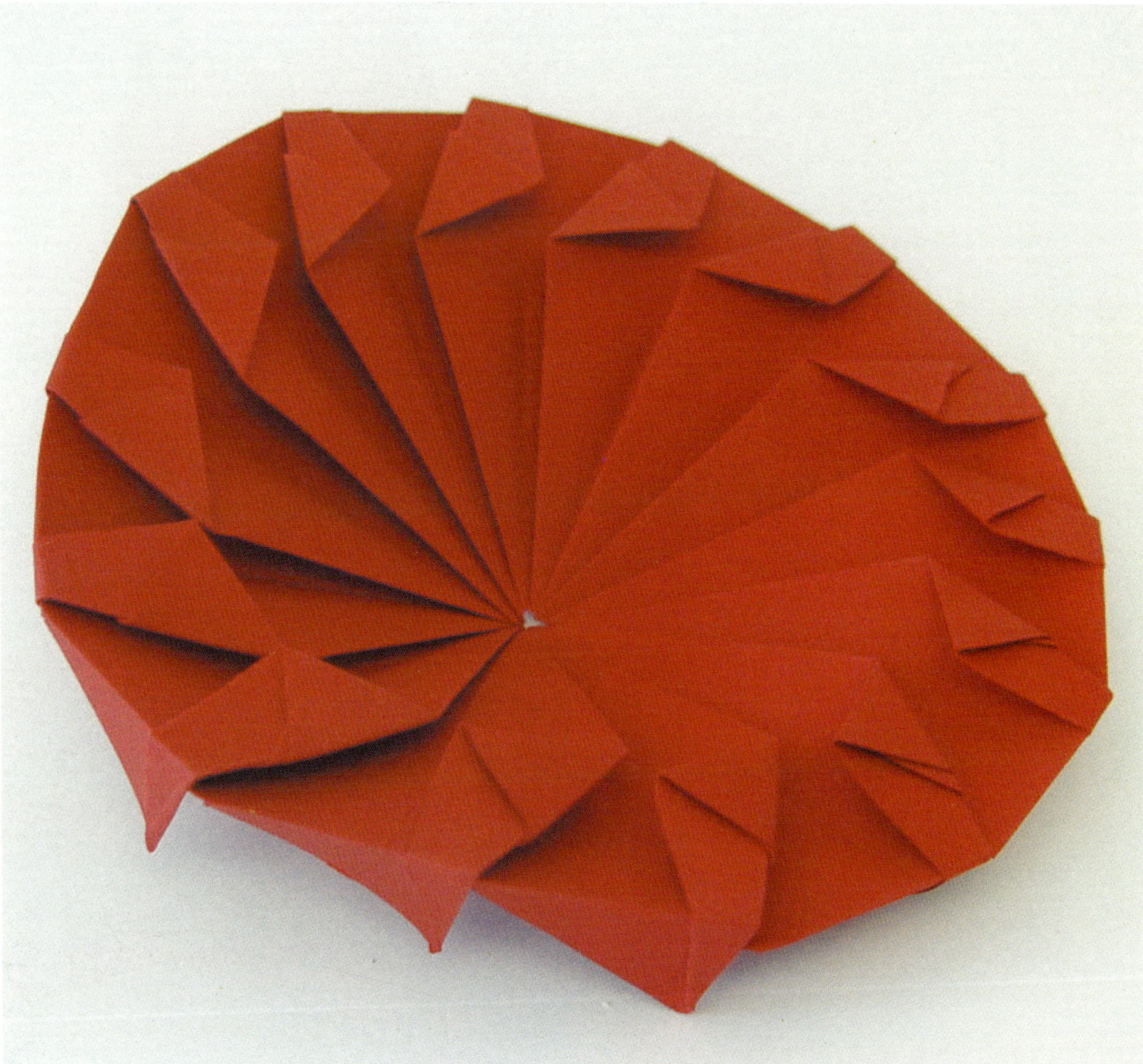

Pergaminhos I pág. 75

Pergaminhos II pág. 75

Balão com asas pág. 81

Perereca que pula pág. 82

Tsuru pág. 88

Rã pág.90

Esqueleto da cobra pág. 92

Icosaedro pág. 99

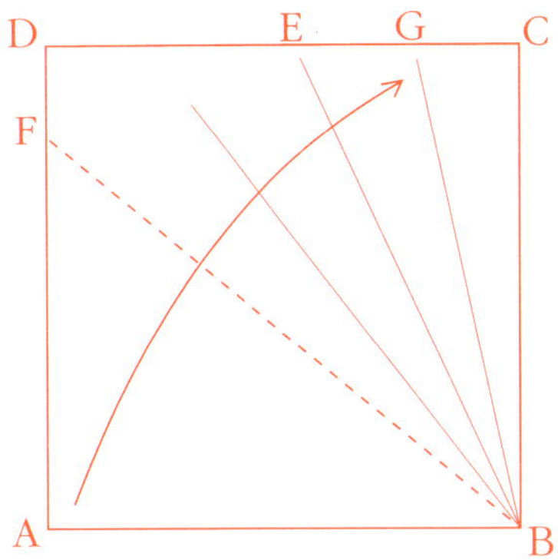

Dobre $\overline{BA}$ sobre $\overline{BG}$.

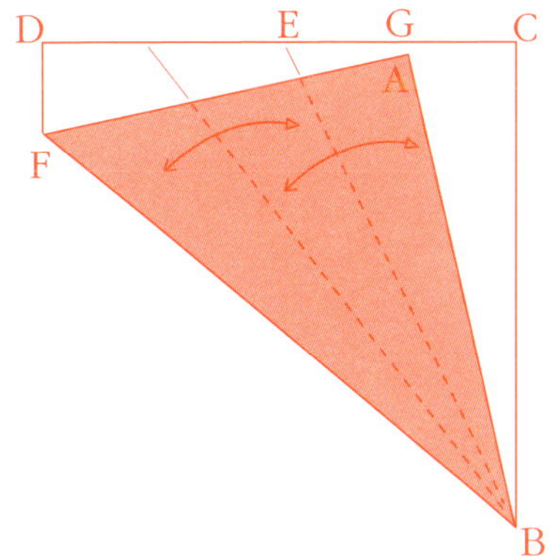

Dobre e desdobre na parte colorida, guiando-se pelas marcas que estão na parte branca da folha e complete a operação obtendo os ângulos restantes.

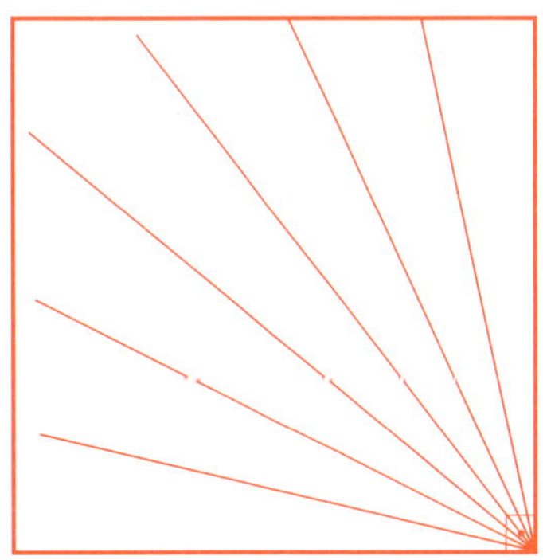

Diferenças poderão ser encontradas mas serão aceitáveis considerando as dobras na folha. Por meio da rotação e com centro o no ângulo que foi dividido, pode-se duplicar essa divisão. A simetria aplicada tem como eixo as bissetrizes dos ângulos. É difícil dobrar muitas vezes na região do vértice com exatidão. Vale como exercício para melhorar a precisão das dobras e avaliação do método.
Para o rigor da divisão, outros métodos serão mais adequados.

A DIVISÃO DO ÂNGULO RETO EM 9 ÂNGULOS CONGRUENTES (DIFÍCIL)

Para conseguir uma boa aproximação é possível efetuar essa divisão conforme mostra o desenho abaixo. Quando uma pessoa adquire prática, ao ter que marcar o papel, não faz em toda sua extensão. Algumas marcas devem ser quase imperceptíveis para não tornar deselegante o resultado final.
Esse exercício foi incluído para fechar a série de divisões do ângulo reto, sendo omitidas as fases intermediárias.

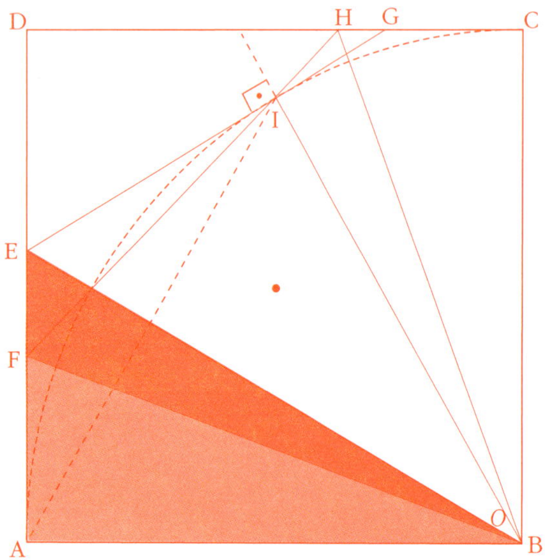

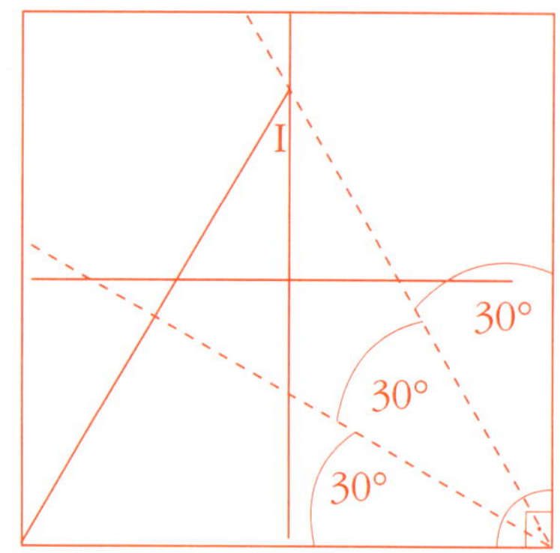

Desenho da página 61

O primeiro passo é encontrar o ponto de referência para a divisão em 3 ângulos congruentes conforme páginas anteriores (pág. 61, 62 e 63). Marca-se $\overline{OI}$, dobra-se uma perpendicular ($\overline{EG}$) à $\overline{OI}$ pelo ponto I. Marca-se suavemente o segmento $\overline{IA}$. $\overline{IF}$ é bissetriz de AÎE. O ângulo A$\hat{B}$F mede 20° e o ângulo FÔE mede 10°.
Em seguida, utilizando os eixos de simetria como nas divisões mostradas, obtêm-se todos os ângulos medindo 10° cada, o que completa a divisão. Usa-se os três ângulos encontrados como gabarito que definirá os outros, esse é o truque. Dividir um ângulo reto em 9 regiões angulares congruentes sem visar uma aplicação prática é fazer poesia. Mas, por que não fazer poesia?

OS PERGAMINHOS CONCRETOS © 2005

Encerro o capítulo sobre os ângulos com o projeto simples para uma escultura. Pela divisão do ângulo reto em oito regiões angulares congruentes, a divisão do retângulo em oito regiões retangulares congruentes e sua combinação, obtêm-se os dois "pergaminhos concretos". Metade da folha quadrada é dobrada diagonalmente e, a outra metade, verticalmente.

Oito ângulos

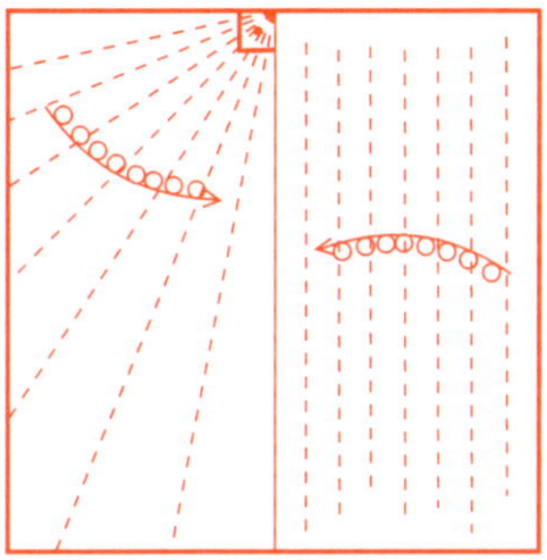

Oito retângulos

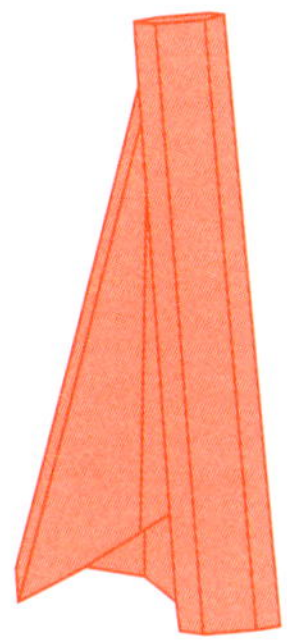

Enrole.

Os pergaminhos I.

Oito retângulos

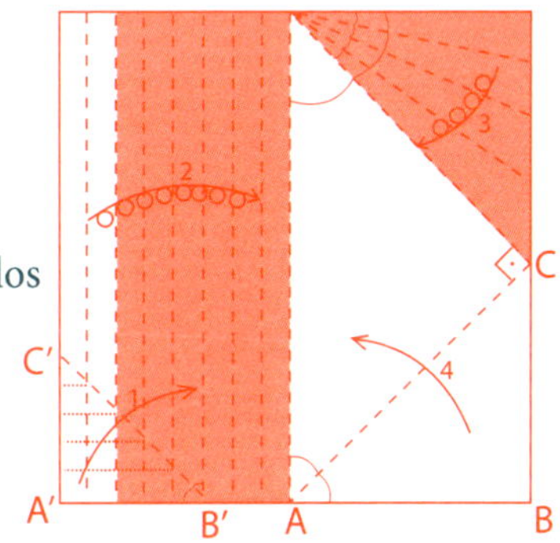

Quatro ângulos

Enrole e dobre por $\overline{AC}$ e $\overline{C'B'}$.

Os pergaminhos II.

Dobrar e desdobrar para obter as divisões necessárias, como foi mostrado na divisão em ângulos e retângulos. Em seguida, utilizar os vincos do papel para obter a forma mostrada nos desenhos finais.
É preciso fazer ajustes na base da peça (I) para dar equilíbrio. O triângulo inferior sustenta a peça II.

CAPÍTULO III

POLÍGONOS

O PAPEL A4 E OS QUADRADOS

O papel A4 é encontrado com facilidade, branco ou colorido em ambos os lados. Encontrar papel espelho A4 é mais difícil. Veja como obter dois quadrados de um papel A4 e, da estreita tira que sobra, pequenos quadrados. No capítulo IV esse formato será utilizado para algumas peças complexas.

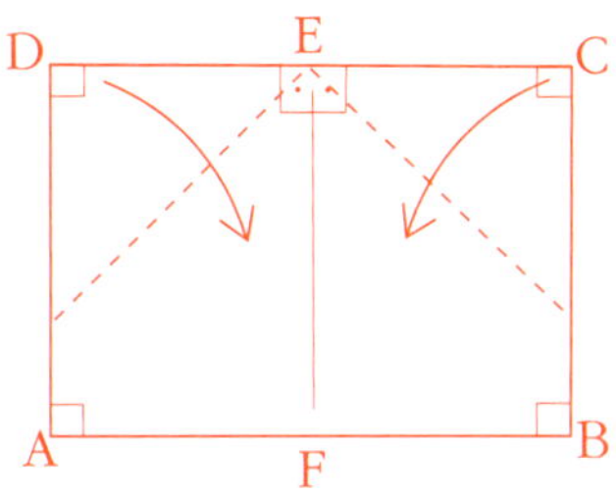

1. Marque pelos pontos médios dos lados. Em seguida, dobre $\overline{DE}$ sobre $\overline{EF}$ e $\overline{EC}$ sobre $\overline{EF}$.

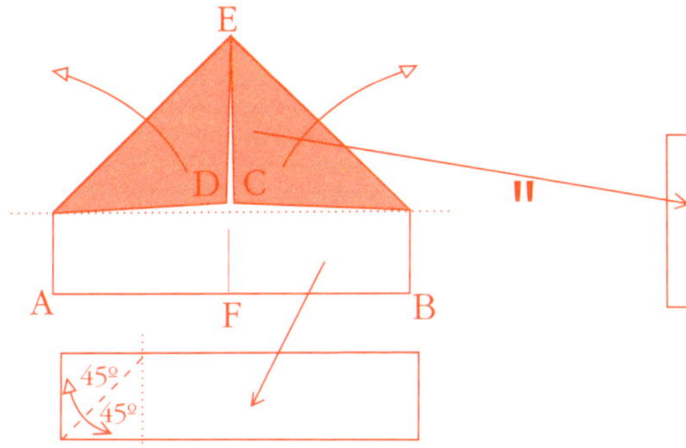

2. Dobre e desdobre e em seguida, corte na linha pontilhada.

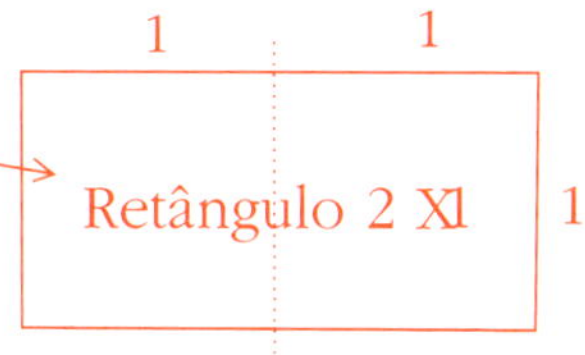

3. O lado maior desse retângulo é o dobro do menor. "Duplo quadrado". Cortando ao meio tem-se dois "quadrados".

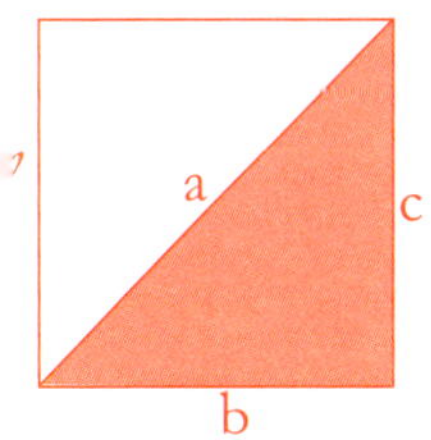

O teorema de Pitágoras:
$a^2 = b^2 + c^2$

Calculando a diagonal do quadrado por Pitágoras.

$$d^2 = \ell^2 + \ell^2 \Rightarrow d^2 = 2\ell^2 \Rightarrow d = \sqrt{2\ell^2}$$

$$d = \ell\sqrt{2}$$

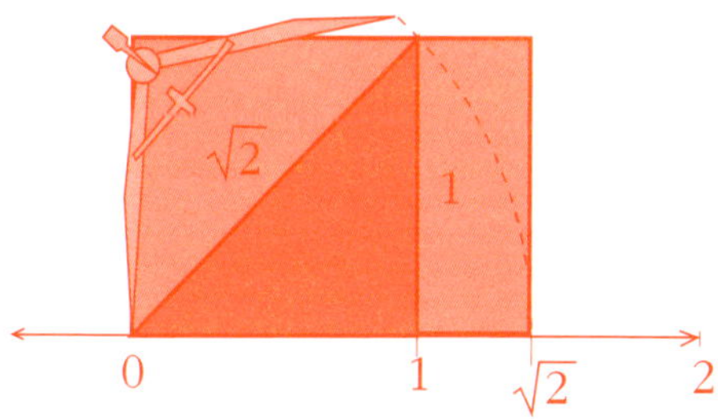

Representando a $\sqrt{2}$ na reta numérica.
O retângulo sombreado claro mostra as dimensões do papel A4.

A FORMA BÁSICA DO BALÃO (BASE DO BALÃO)

Até os anos 50, muitas pessoas que praticavam origami conheciam algumas formas básicas, das quais originavam-se a maioria das figuras conhecidas. Essas peças iam sendo transmitidas de geração em geração. De lá para cá, a arte e técnica de dobrar papéis desenvolveram-se de tal forma que muitos origamistas criaram ou inventaram uma infinidade de novas técnicas e caminhos. Para alguns, cada peça nova tem um método próprio e, para outros, ainda é possível adaptar as bases consideradas clássicas para conseguir resultados interessantes. A base do balão é uma dessas bases cuja receita os leitores podem seguir nesta página. Algumas aplicações dela estão nas próximas páginas. As bases clássicas são alguns dos segredos do cofre do origami como eu disse, pois, é importante conhecê-las e dominá-las. A base do balão trabalha com ângulos de 45° e, ao ser dobrada, a área do triângulo formado na fase 4 (sombreado) equivale a ¼ da área do quadrado inicial.

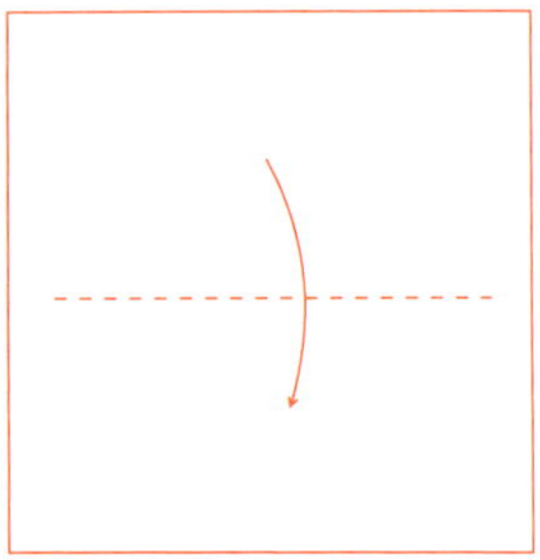

Folha quadrada. Tem 4 ângulos medindo 90° cada.
1. Dobre a folha ao meio.

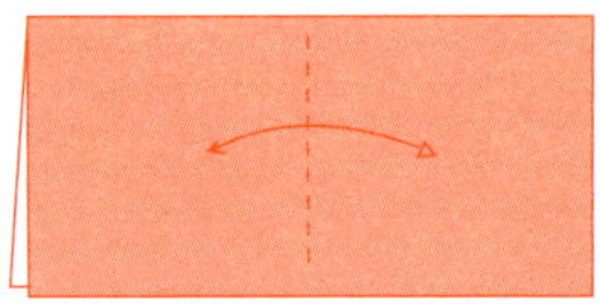

2. Dobre e desdobre ao meio.

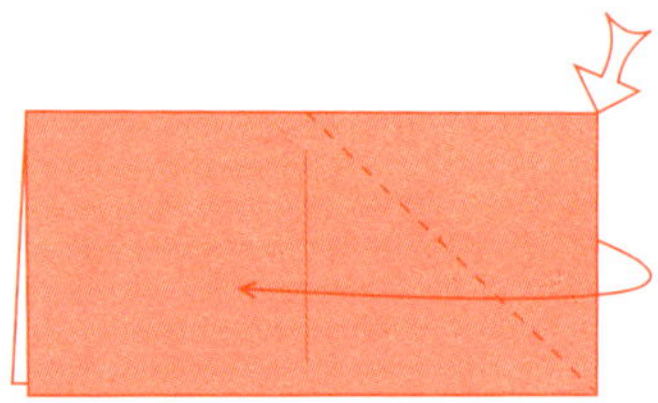

3. Abra só a aba superior e achate na seta maior.

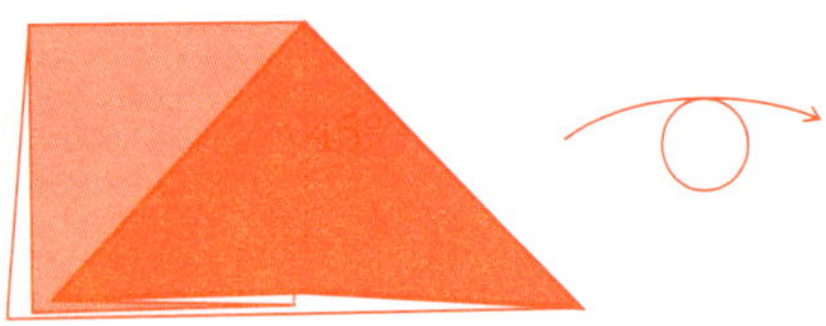

4. Vire a peça.

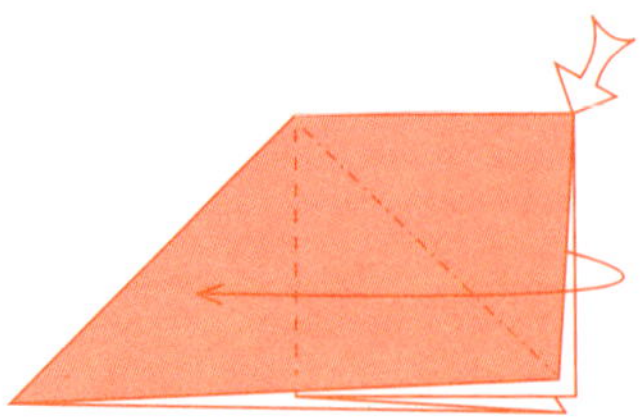

5. Repita a fase 3.

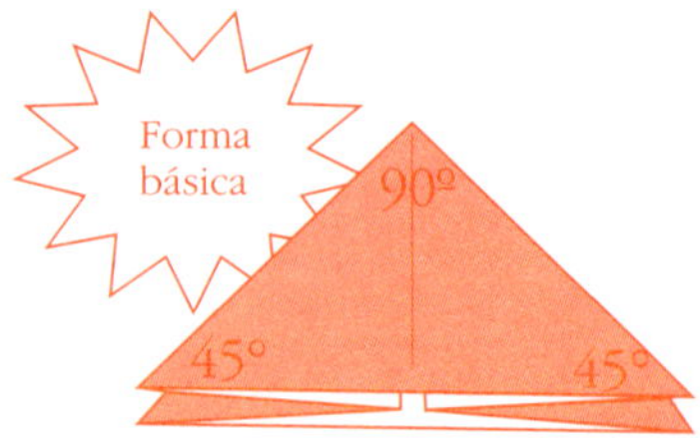

6. Base do balão pronta!
Forma triangular.

BALÃO COM ASAS (INTERMEDIÁRIA)

Comece pela base do balão mostrada na página anterior.
1. Dobre os cantos para baixo. Repita atrás.

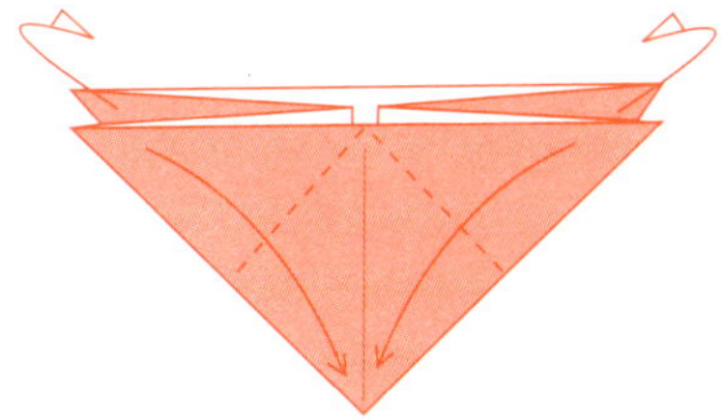

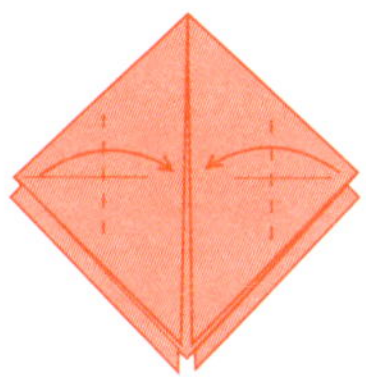

2. Dobre os cantos para o meio. Repita atrás.

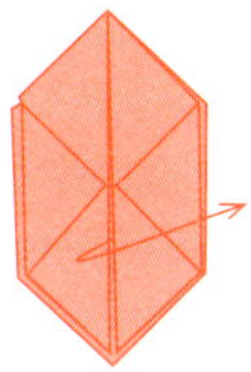

3. Desdobre uma aba.

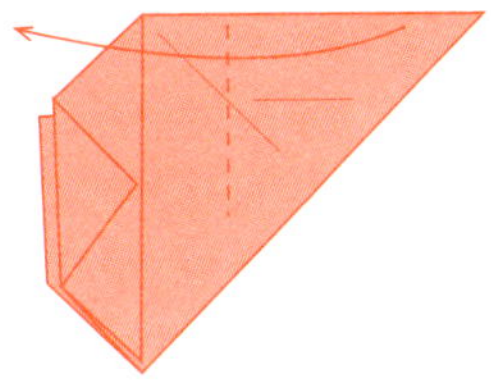

4. Dobre no vinco.

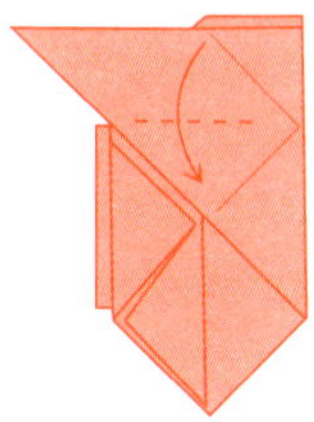

5. Dobre para baixo.

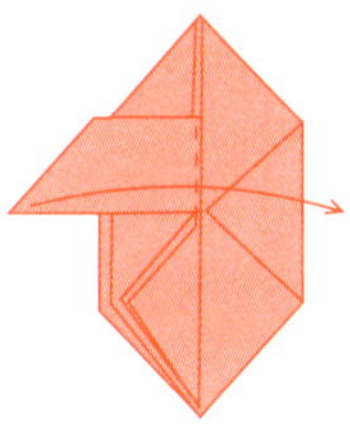

6. Dobre para a direita.

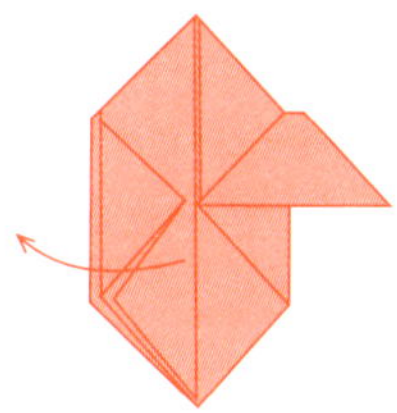

7. Repita fase 6 nas outras três abas.

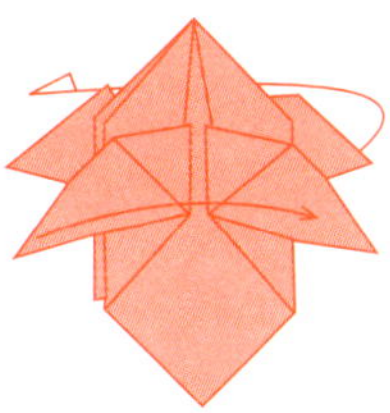

8. Repita fase 6 nas outras três abas.

9. Assopre para encher o balão.

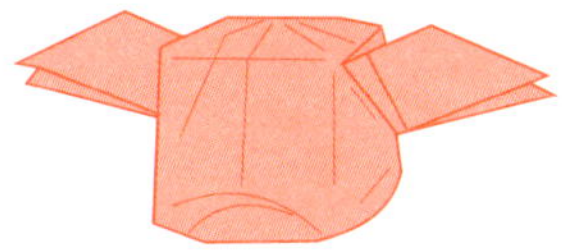

10. Balão pronto.

PERERECA QUE PULA (INTERMEDIÁRIA)

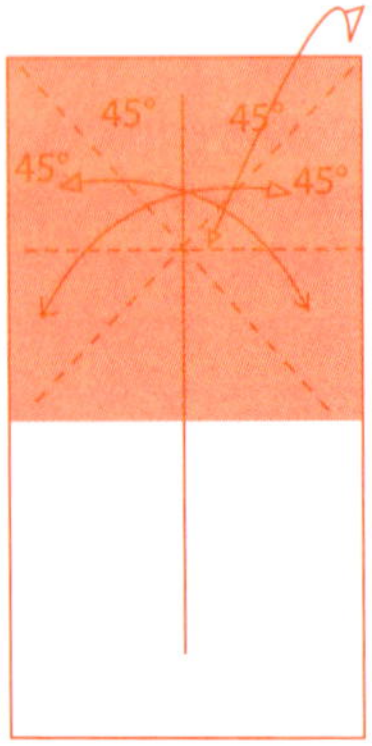

1. Usar um quadrado duplo. (Retângulo em que o lado maior é o dobro do menor).
As marcas indicam para dobrar a base do balão no quadrado superior.

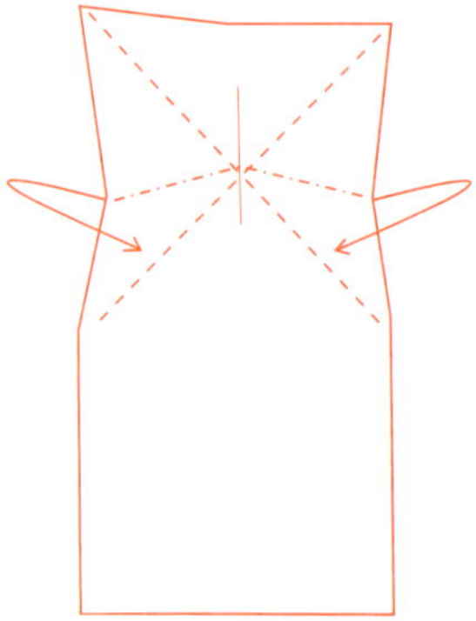

2. Puxe nas setas, e as linhas de dobra "vale" e "montanha" dobram automaticamente.

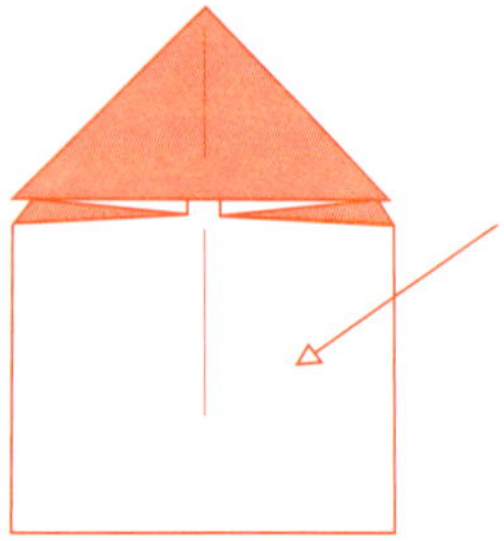

3. Meia base do balão pronta. Repita no quadrado inferior.

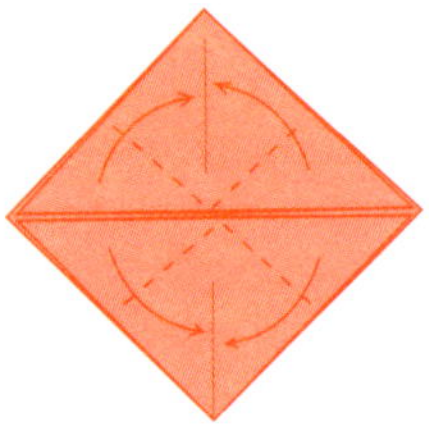

4. Dobre as quatro pontas para os cantos superior e inferior.

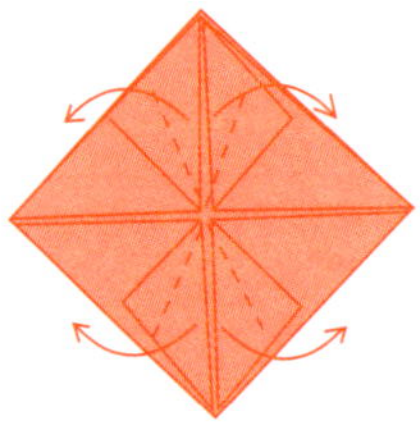

5. Dobre as quatro pontas para fora, nas bissetrizes.

6. Dobre para trás, nas bissetrizes, encostando os lados na diagonal do quadrado.

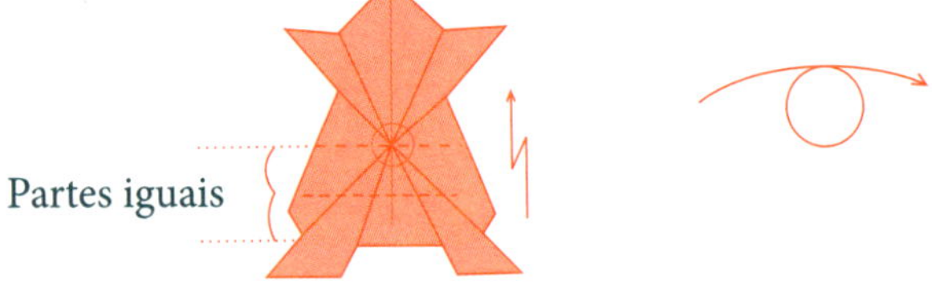

7. Faça uma dobra em ziguezague. Vire a peça.

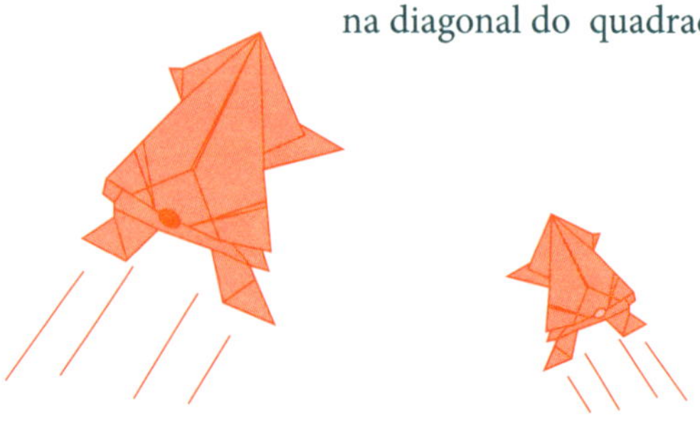

8. Aperte na marca e solte para a perereca pular.

A MENINA DE HIROSHIMA E OS MIL GROUS DE PAPEL

Certa vez os americanos jogaram uma bomba atômica sobre Hiroshima. Muitos foram afetados pelos efeitos da explosão e, entre eles, uma menina chamada Sadako. Uma amiga, Shizuko, foi visitá-la no hospital, levou um papel e dobrou um tsuru (grou). Em seguida, disse para a amiga que o grou vive mil anos e quem dobrasse mil grous, receberia a cura. Sadako conseguiu dobrar as mil peças e tentou dobrar mais. Morreu em outubro de 1955. Trinta e nove colegas de Sadako formaram um clube, arrecadaram dinheiro para construir um monumento em memória daquelas crianças que sofreram os efeitos do ataque. A construção do monumento terminou em 1958 e se ficou conhecido como Monumento das Crianças à Paz ao ser colocado no Parque da Paz, no centro de Hiroshima.

Esse esforço motivou um filme chamado "*Os mil grous de papel*".

Estas são as palavras gravadas no pedestal do Monumento das Crianças à Paz: "este é o nosso grito, esta é a nossa prece, construir a paz no mundo que é nosso".

O esforço foi e sempre será louvável mas cabe a pergunta:

Onde anda essa paz no mundo?

Segundo o dicionário Houaiss, grous são aves da família dos gruídeos, encontradas em planícies e zonas pantanosas de todo o mundo, com exceção da América do Sul e Antártica; de grande porte, pernas e pescoço longos, cabeça parcialmente nua, bico reto e plumagem com penas brancas, cinzas ou marrons.

(Algumas espécies estão ameaçadas de extinção.)

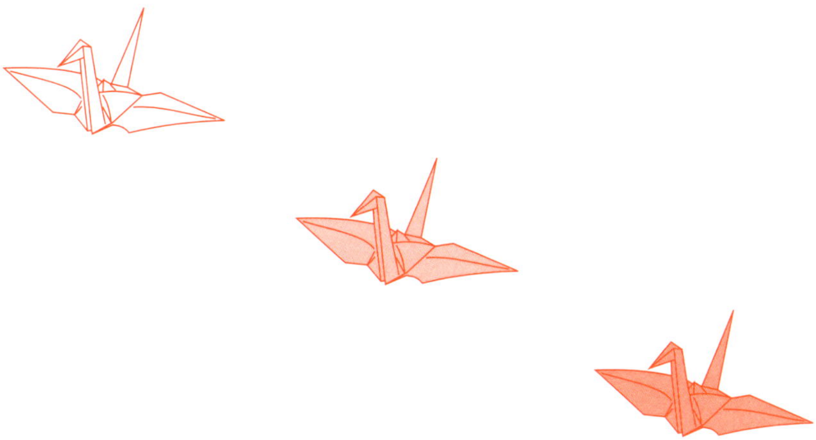

O GROU E O ALAÚDE

Entre os chineses, uma tradição mais antiga diz: quando um grou chega a idade de mil anos, torna-se azul escuro; passados outros mil anos, torna-se preto, recebendo a designação de grou negro. Remotamente, na China, o grou era associado à música. "Um grou negro aparecerá quando houver um governante que compreenda a música". Nessa tradição, o grou é descrito como um pássaro amante da música de alaúde. Alguns escritos antigos têm como títulos, canções de grous ouvindo o balbucio de um regato, grous bailando nos céus.

"Quando se vive numa casa de campo no fundo de um bosque, como se poderia deixar passar um único dia sem a companhia deste amigo requintado que nos faz esquecer todas as coisas terrenas"?

(*Adaptado do Correio da Unesco*).

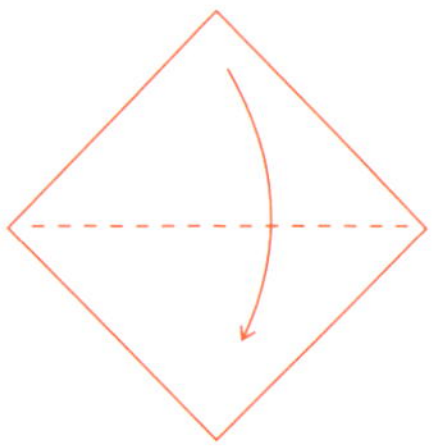

1. Dobre para baixo na diagonal.

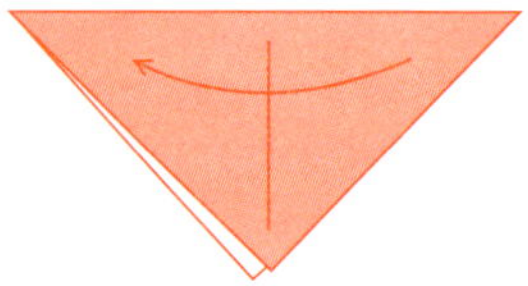

2. Dobre ao meio para a esquerda.

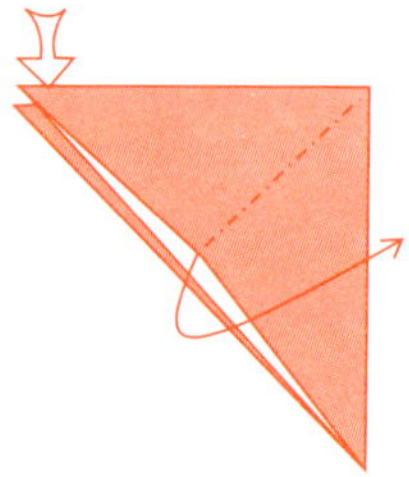

3. Abra, leve para a direita e achate na seta vazada, simultaneamente.

4. Vire a peça.

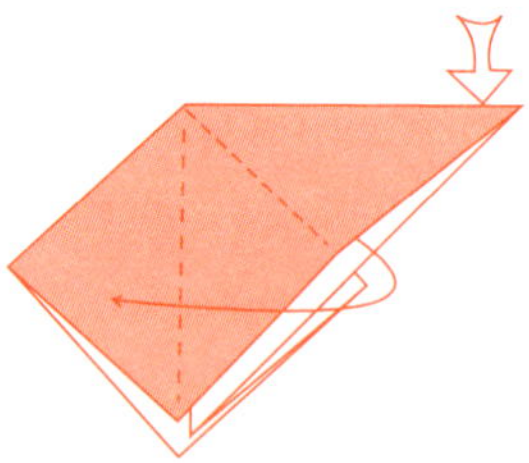

5. Abra, leve para a esquerda e achate na seta vazada, simultaneamente.

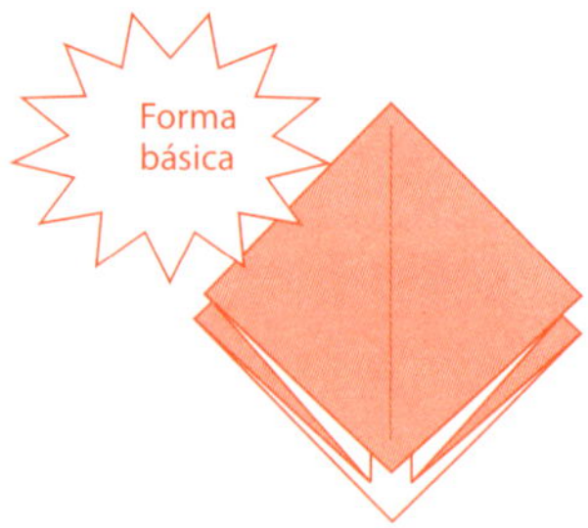

6. Essa forma é conhecida como base preliminar.

TÉCNICA: DOBRA INVERTIDA POR DENTRO

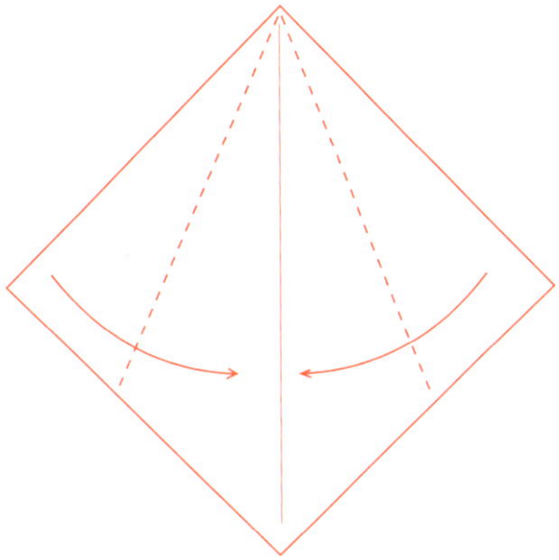

1. Dobre nas bissetrizes. Os lados ficam paralelos à diagonal (sem encobri-la).

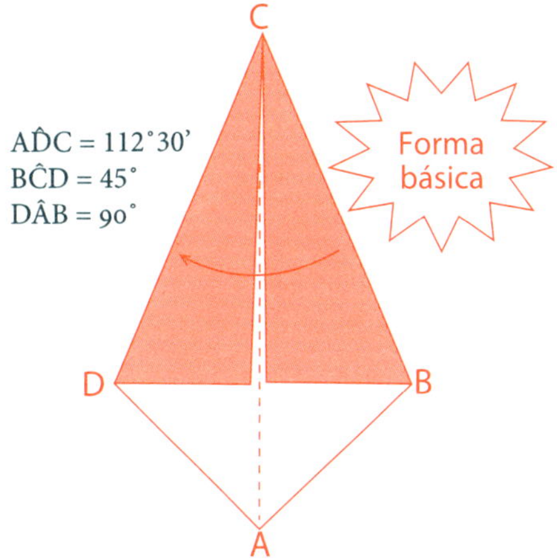

2. Base "casquinha do sorvete". Dobre ao meio para a esquerda.

3. Assim.

Para essa dobra não é necessário uma medida. Escolhe-se um ponto aleatório para iniciar o treino.

4. Assim é que aparece nos livros a indicação da dobra invertida por dentro. Nas próximas fases encontrar-se-à, está o método para conseguir um bom resultado nessa dobra.

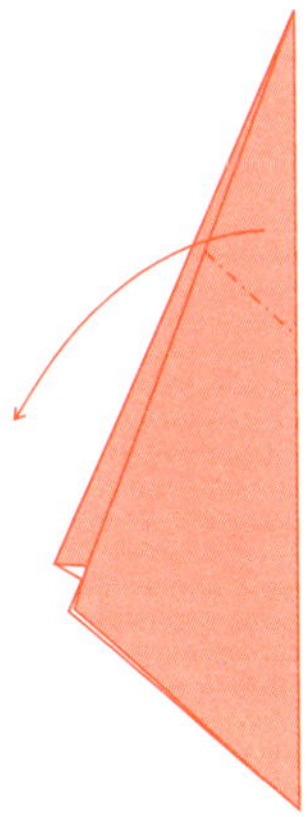

5. Dobre para a esquerda.
6. Desdobre.

7. Dobre para trás e desdobre.

8. Abra as laterais, leve a ponta para baixo e aperte atrás.

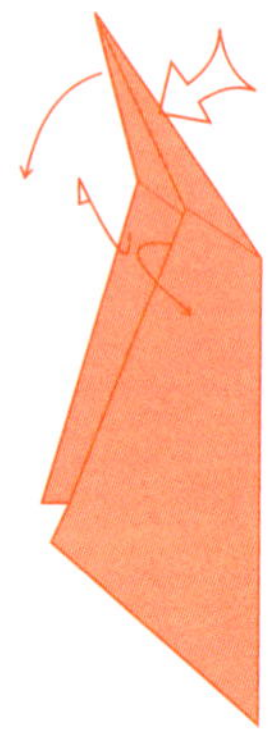

9. Continue abrindo e achatando apertando na ponta até chegar no resultado da próxima fase.

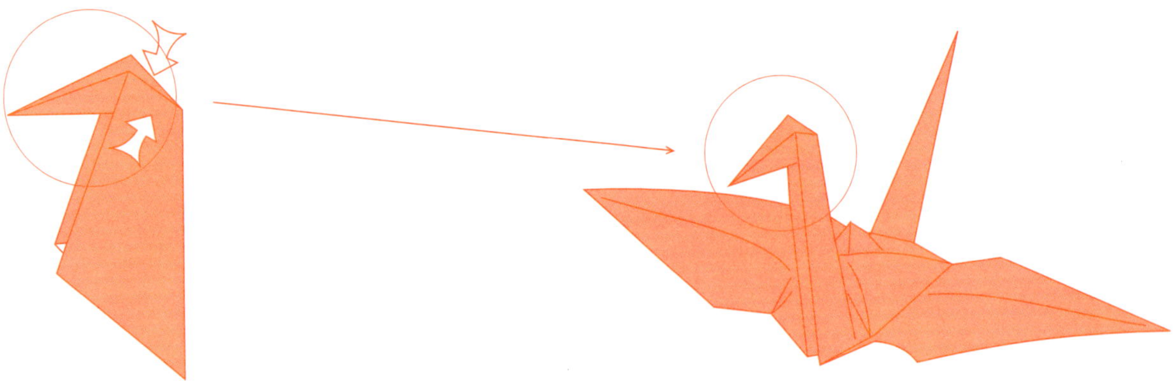

10. Dobra invertida por dentro pronta. Quando, vinca-se as fases 5 e 6 ao dobrar por dentro, na sequência, um dos vincos se inverte. O que era dobra tipo “vale” passa a ser dobra tipo “montanha”.

11. Veja o exemplo de aplicação da dobra no Tsuru cuja receita vem a seguir.

TSURU, GROU (GARÇA) (INTERMEDIÁRIA)

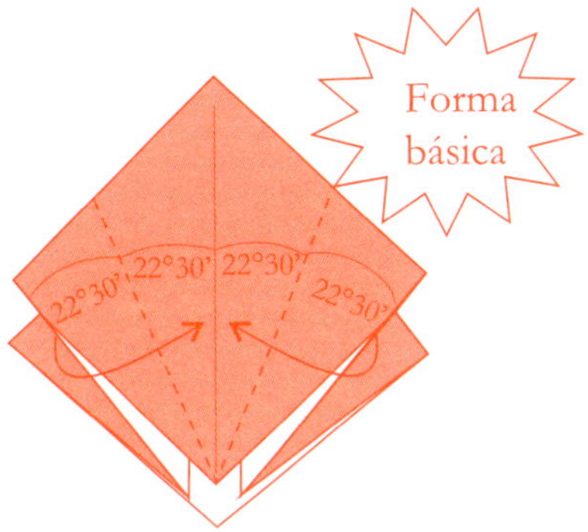

1. Comece pela base preliminar.
(Pág. 84)
Dobre nas bissetrizes.
Nas receitas, os desenhos geralmente são irregulares para facilitar a visualização da forma com seus detalhes. (pontas)

2. Dobre o triângulo superior.

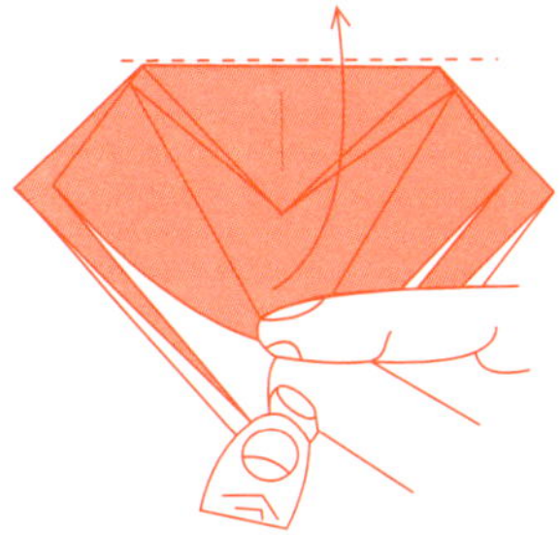

3. Prenda as três pontas que estão embaixo e levante uma dobrando para cima na linha de dobra tipo "vale".

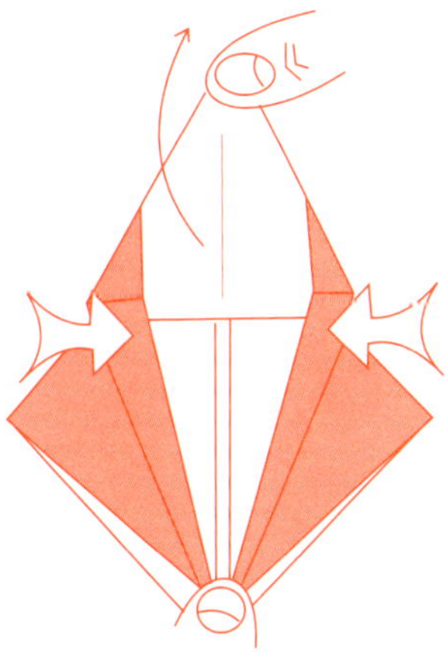

4. Continue dobrando para cima e achatando nas setas laterais.

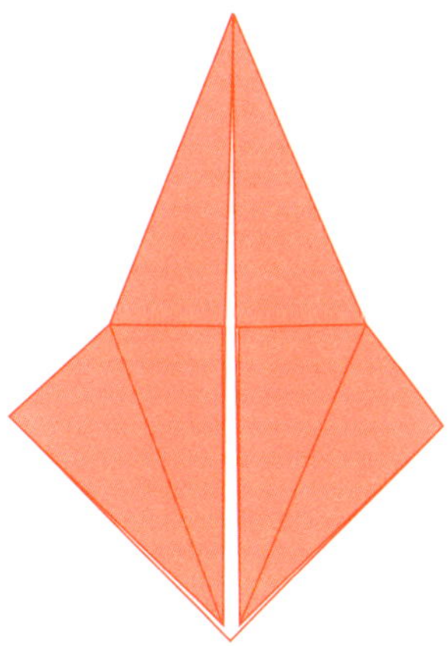

5. Vire a peça e repita da fase 1 à 4.

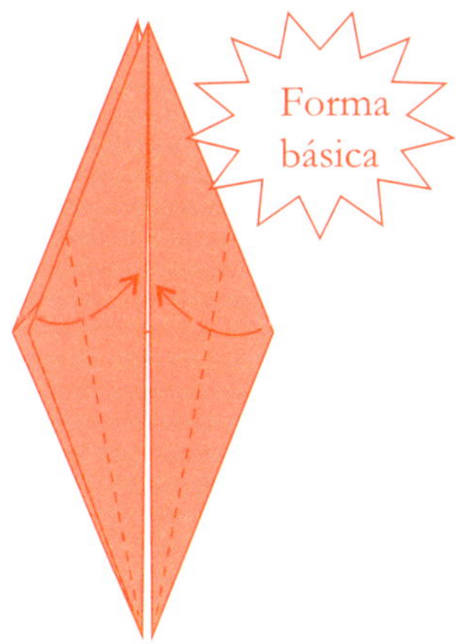

6. Base do pássaro pronta. Dobre nas bissetrizes e repita atrás.

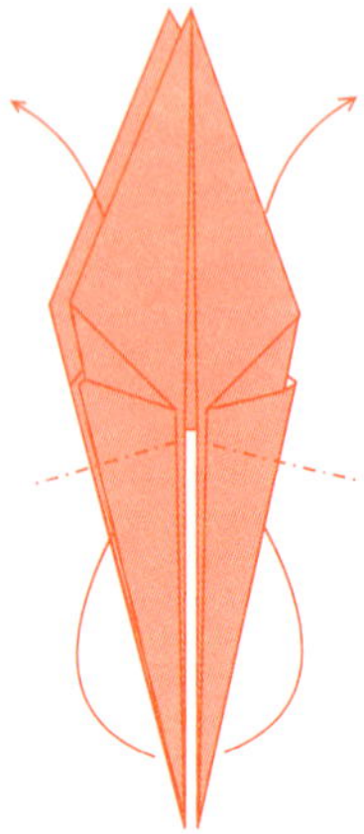

7. São duas dobras invertidas por dentro.(pàg. 85 e 86)

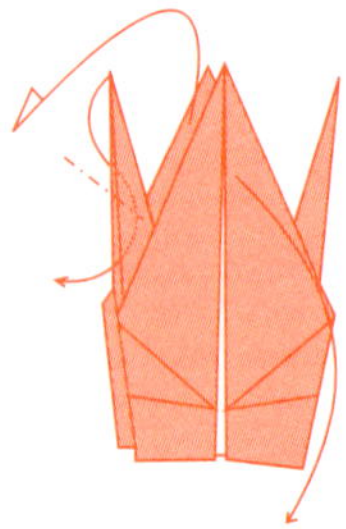

8. Dobra invertida por dentro para fazer a cabeça. Em seguida abra as asas, achatando levemente a parte dorsal.

Tsuru sentado.

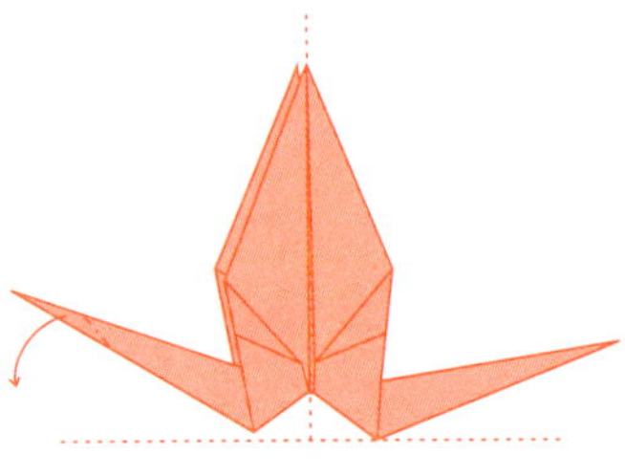

A

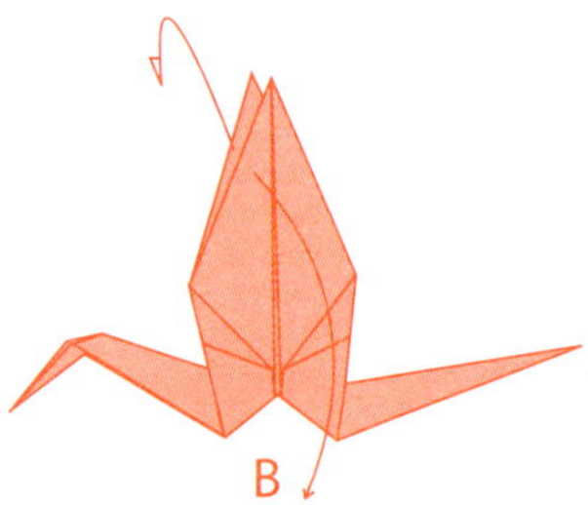

B

Outra posição. Note os ângulos das dobras invertidas (rabo e pescoço) em relação ao ângulo reto. Para a cabeça também dobra-se invertendo por dentro. Em seguida abra as asas, achatando um pouco a parte dorsal. (Posição de voo).

RÃ COMECE PELA BASE PRELIMINAR (INTERMEDIÁRIA)

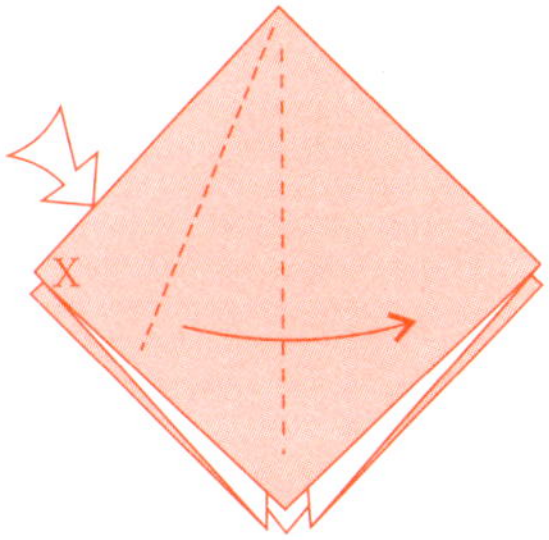

Base preliminar (pág. 84)
1. Abra e achate (acompanhe a trajetória do ponto X).

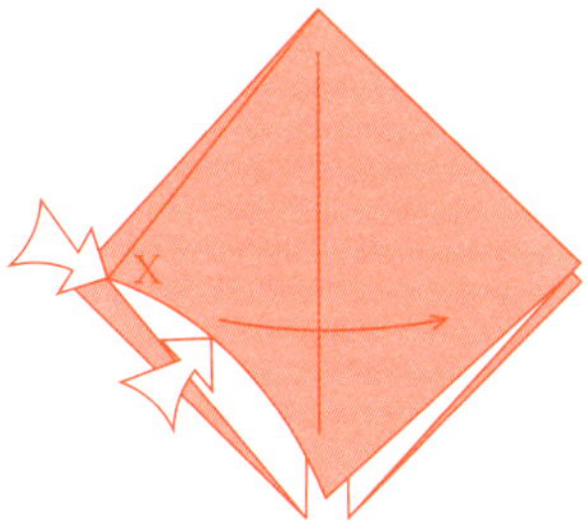

2. Dobre em movimento.

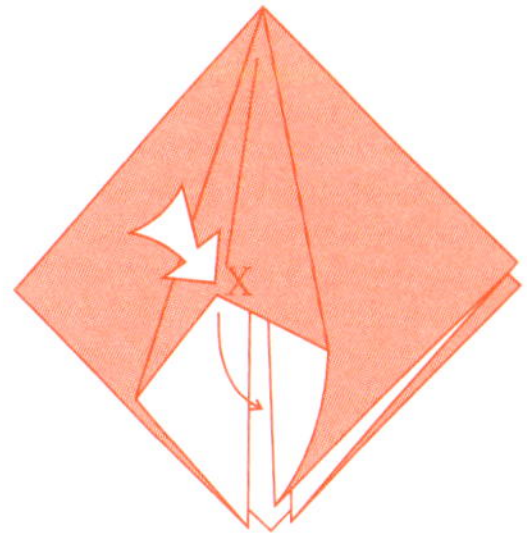

3. Ainda em movimento.

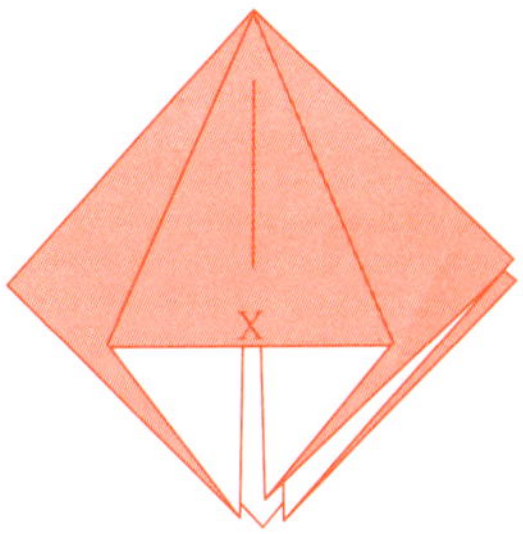

4. Pronto. Note onde repousa o ponto X.

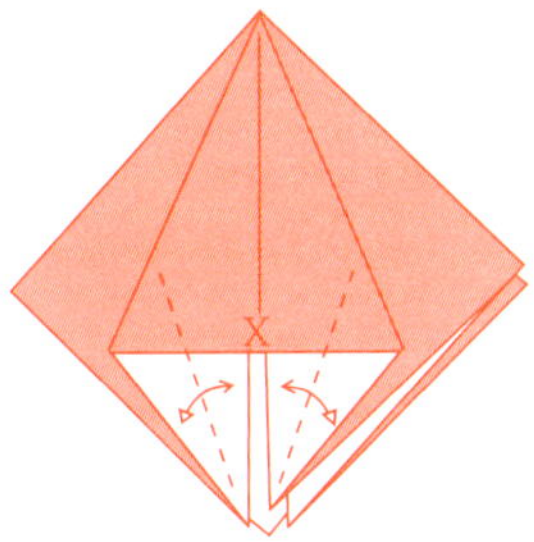

5. Dobre para o meio (nas bissetrizes) e desdobre.

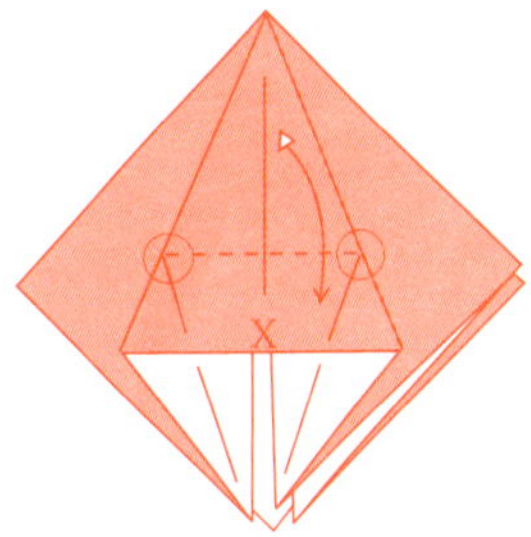

6. Marque dobrando e desdobrando. Atenção para os pontos de interseção.

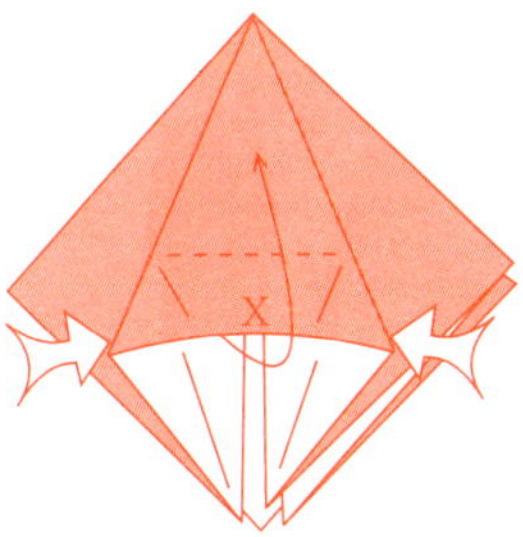

7. Levante a aba partindo do ponto X, e feche as laterais.

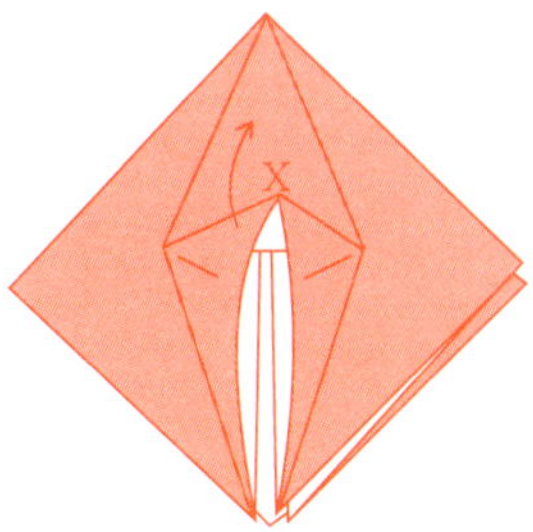

8. Continue levando para cima e fechando as laterais.

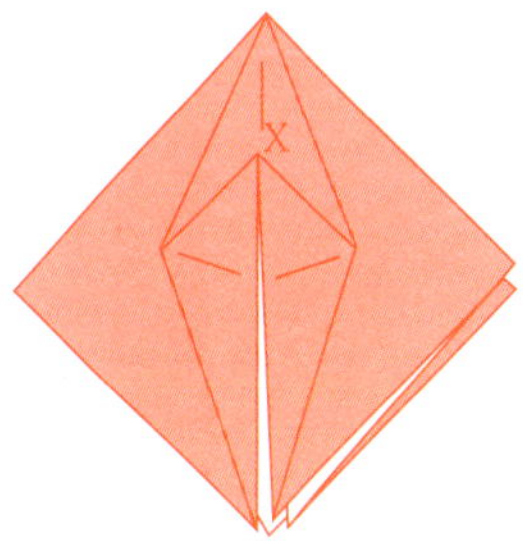

9. Pronto. Repita nas outras 3 abas.

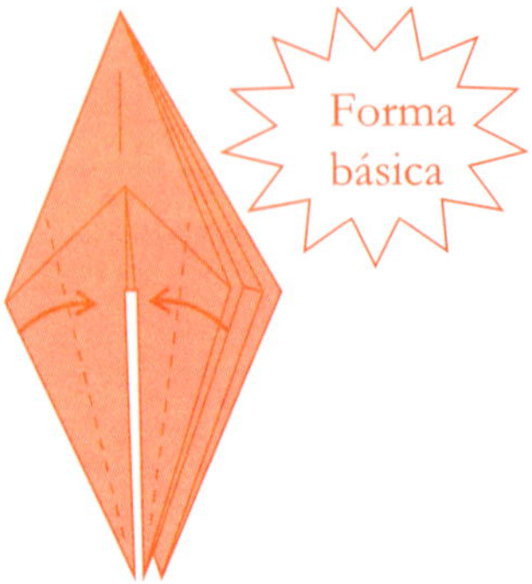

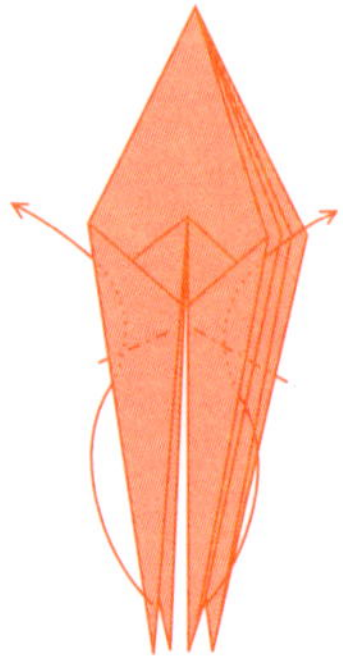

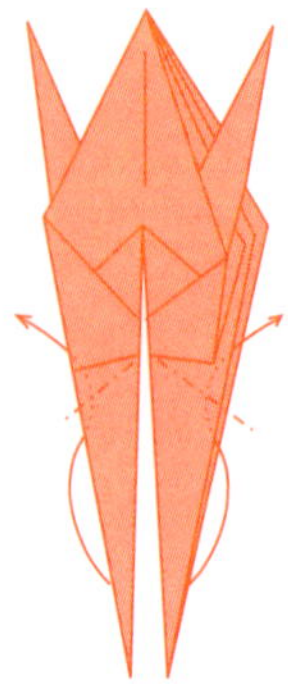

Essa é a base clássica da rã cuja forma é losangonal.
1. Dobre para o meio e repita em todas as abas.

2. Faça 2 dobras invertidas por dentro, nas 2 pontas que estão na frente.

3. Faça 2 dobras invertidas por dentro, nas outras 2 pontas.

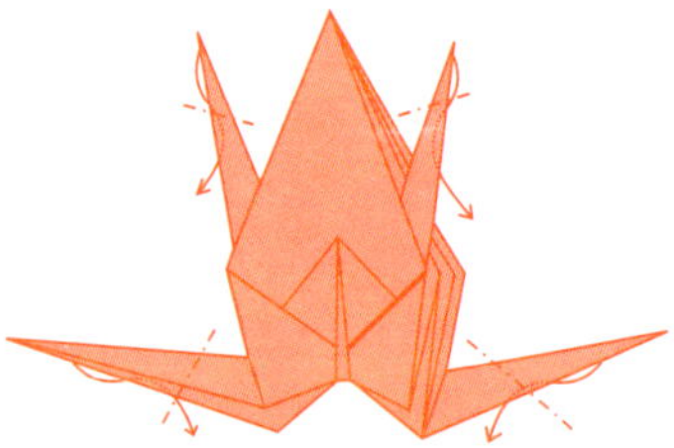

4. Faça 4 dobras invertidas por dentro.

5. Faça 4 dobras invertidas por dentro. Assopre na indicação para dar mais volume.

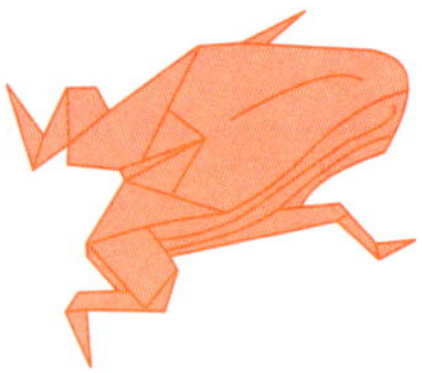

6. Rã pronta. Não aperte para não achatar a peça

COMPARANDO OS PADRÕES DAS BASES TRADICIONAIS (CLÁSSICAS)

Com ângulos de 45° e 22°30' e uma grande liberdade de movimentos, as bases tradicionais ou clássicas permitem a "criação" ou invenção de uma infinidade de peças, mesmo com limitações. Os desenhos mostram as bases fechadas e abertas.

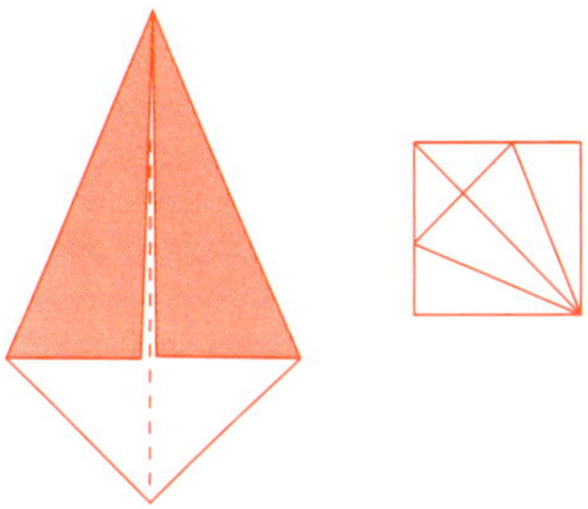

Base da pipa ou casquinha do sorvete.

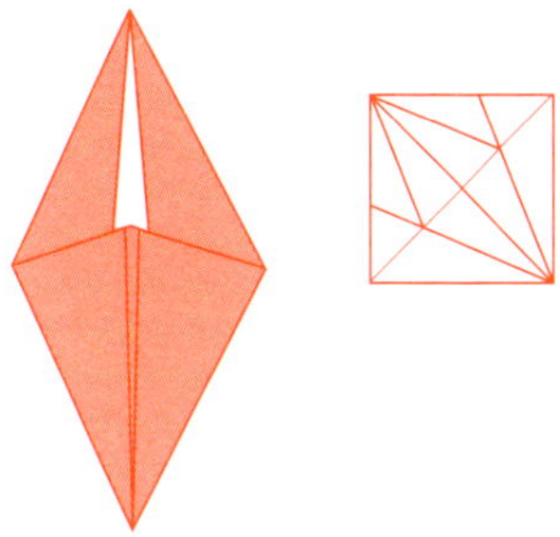

Base do diamante.

Base preliminar.

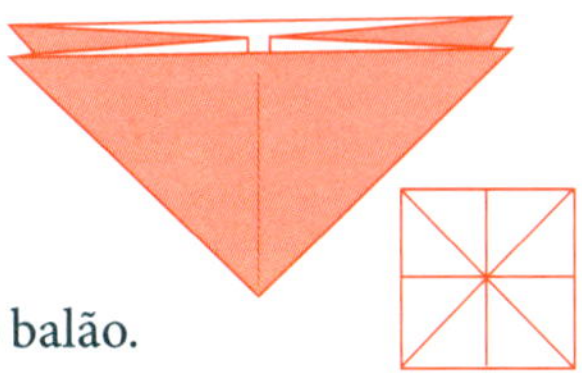

Base do balão.

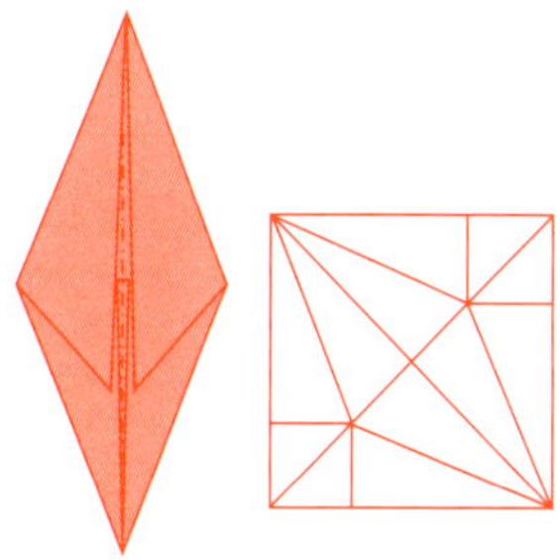

Base do peixe.

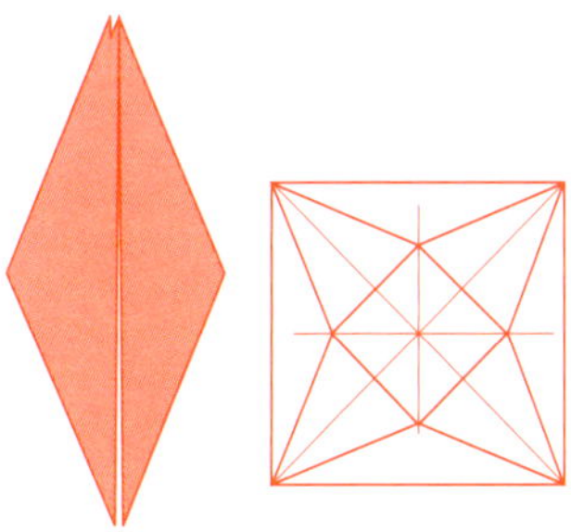

Base do pássaro.

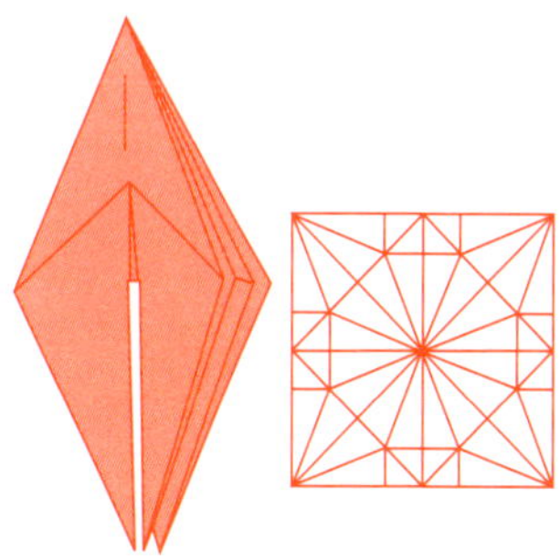

Base da rã.

INVENTANDO

Impossível não admirar a inventividade de Gabriel Alvarez (Espanha) que dobrou o Dédalo utilizando a base da rã. Dédalo, discípulo de Mercúrio, foi um dos mais hábeis artistas da Grécia heroica. Por inveja, cometeu um crime e foi exilado, transferindo-se para Creta. Foi bem acolhido pelo rei Minos e construiu o famoso labirinto, em Gnosso, que servia de refúgio ao Minotauro. Outra bela peça, o Cérbero, de John Montroll (EUA) que utilizou a base do pássaro. Cérbero, cão monstruoso, filho de Tifão e da Víbora, era encarregado de vigiar a entrada dos Infernos. Segundo Hesíodo, tinha cinquenta cabeças e, de acordo Vergílio e outros autores, tinha "apenas" três cabeças.

Muitos autores trilham um caminho exclusivo para cada peça que criam, sem recorrer às formas básicas clássicas tais como são. No entanto, ao dobrarem suas peças, esses ângulos de 45° e 22° 30', irão aparecer inúmeras vezes, em várias fases da sequência das dobras . O inseto mostrado nesta página, criação de Robert Lang (EUA), tem todas as pontas necessárias obtidas a partir da base do pássaro. O esqueleto de cobra em tamanho natural foi criado e dobrado por mim, encaixando várias bases do pássaro umas nas outras (receita não publicada).

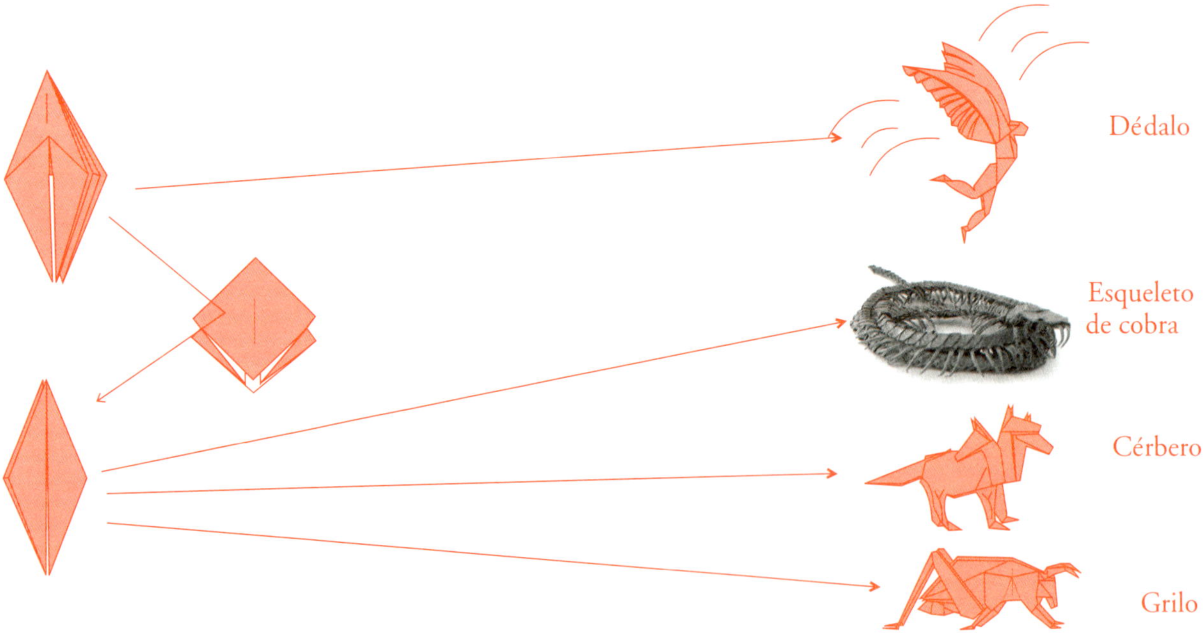

Para obter alguns polígonos regulares convexos por origami, é fundamental exercitar as dobras perpendiculares e também as que são feitas utilizando-se eixos de simetria. É recomendável recorrer ao papel comum para essa prática, o que evitará estragar o papel mais nobre que poderá ser usado na produção definitiva das peças. Seria bom poder comprar as folhas já cortadas na forma quadrada e com o círculo marcado (inscrito). Como não existem papéis assim preparados disponíveis, quem quiser seguir esse método deve inscrever o círculo na folha quadrada utilizando o compasso. Nos casos em que não acontecem muitas dobras sobre dobras, é possível a utilização de um papel com gramatura maior que 75g/cm². A paciência e a persistência são as "almas do bem dobrar" e, a pressa, sua maior e desalmada inimiga! Ninguém deve dizer "não sou capaz de fazer", só porque não conseguiu nas primeiras tentativas. Uns precisam de poucas e outros de muitas! E quem não põe a mão na massa não aprende a fazer pão.

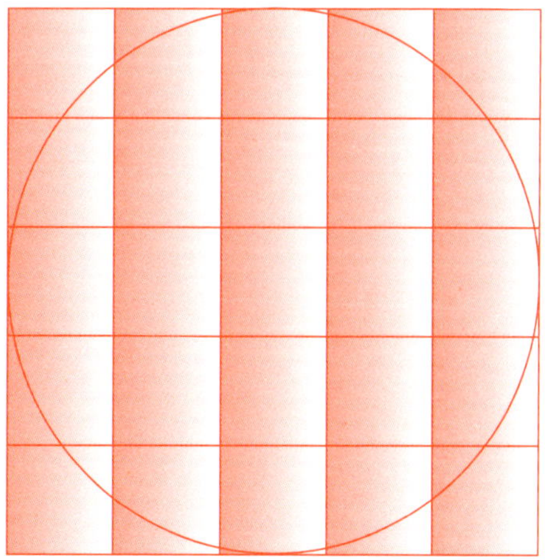

TREINANDO PERPENDICULARES, PARALELAS, EIXOS DE SIMETRIA

Dobrar perpendicularmente, é dobrar, ou, dobrar e desdobrar um segmento de reta sobre ele mesmo, como mostram os quatro primeiros desenhos.

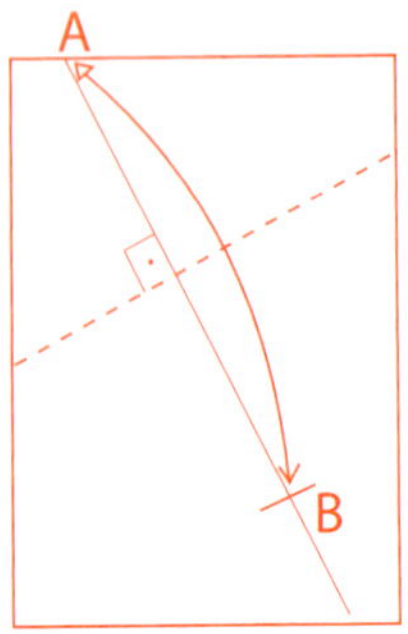

1. Faça a marca do segmento $\overline{AB}$ aleatória. Em seguida, dobre o ponto A para ponto B, ou seja, $\overline{AB}$ sobre ele mesmo.

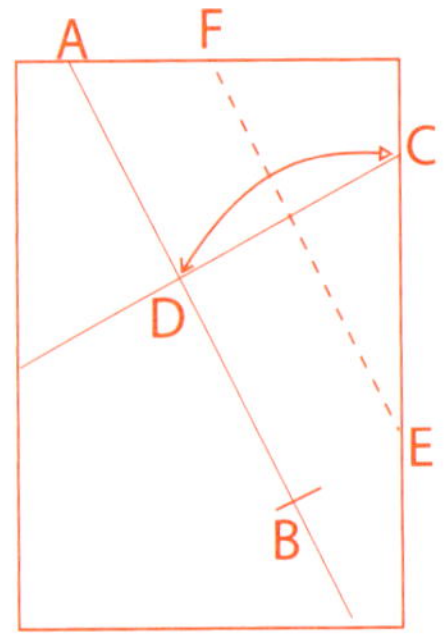

2. Dobre o ponto C para o ponto D, ou seja, $\overline{CD}$ sobre ele mesmo.

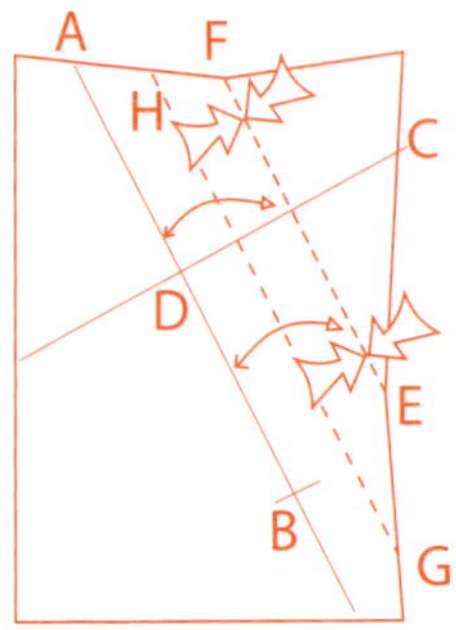

3. Com indicadores e polegares, pince onde indicam as setas $\overline{EF}$ (distância aleatória), dobre em $\overline{GH}$, fazendo coincidir $\overline{EF}$ e $\overline{AB}$.

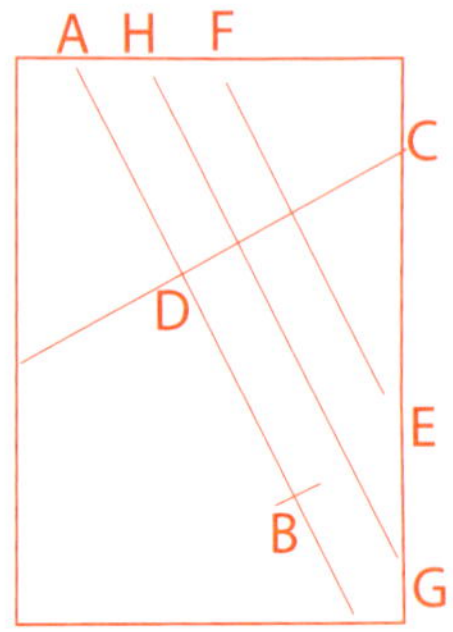

4. Essas são marcas das paralelas e perpendiculares. Exercício que deve ser praticado sempre.

Dobrando pelo eixo de simetria $\overline{OE}$ para obter um ângulo congruente a EÔB.

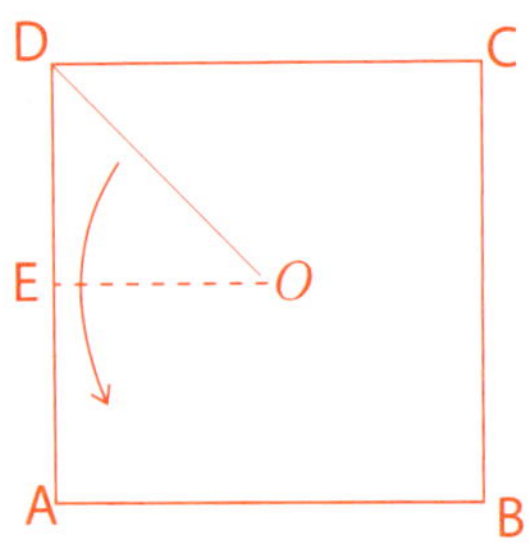

1. Primeiro, fazer a marca $\overline{OD}$. Em seguida, dobrar em $\overline{OE}$ para baixo.

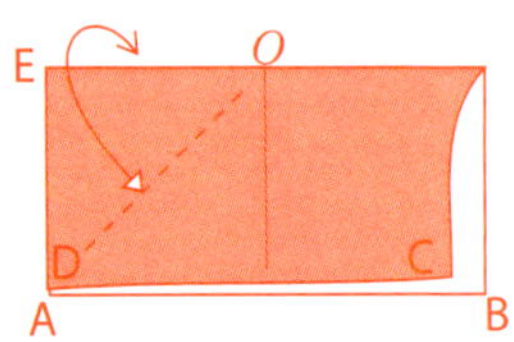

2. Dobre e desdobre $\overline{OD}$.

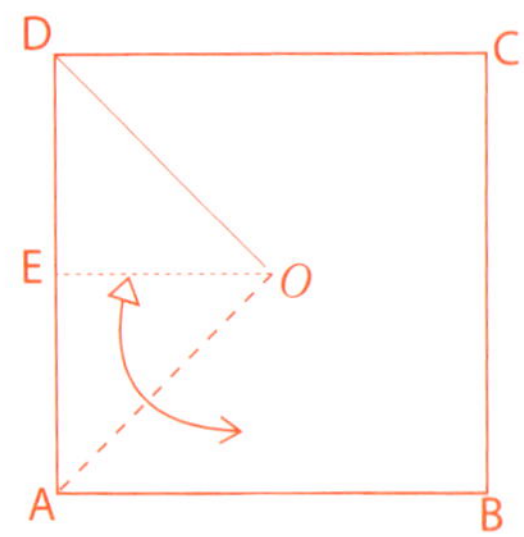

3. Repita a fase 1 em $\overline{OA}$. Continue repetindo o procedimento até dar a volta de 360°.

O CAMINHO E OS ELEMENTOS DO POLÍGONO

Caminho (reta) A reta é infinita. Cada trecho que “vai formar um lado” do polígono é um segmento de reta.

Mudança na direção do caminho causada por uma interferência. (ângulo).

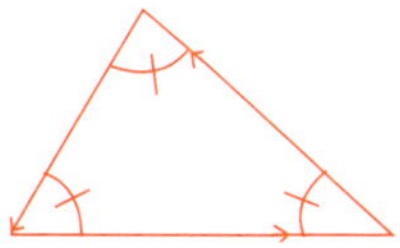

O caminho sofre dois ângulos consecutivos e volta ao ponto de origem do primeiro polígono possível.

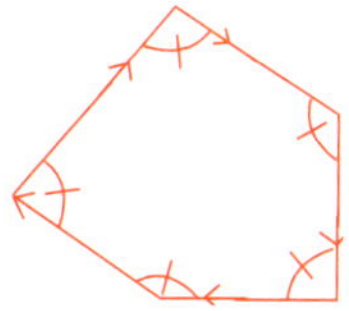

O caminho sofre dois ou mais ângulos consecutivos e volta ao ponto de origem.

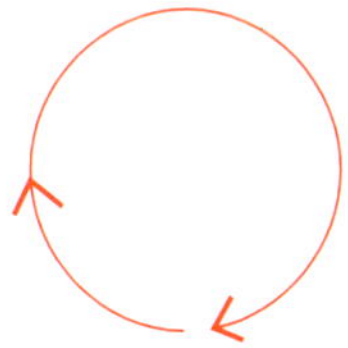

O caminho sofre interferência contínua.

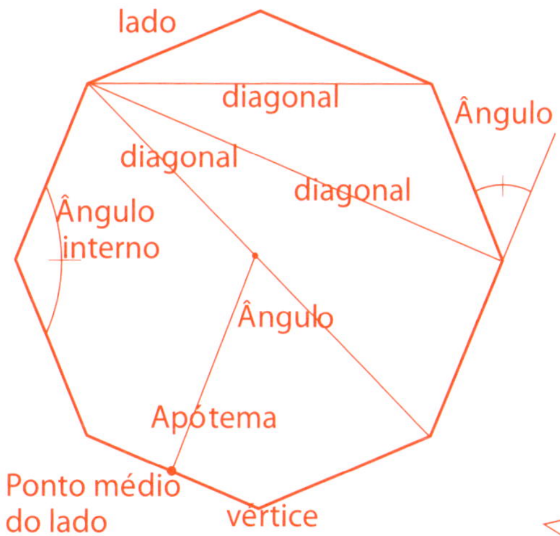

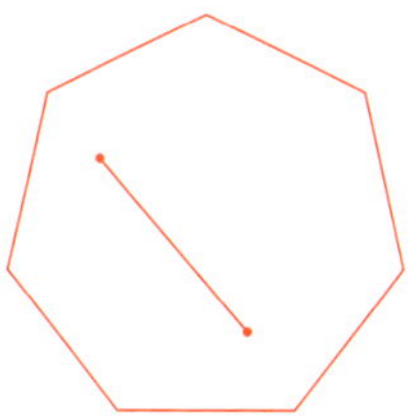

Polígono convexo

Pontos externos

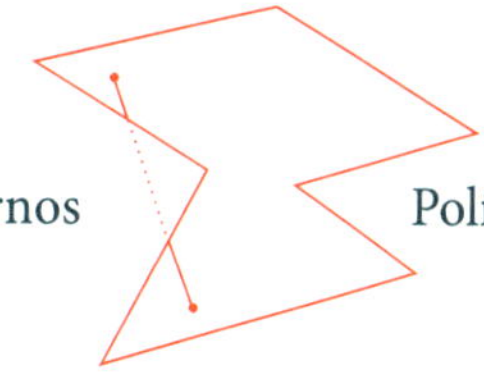

Polígono côncavo

Um polígono é convexo quando, para quaisquer dois pontos internos, todos os pontos do segmento por eles determinados, também são internos ao polígono.

O "TRIÂNGULO" EQUILÁTERO (INTERMEDIÁRIA)

Para obter os polígonos regulares convexos, deve-se partir de elementos já conhecidos. Por exemplo, as bissetrizes sucessivas mostradas no capítulo dos ângulos. O desenho 2 é uma ampliação do quadrado sombreado do desenho 1. Por esse método encontra-se uma diferença de 24' (24 minutos) no ângulo central. Pode-se diminuir essa desigualdade dobrando uma perpendicular ao raio do círculo pelo seu ponto médio, encontrando o ponto para dobrar o ângulo de 60°, como mostra o desenho 3.

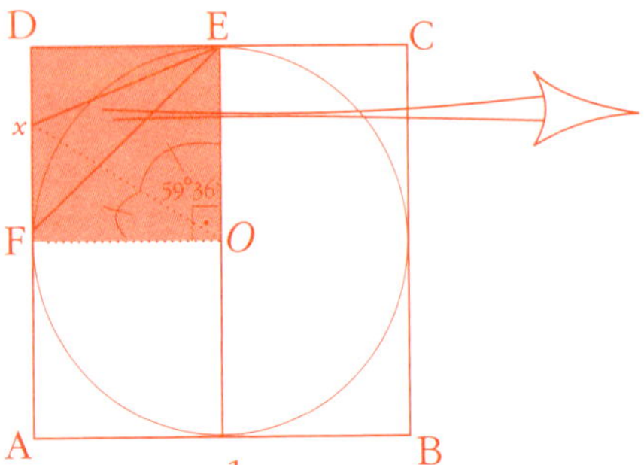

1

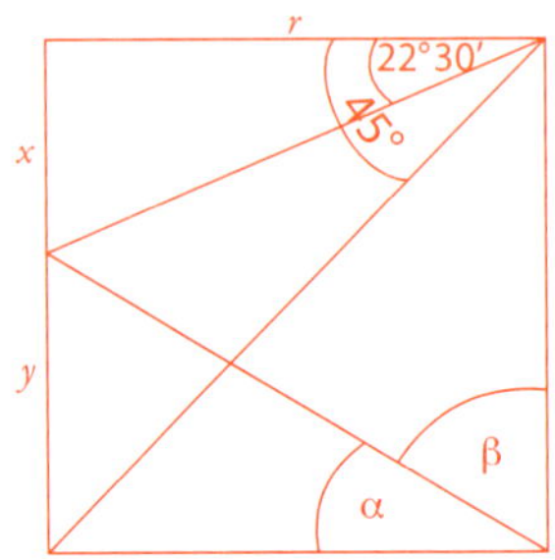

2

$x + y = r = 1$ unidade

$\text{tg } 22{,}5° = \dfrac{x}{r}$

$0{,}414 = \dfrac{x}{r}$

$x = 0{,}4142$

$x + y = 1$

$0{,}414 + y = 1$

$y = 0{,}5858$

$\text{tg } \alpha = \dfrac{y}{r}$

$\text{tg } \alpha = \dfrac{0{,}5858}{1}$

$\alpha \cong 30{,}36°$

$\text{tg } 30° = 0{,}5773$

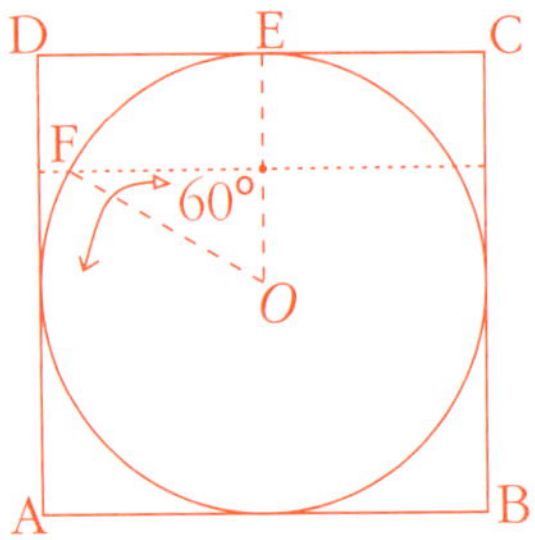

3

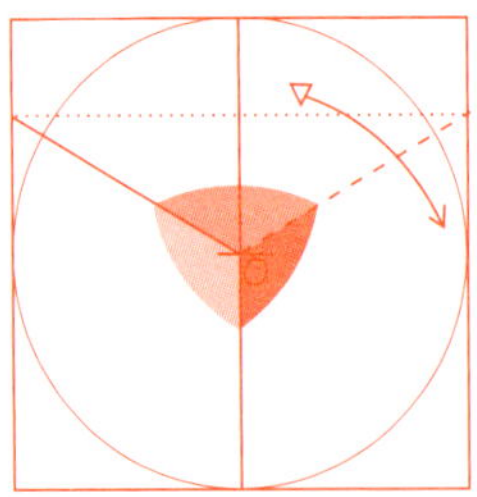

4

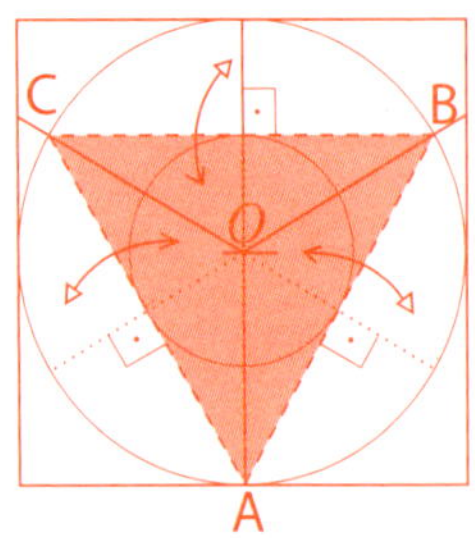

5

Após "dobrar" o triângulo equilátero, como mostram os desenhos 3, 4 e 5, por método semelhante ao da página anterior, dobra-se pelos eixos de simetria para obter os outros ângulos e seus respectivos triângulos, do hexágono regular e do dodecágono regular na próxima página.

O HEXÁGONO REGULAR INSCRITO (INTERMEDIÁRIA)

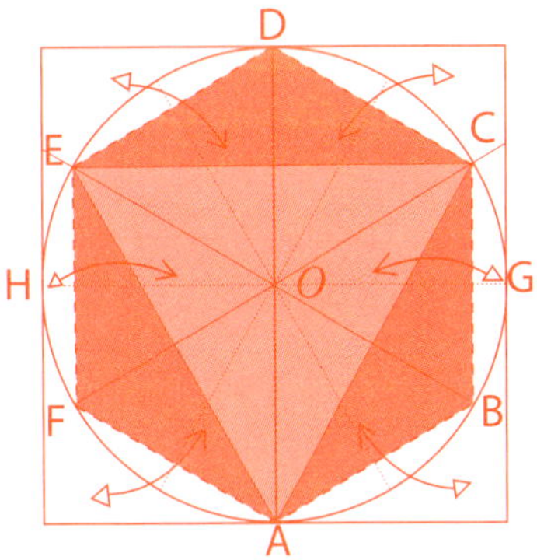

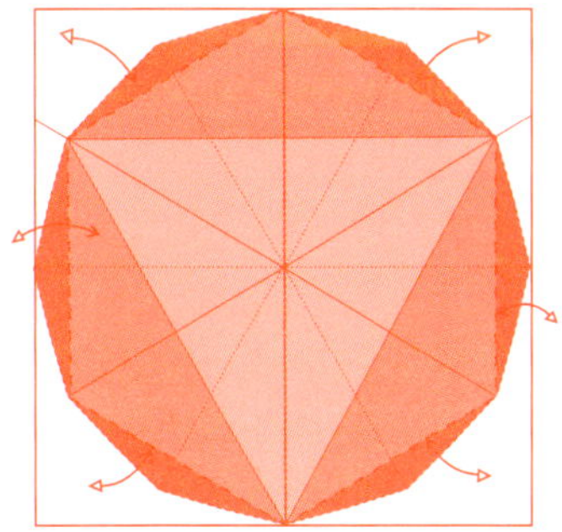

Para dobrar o hexágono inscrito, basta prolongar três alturas do triângulo até interceptarem o círculo.

Para obter o dodecágono (12 lados) inscrito, basta marcar os apótemas do hexágono para obter os pontos necessários. Na medida que aumenta o número de lados, aumenta a possibilidade do aparecimento de diferenças nas dobras. Por isso, deve-se dobrar bem devagar e com atenção.

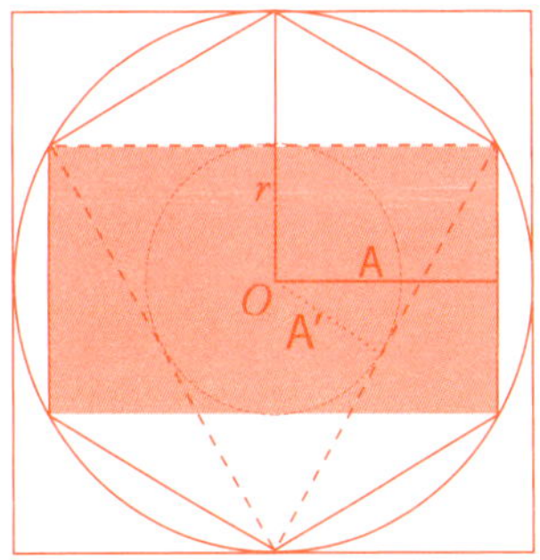

Apótema é o segmento da perpendicular que vai do centro do polígono até o ponto médio de qualquer lado.

Analisando o desenho:

O apótema do triângulo equilátero (A') é ½ do raio da circunferência que o circunscreve e ⅓ da altura.
O círculo inscrito no triângulo equilátero tem ½ do perímetro da circunferência que o circunscreve.
Considerando como dois círculos, a área do menor equivale a ¼ da área do maior.
O lado do hexágono inscrito e o raio *r* são congruentes.
O lado do triângulo equilátero inscrito possui a mesma medida da menor diagonal do hexágono, também inscrito.
O apótema (A) do hexágono inscrito, equivale a ½ da sua menor diagonal. A razão entre a menor diagonal do hexágono inscrito e seu lado é $\sqrt{3}$ e, os dois são os lados do retângulo $\sqrt{3}$ (área sombreada).

O MÓDULO TRIANGULAR EQUILÁTERO

Com esse módulo, pode-se construir três dos cinco "poliedros" regulares: o **tetraedro**, **octaedro** e **icosaedro**. Poliedro é um sólido que tem muitas faces ou sólido limitado por polígonos. No caso do origami não são sólidos.

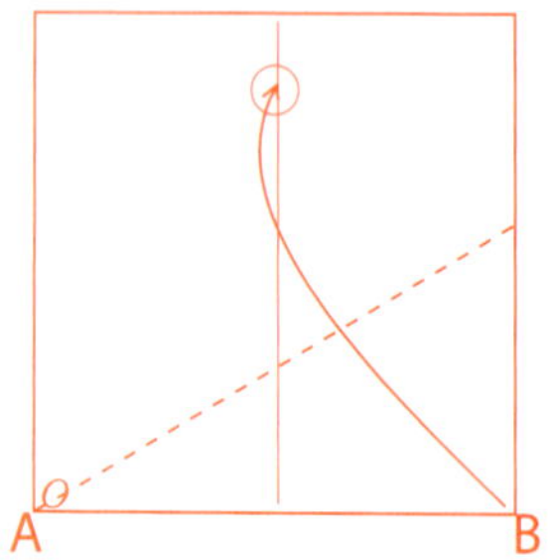

1. Em uma folha quadrada, marque a metade. Em seguida, faça uma dobra partindo do vértice *O* de tal forma que B coincida com a metade.

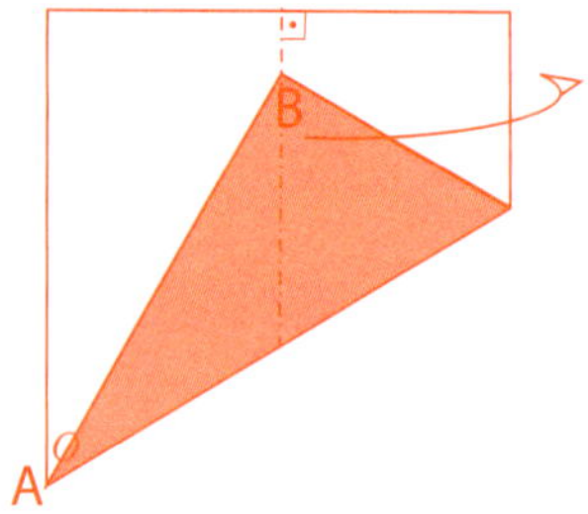

2. Faça uma dobra para trás, paralela aos lados pelo ponto B.

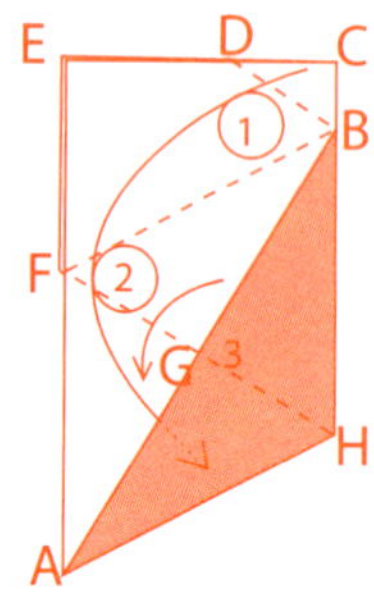

3. Dobre em ordem numérica. O triângulo BCD e o quadrilátero BDEF serão dobrados para dentro do triângulo AGH.

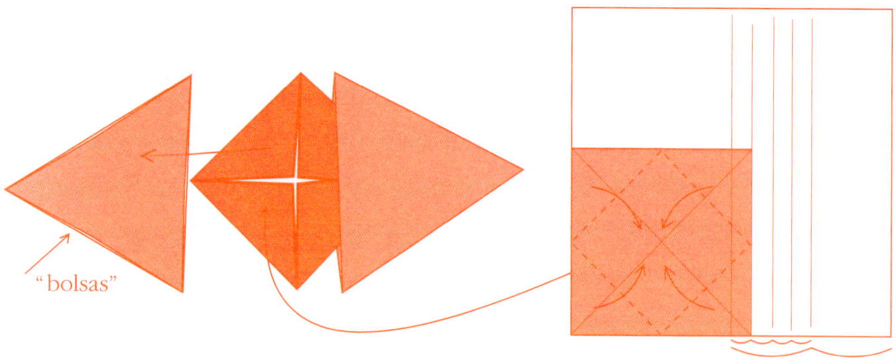

Módulo de conexão

4. Para conectar as peças, usar folha com medida igual a utilizada para o módulo triangular. Divida como mostra o desenho acima, tire o "quadrado menor e dobre os cantos para o centro. Conecte os módulos triangulares. Pode-se usar cola para a peça não desmontar com o manuseio.

MALHAS "PLANAS"

É preciso lembrar que malhas "planas" possuem uma certa espessura e, portanto, são tridimensionais.
Aqui estão alguns exemplos de malhas, nas quais apenas o triângulo equilátero é utilizado. Os hexágonos são montados com triângulos. A conexão entre eles faz-se como mostrado na página anterior.

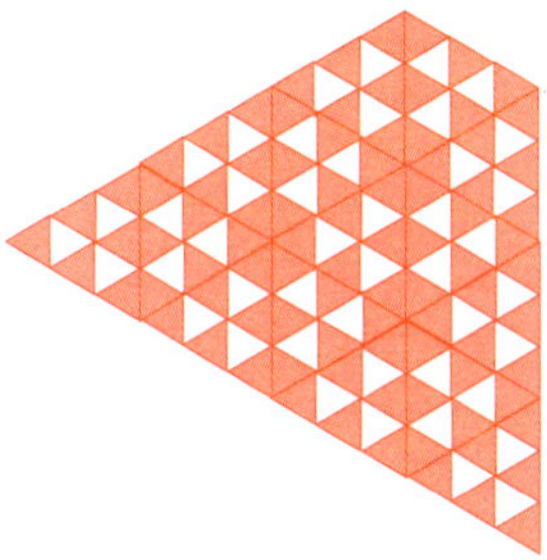

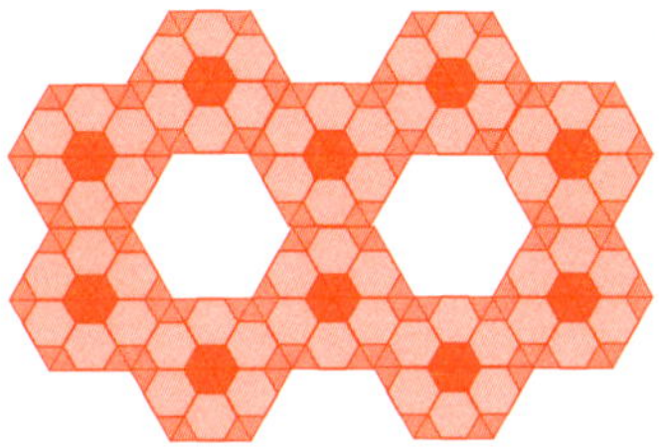

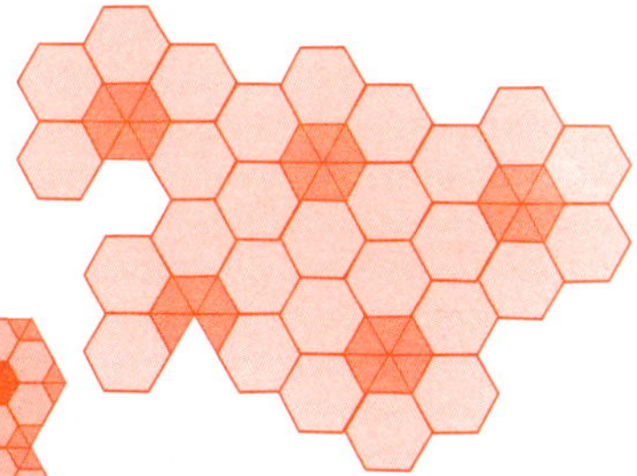

Três "poliedros" regulares conforme mostram os desenhos das peças abertas, fechando e fechadas.

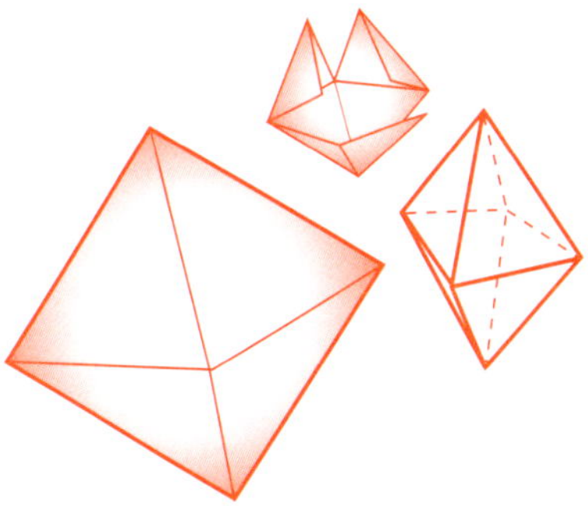

Octaedro (poliedro de 8 faces)

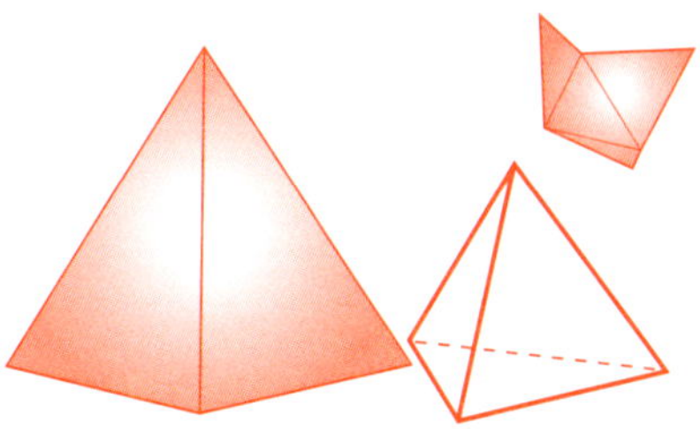

Tetraedro (poliedro de 4 faces)

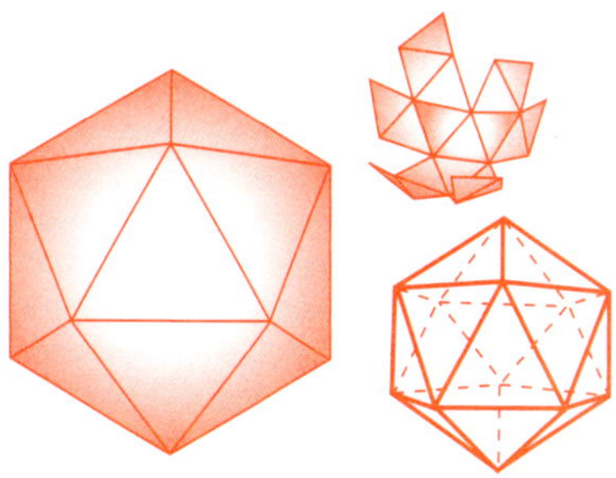

Icosaedro (poliedro de 20 faces)

CURIOSIDADES POLIGONAIS

Os dois desenhos abaixo mostram a formação dos polígonos por meio da “Vesica Piscis”, literalmente, uma bexiga que ao encher-se de ar adquire a forma de peixe. A Vesica Piscis era o diagrama central da geometria sagrada no misticismo cristão da Idade Média. É formada por dois círculos que têm o centro, respectivamente, em um ponto da circunferência do outro. O triângulo equilátero, hexágono, dodecágono e outros polígonos regulares, também são obtidos por meio dessa árvore e sua “raiz”. A medida do eixo maior da “Vesica” é $r.\sqrt{3}$ r = medida do raio da circunferência. As linhas tracejadas com auxílio dos círculos, indicam pontos de interseção que definem vértices dos polígonos.
Misticismo, entre outras definições, é intensa fé e devoção religiosa, frequentemente exacerbadas, com traços de sentimentalismo ou romantismo; ou ainda, crença tão cega em (algo), que se aproxima do fanatismo, entre outras definições. (Dicionário Houaiss 2.0)

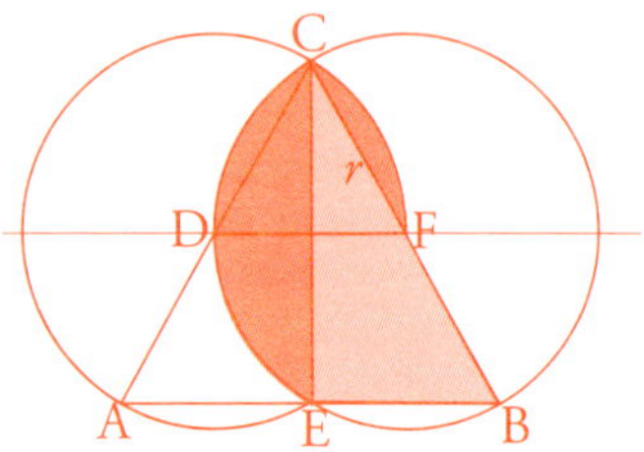

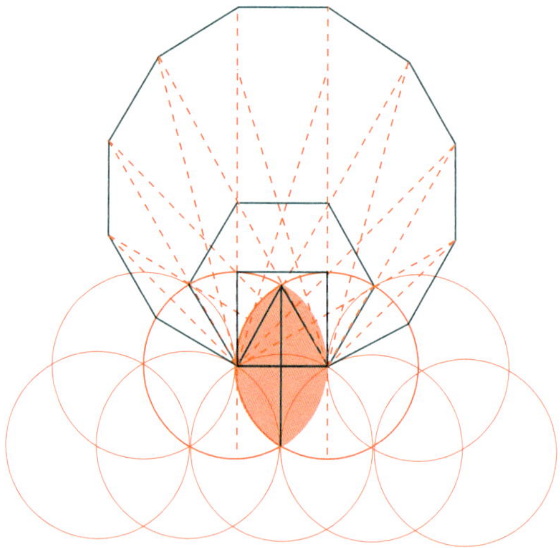

Triângulo retângulo BCE
Catetos: BE e CE
Hipotenusa: BC

$BC^2 = BE^2 + CE^2 \longrightarrow$ Teorema de Pitágoras

$CE^2 = BC^2 - BE^2$

$CE = \sqrt{(2r)^2 - (1r)^2}$

$CE = \sqrt{4r^2 - 1r^2}$

$CE = \sqrt{3r^2}$

$\boxed{CE = r.\sqrt{3}}$

O cavalo inventado por David Brill e o macaco inventado por Luis Bas foram dobrados com folhas triangulares equiláteras.

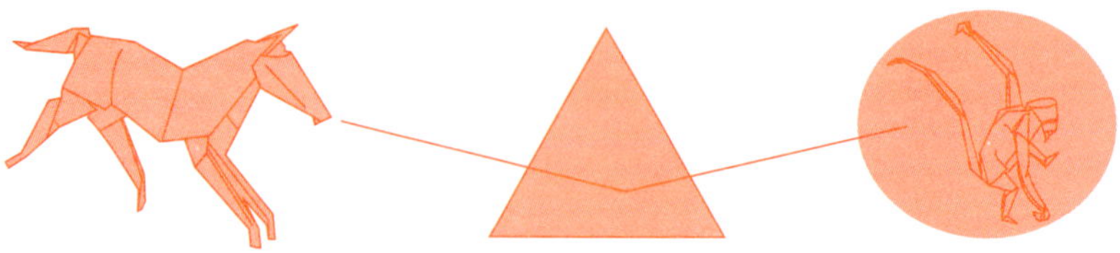

RETÂNGULOS E QUADRADOS

Considerando ℓ como o lado de uma superfície quadrada e, acrescentando uma sucessão de "quadrados" em cada figura existente, obtemos a representação espacial de uma série numérica. As séries continuam, e em cada uma delas, a razão entre dois números sucessivos se aproxima do número "Fi" ϕ. (1,6180...). Alternando, por exemplo, 29:11, a razão obtida é ϕ^2 ("Fi^2"). Reunindo as duas séries, conforme seu crescimento, a razão entre numerador e denominador aproxima-se da $\sqrt{5}$.

O número ϕ (Fi) e a $\sqrt{5}$ são números irracionais. Número irracional é aquele que não pode ser expresso exatamente como a razão entre dois números inteiros.

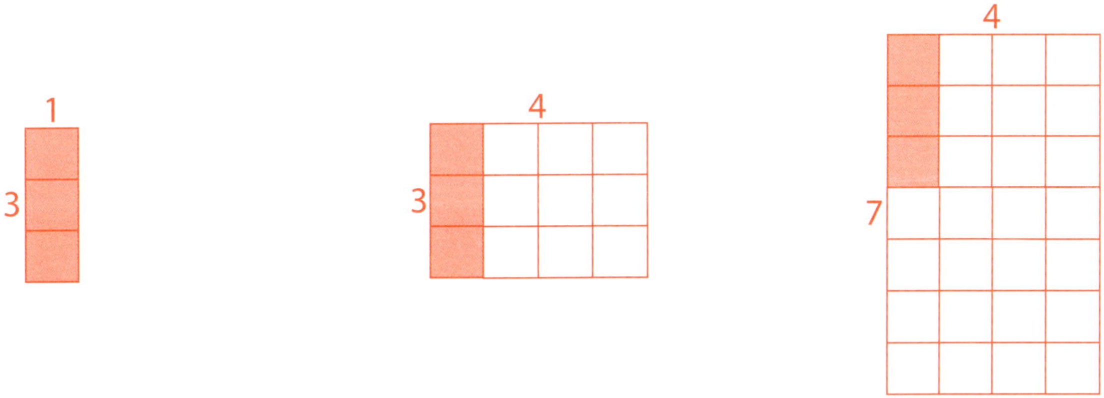

Formação: 4 = 1 + 3; 7 = 4 + 3; 11 = 7 + 4; 18 = 11 + 7; 29 = 18 + 11; 47 = 29 + 18; …

A razão entre o sucessor e o antecessor é 1,61...

1:3 13 47 11 18 29 47 76 123... A razão entre numetador e denominador aproxima-se da $\sqrt{5}$= 2,2360...

1:2 11 23 5 8 13 21 34 55. . .

Formação: 2 =1 + 1; 3 = 2 + 1; 5 = 3 + 2; 8 = 5 + 3; 13 = 8 + 5; 21 = 13 + 8; 34 = 21 + 13; …

A razão entre o sucessor e o antecessor é 1,61...

UM MATEMÁTICO FAMOSO

Leonardo Fibonacci viveu de 1170 a 1250. Matemático, italiano, nascido em Pisa, ficou conhecido como Leonardo de Pisa. Estudou com os árabes e, de volta à Itália, publicou em 1202, um livro que se tornou célebre, o *Liber Abaci*, que reúne conhecimentos adquiridos pelos árabes sobre aritmética e álgebra. O livro aborda, dentre outros, cálculos com números inteiros, extração das raízes quadradas e cúbicas, progressões aritmética e geométrica. A descoberta da série, 1, 1, 2, 3, 5, 8, 13, 21, 34, 55, 89 etc, é atribuída a ele (pág. 101).

UM ORIGAMISTA FAMOSO

Um exemplo em origami, é o uso do retângulo 3 X 2 (que circunscreve os círculos da vesica) a partir do qual Robert Lang "criou" a tarântula. No livro *The Complete Book of Origami*, no qual a receita dessa tarântula foi publicada, o autor promove uma dança de retângulos a partir dos quais obtem intrincadas receitas para belas peças, incluindo algumas com movimento. É possível dobrar qualquer peça a partir da folha quadrada, mas a utilização de outras formas também conduz a ótimos resultados. Com retângulos, dobra-se a perereca que pula, tendo como ponto de partida o "retângulo" 2 X 1, o peixe que comeu o gato, a partir do "retângulo" A4, dentre tantas outras. No livro em questão é fornecida a razão pela qual se obtém-se o retângulo desejado, escolhendo a medida do seu lado menor. Por exemplo o autor indica o retângulo como 1: 1,5
1 : 1,5 é a notação para razão.
1 x 1,5 é a notação para relação entre as medidas dos lados.
Para um retângulo cujo lado menor mede 12,5 cm, basta multiplicar 12,5 x 1,5 = 18,75 cm. Portanto, esse retângulo terá como medida do lado maior 18,75 cm e, o lado menor com 12,5 cm. Respeitadas as razões entre as medidas do comprimento da largura, as medidas reais da folha ficam a critério de cada um.

OBTENDO O "QUADRADO" NA FOLHA QUADRADA (SIMPLES)

Para obter um quadrado inscrito no círculo por esse método, basta seguir as fases, marcando as medianas, diagonais, bissetrizes, e pontos de interseção.

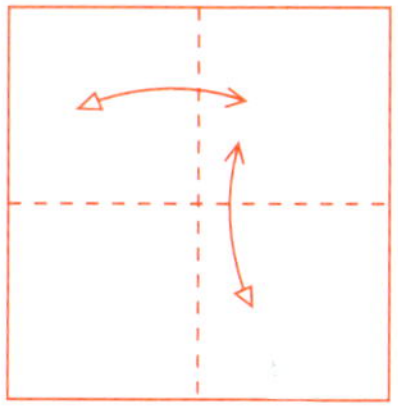

1. Marque as medianas.

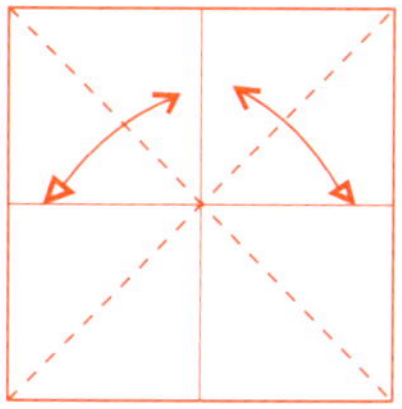

2. Marque as diagonais.

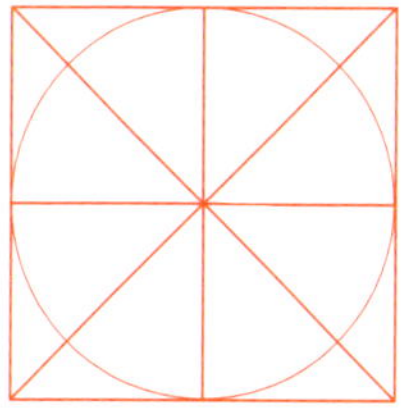

3. Desenhe o círculo.

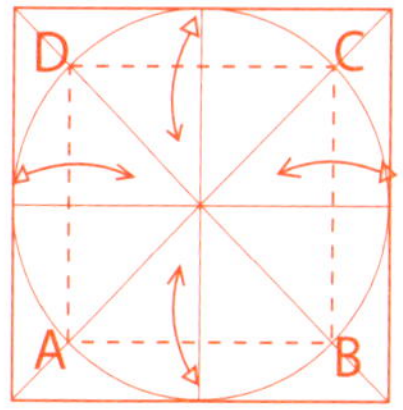

4. Dobre ligando os pontos de interseção.

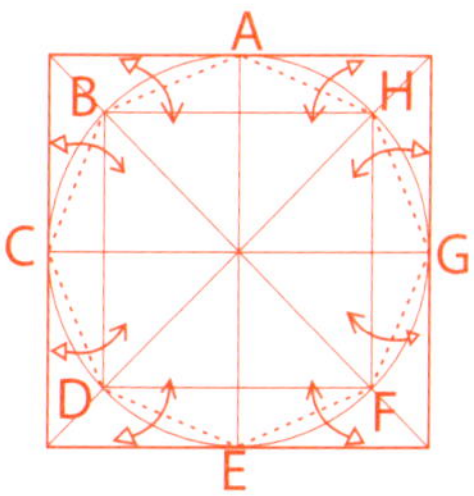

5. Dobre ligando os pontos de interseção para obter o octógono.

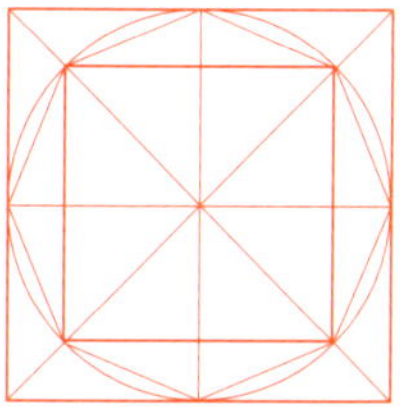

6. Obtidos o quadrado e o octógono, pode-se tentar o hexadecágono.

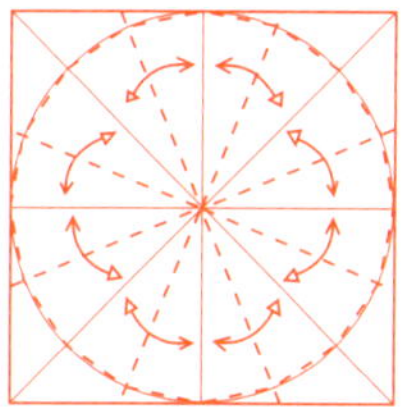

7. Dobrando nas bissetrizes, obtém-se o hexadecágono. Quadrado e octógono omitidos para facilitar a visualização.

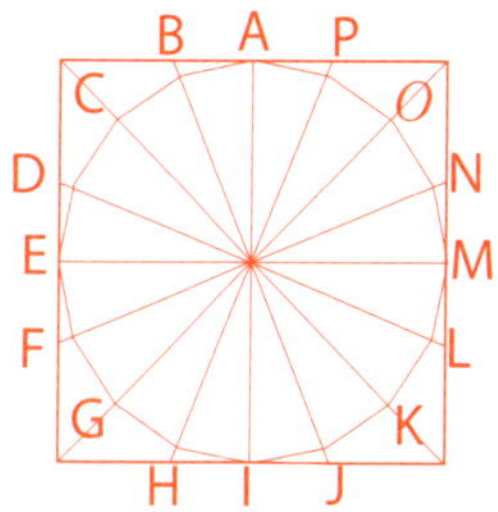

8. Hexadecágono.

JUSTIFICATIVA

Partindo de uma folha quadrada, tem-se as diagonais que são perpendiculares e se interceptam no centro da região quadrada. Em torno de um ponto temos 360°. Portanto, cada um dos quatro ângulos mede 90°. À medida que se traça as mediatrizes dos lados da figura quadrada, elas coincidem com as bissetrizes dos ângulos centrais, anteriormente determinados. Assim, fica-se com 8 ângulos centrais adjacentes e congruentes, medindo 45° cada. Qualquer circunferência traçada, tendo o centro na interseção das diagonais, ficará dividida em 8 arcos congruentes, medindo 45° cada. Unindo os pontos, ter-se-à uma figura geométrica plana de 8 vértices e 8 lados. Octógono. Dobrando nas bissetrizes dos 8 ângulos centrais, ter-se-à a duplicação do número de ângulos e lados, todos eles congruentes entre si. Dezesseis vértices, 16 lados. Hexadecágono.

A REPRESENTAÇÃO DO CUBO E DA PIRÂMIDE

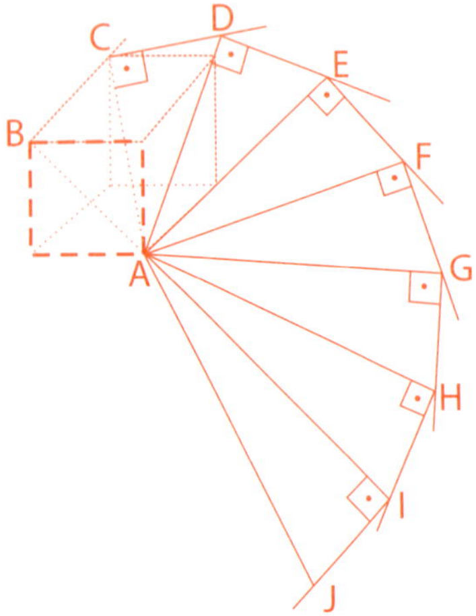

Considerando que os lados do "quadrado" original tenham medidas igual a 1 unidade.

$AB = \sqrt{2}$
$AC = \sqrt{3}$
$AD = \sqrt{4} = 2$
$AE = \sqrt{5}$
$AF = \sqrt{6}$
$AG = \sqrt{7}$

Pirâmide regular é o sólido que possui por base um polígono regular e, por faces laterais, triângulos isósceles com um vértice comum chamado vértice da pirâmide.
Para a montagem da representação do cubo, dobrar 8 "pirâmides iguais".

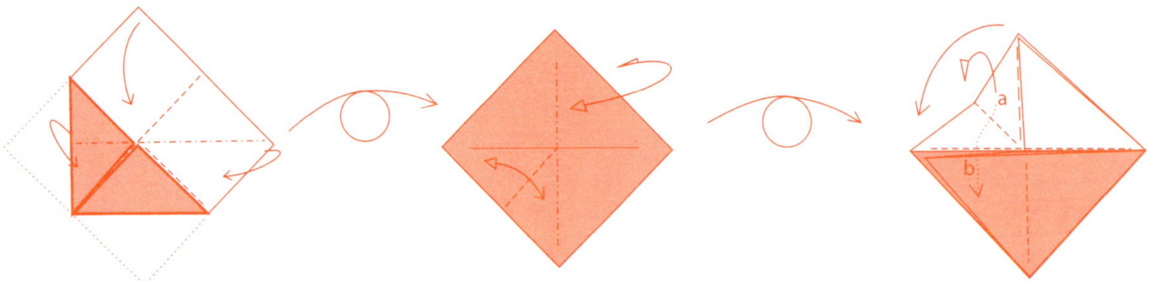

1. Dobre e desdobre uma diagonal para trás. Dobre e desdobre as mediatrizes (para a frente) dos lados da folha quadrada. Dobre simultaneamente, incorporando as linhas "vale" e "montanha". Em seguida, vire o papel. No desenho, a folha já está com dois cantos dobrados para o centro.

2. Dobre e desdobre na mediana. Reforce o vinco na diagonal, para trás. Em seguida, vire o papel.

3. Dobre simultaneamente, encaixando o triângulo a dentro do triângulo b. Antes de dobrar um triângulo para dentro do outro, faça o papel ficar com a forma piramidal, para entender melhor a dobra. Veja o desenho na próxima página.

MONTANDO O "CUBO"

O módulo piramidal visto por dentro. A base forma as arestas de um triângulo equilátero.
Para unir os módulos, usar folhas quadradas. Cada folha A4 dá para duas "pirâmides".
A folha encaixada nas "pirâmides" é um "quadrado" obtido de ¼ da folha A4.
Considerar as diferenças geradas pelo método de dobrar as "pirâmides".

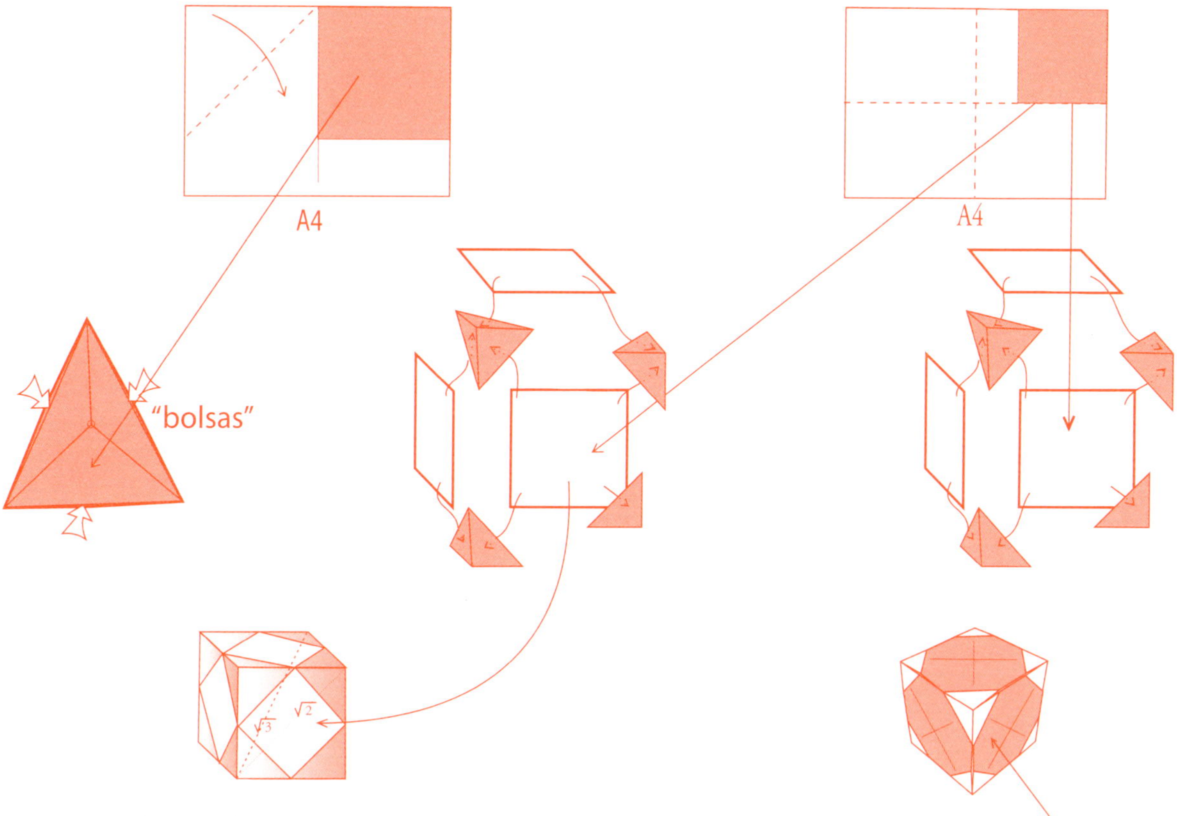

O lado do "quadrado" é igual a aresta formada por duas "pirâmides".

O lado do "quadrado" é maior que a aresta formada por duas "pirâmides".

São necessários 8 módulos piramidais. Para os "quadrados", use gramatura mais alta.

O "PENTÁGONO" REGULAR QUE DEU TRABALHO (DIFÍCIL)

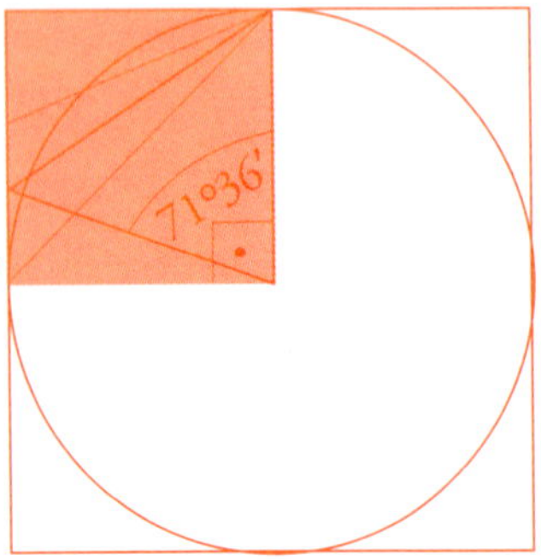

Na primeira tentativa para obter o pentágono por origami, foram usadas como guias as bissetrizes no ângulo reto.

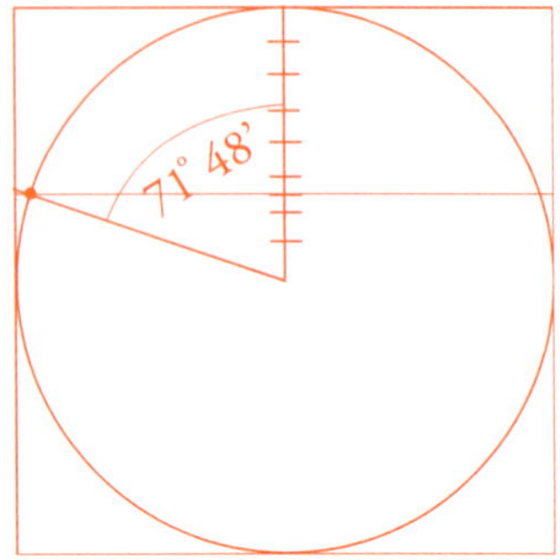

Na segunda tentativa para obter o pentágono, também por origami, as guias foram os pontos médios do raio.

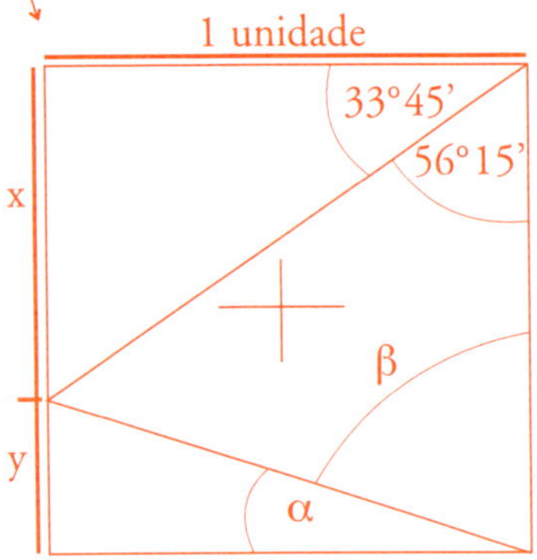

A medida do ângulo central de um pentágono regular é 72°.
Essa aproximação é aceitável para a dobradura, segundo o Prof. Yukio Okuhara

$$90° : 8 = 11°15'$$

$$\frac{3}{8} = 33°45'$$

$$\frac{5}{8} = 56°15'$$

$$a + b = 90°$$

$$\text{tg } 33°45' = \frac{x}{1}$$

$$0{,}6681 = \frac{x}{1}$$

$$x = 0{,}6682$$

$$x + y = 1 \text{ unidade}$$

$$0{,}6682 + y = 1$$

$$y = 0{,}3318$$

$$\text{tg } \hat{\alpha} = \frac{y}{1}$$

$$\text{tg } \hat{\alpha} = 0{,}3318$$

$$\alpha = 18°21'$$

$$18°21' + \beta = 90°$$

$$\beta = 71°39'$$

A TERCEIRA TENTATIVA PARA OBTER O "PENTÁGONO" REGULAR

O método mostrado abaixo é uma adaptação da maneira clássica para a construção do "pentágono" com régua e compasso. É uma construção mais aproximada do que suas tentativas anteriores, obtendo a medida do lado do "pentágono" regular inscrito no círculo como mostra a sequência de desenhos. Obtém-se a forma pentagonal regular dobrando nos eixos de simetria. (Desenhos 1, 2,3 e 4).

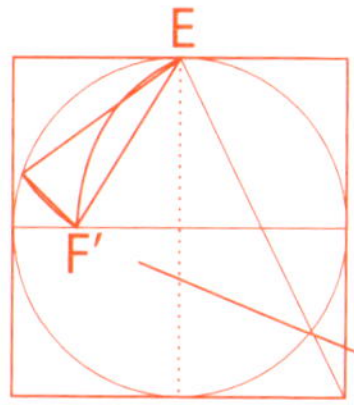

EF' é a medida do lado do "pentágono" inscrito.

Tire um "quadrado" de uma folha A4.

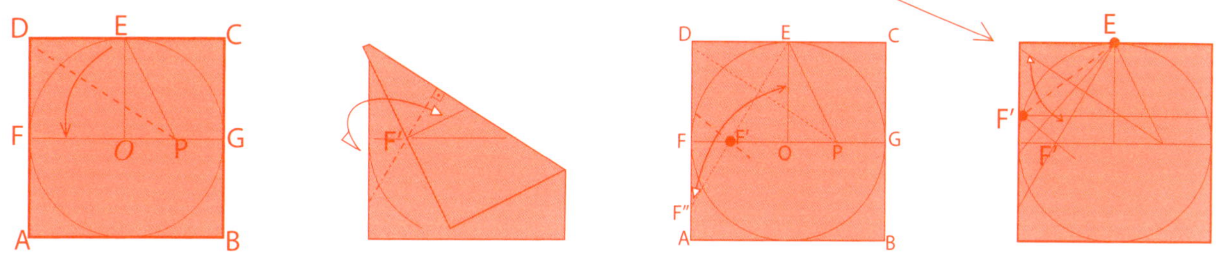

1. Dobre "com centro" em P (ponto médio entre *O* e G). E coincide com $\overline{FG}$.

2. Dobre perpendicular à dobra formada por $\overline{PD}$, pelo ponto E, obtendo F'.

3. Dobre e desdobre pelo ponto F'. F" toca a mediana. ($\overline{EO}$)

4. Dobre e desdobre o primeiro lado do pentágono pelos pontos F'E. Em seguida, dobre a sequência de fases abaixo.

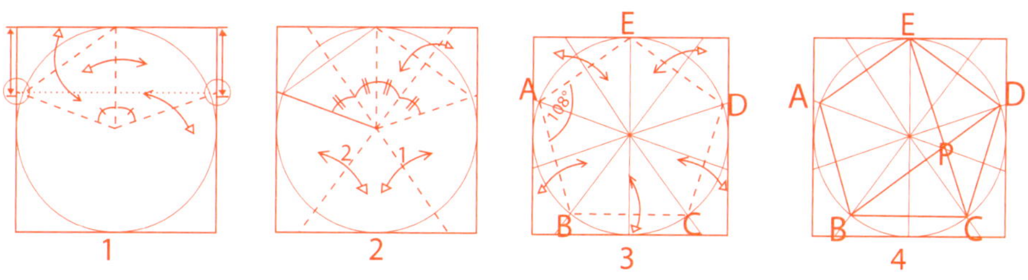

$\overline{BP} : \overline{DP} :: \overline{EP} : \overline{CP}$ na razão 1,6180... = ϕ (fi)

O MÓDULO PENTAGONAL E O "DODECAEDRO"

Depois de uma certa prática é possível dobrar fazendo pequenas marcas para não deixar excesso de vincos na folha. Obtido o "pentágono", o papel excedente pode ser cortado fora se isso for atrapalhar, mas também pode ficar escondido pelas dobras. Comece "dobrando o pentágono" como mostra a página anterior ou pode também seguir o método da página 157.

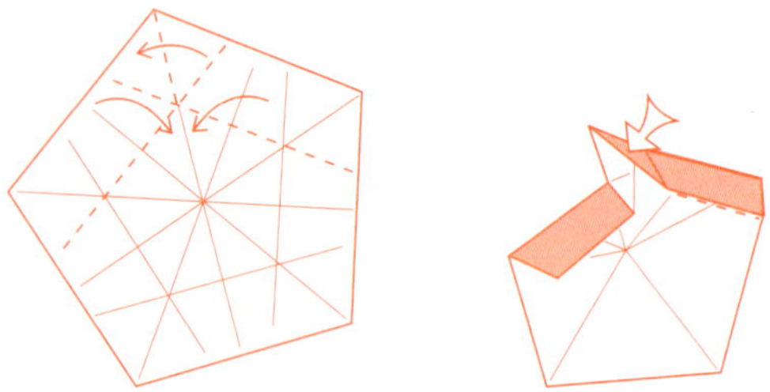

1 e 2. Vinque as diagonais. Em seguida, dobre dois lados para o centro simultaneamente.
Repita nos outros lados.

3 e 4. Abra e achate. Em seguida, repita nas outras quatro abas formando o desenho da estrela. Em cada lado, forma-se uma "bolsa".

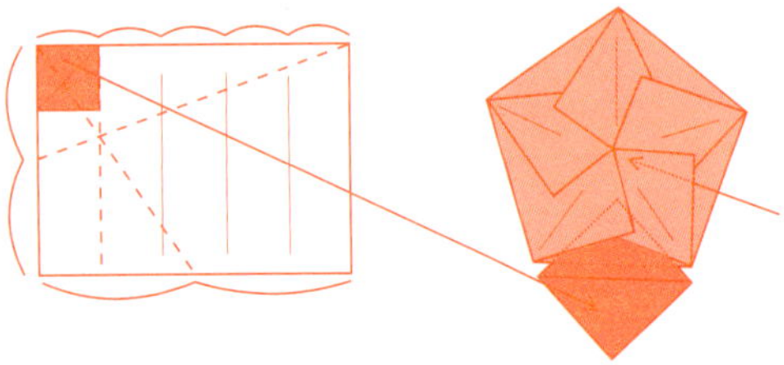

5 e 6. Para os elementos de conexão use papel A4 e divida em cinco (pág. 164). Dobre os quatro cantos de cada "quadradinho" para o centro e use-os na conexão entre os "pentágonos".

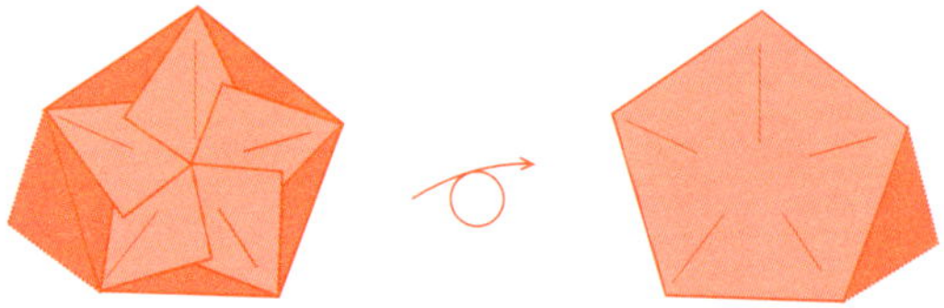

7 e 8. Duas são as opções para as faces do "dodecaedro". Estrela ou lisa.

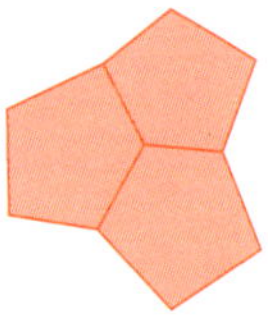

9. Ligue 3 módulos usando um pingo de cola para não desconectar com o manuseio.

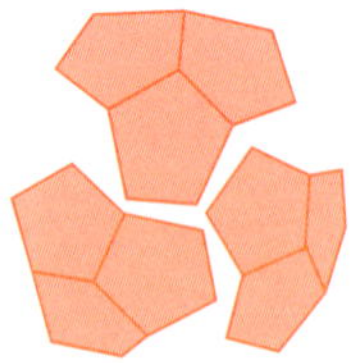

10. Continue conectando os grupos de 3 módulos até fechar toda a peça.

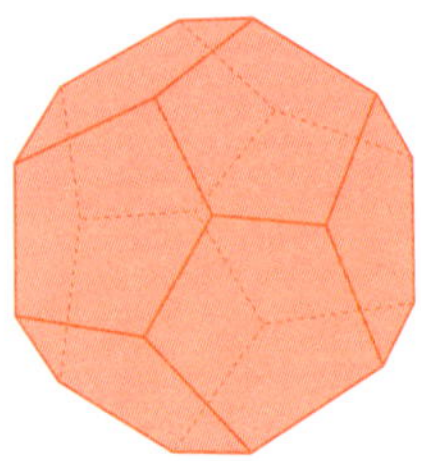

11. "Dodecaedro".

Octaedro pág. 99

Tetraedro pág. 99

Malha com triângulo equilátero pág. 99

Cubo pág. 105

Dodecaedro pág. 108

Cata-vento I pág. 112

Cata-vento II pág. 113

Barco simples pág. 121

Copo, Vaso e Xícara pág. 122

O velho peixe e o mar pág. 124

Baleia vista do helicóptero pág. 124

Beija-flor pág. 125

“PINTANDO O SETE” (DIFÍCIL)

Se não é tão simples obter o “heptágono” e o “eneágono” por origami, mais difícil é montar formas poliédricas com eles. O ângulo central do “heptágono” regular inscrito em um círculo de raio *r*, não pode ser expresso por um número inteiro. (360° : 7 = 51°25’)
Não é tão simples desenhá-lo ou dobrá-lo a partir de um círculo. Por origami e pelos métodos que serão mostrados nos desenhos, consegue-se uma aproximação razoável, considerando as limitações das dobras.

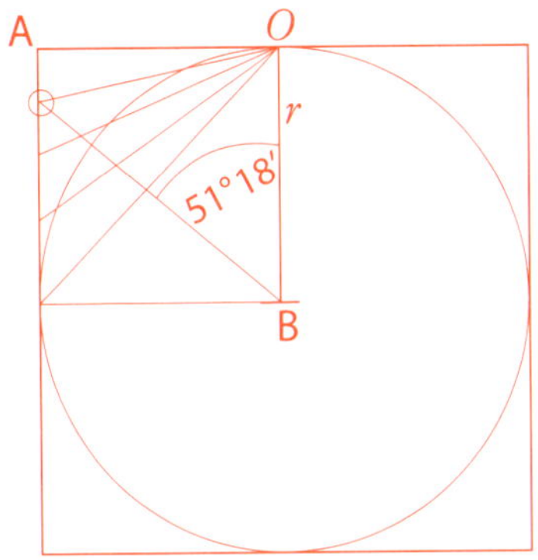

1. A primeira tentativa, por origami, feita com o auxílio das marcas da divisão do ângulo reto AÔB.

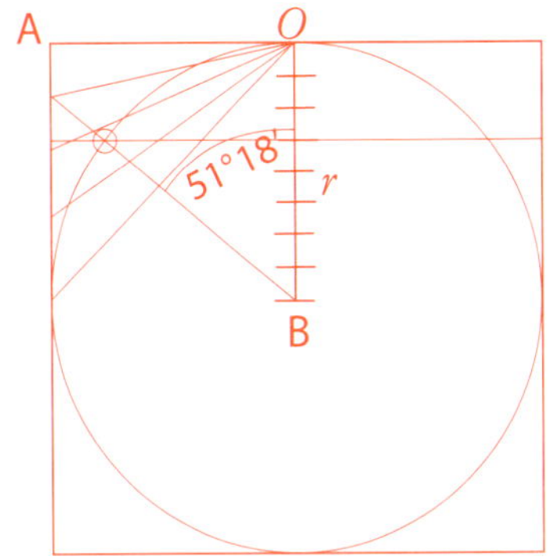

2. A Segunda tentativa, por origami, feita com o auxílio da divisão do raio em 8 segmentos congruentes, também resultou no erro anterior. Quanto ao erro, é preciso considerar as diferenças obtidas pelas dobras no papel.

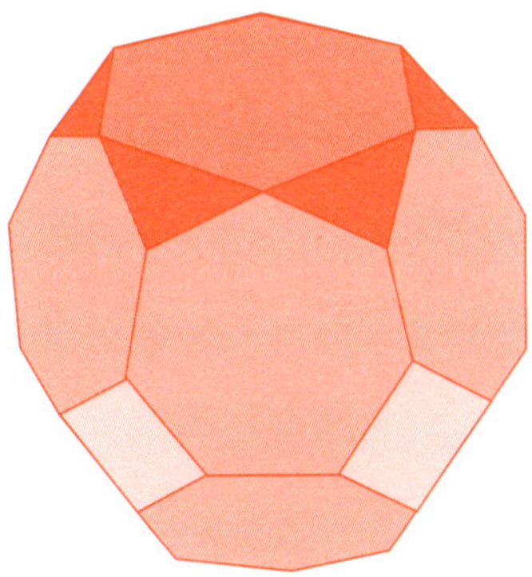

A representação de um sólido montada com “heptágonos”, “quadrados”, “triângulos” e “hexágonos”. Para outros usos, dependendo do material empregado, a peça pode ser tanto um instrumento de percussão quanto uma luminária.

“DOBRANDO O SETE”

Encontrado o primeiro ângulo, por uma paralela ao lado superior do “quadrado”, encontra-se o segundo. Em seguida, segue-se dobrando os ângulos restantes com o auxílio dos eixos de simetria. Certamente não é uma tarefa que possa ser feita com precisão nas primeiras tentativas. De qualquer forma, fica a sugestão e por que não dizer, o desafio.Trabalha-se com papel e tem-se, mais uma vez que considerar as imprecisões das dobras.

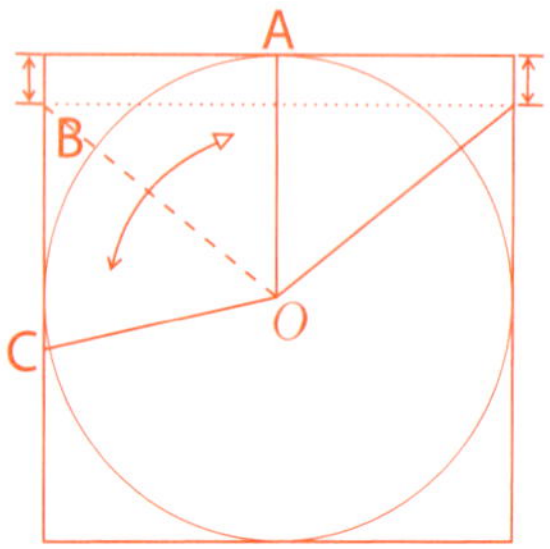

1. A linha pontilhada é guia para obter o segundo ângulo. Em seguida, dobre e desdobre fazendo coincidir $\overline{OA}$ e $\overline{OC}$.

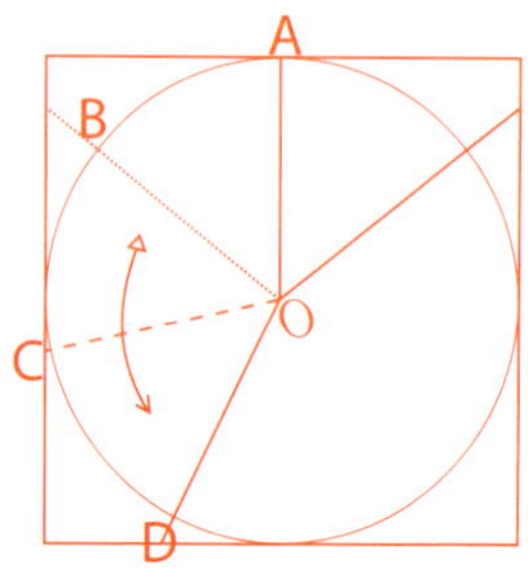

2. Dobre e desdobre coincidindo $\overline{OB}$ e $\overline{OD}$.

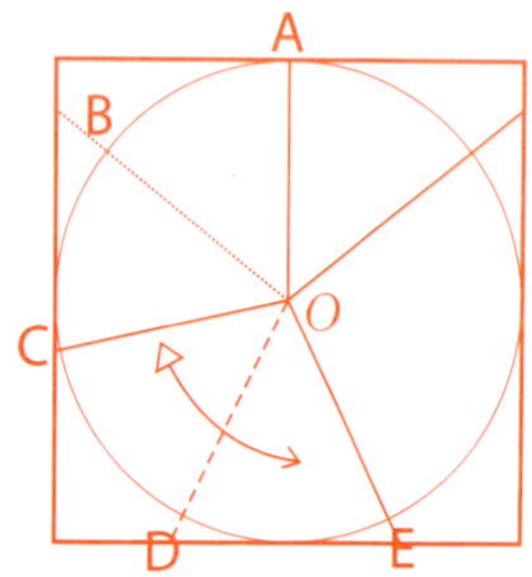

3. Dobre e desdobre coincidindo $\overline{OC}$ e $\overline{OE}$.

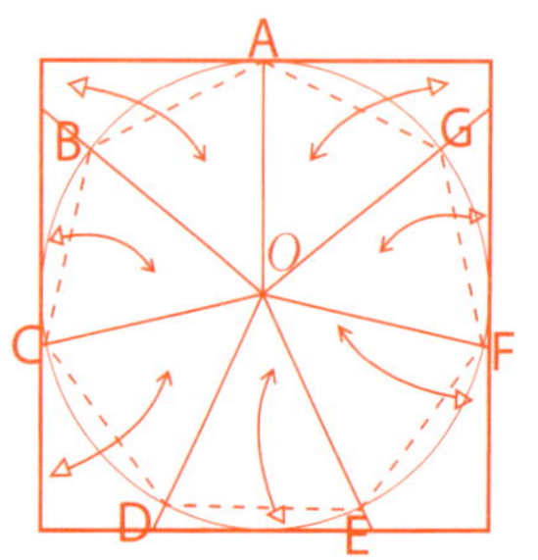

4. Dobrar e desdobrar todos os lados, guiando-se pelos pontos de interseção, para definir melhor a forma poligonal.

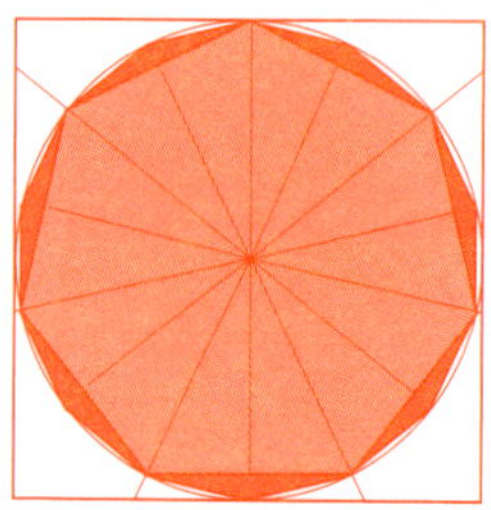

5. “Heptágono”. Que tal tentar o polígono com 14 lados?

O "ENEÁGONO" (DIFÍCIL)

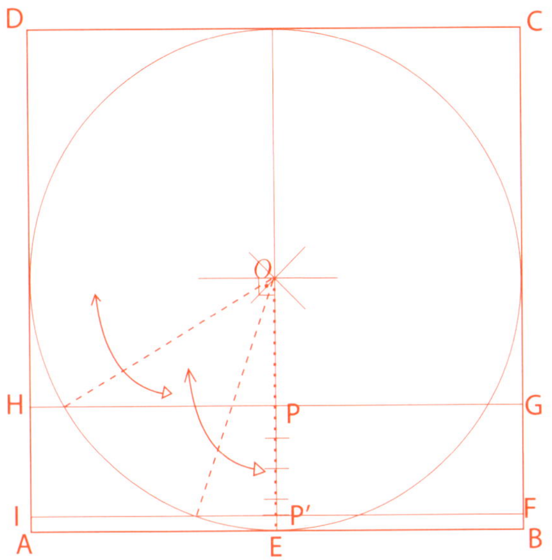

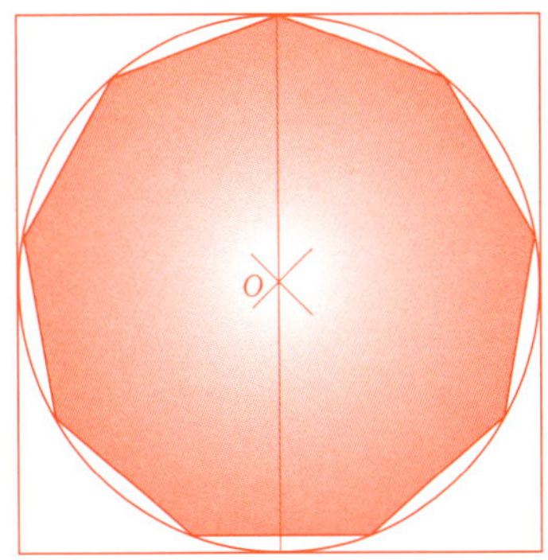

1. O raio $\overline{OE}$ é dividido em 16 segmentos congruentes. Dobre e desdobre uma perpendicular ao raio, no ponto P' que marca $^{1}/_{16}$. Em seguida, dobre e desdobre uma perpendicular ao raio pelo seu ponto médio P. Obtém-se assim, o primeiro lado do eneágono. Nas páginas anteriores foi mostrado como obter os ângulos restantes, obtendo-se as marcas necessárias. Deixo como outro desafio ao leitor, o término desse "eneágono".

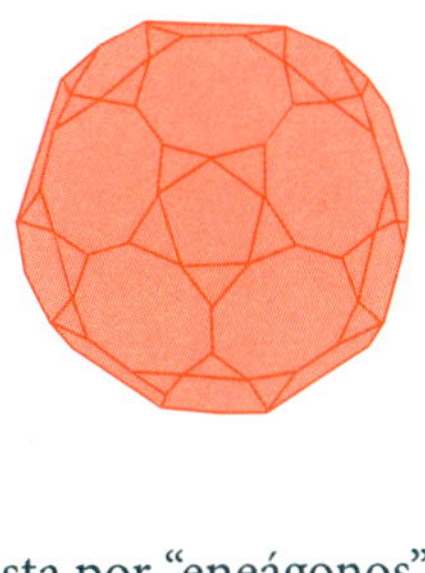

Tripentaeneagonal. Peça composta por "eneágonos", "pentágonos" e "triângulos".

CATAVENTO (INTERMEDIÁRIA)

A energia eólica é obtida pelo movimento do ar (vento). Fonte abundante, renovável, limpa e com boa disponibilidade. Inicialmente, os moinhos de vento foram inventados para bombear água para irrigação. Seus mecanismos não mudaram. Assim, o vento atingindo uma hélice faz com que ela se movimente girando um eixo que impulsiona uma bomba (gerador de eletricidade).

Vamos construir dois tipos de hélices por origami. A primeira, utilizando um quadrado e iniciando pela "Base do balão" da página 80.

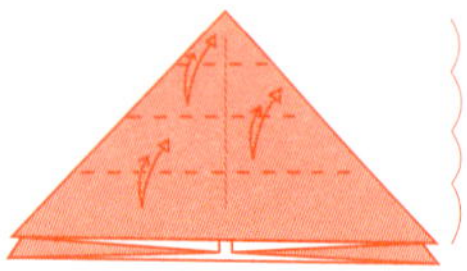

1. Vinque a base do balão conforme indicam as linhas e setas, dividindo em quatro. Abra o papel.

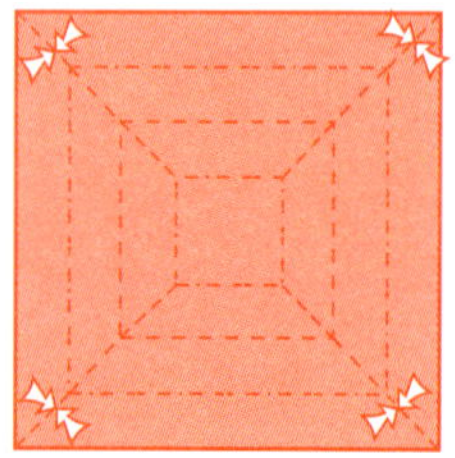

2. Comece reforçando os vincos segundo as linhas "vale" e "montanha". Em seguida, apertando os cantos, dobre alternando os vincos.

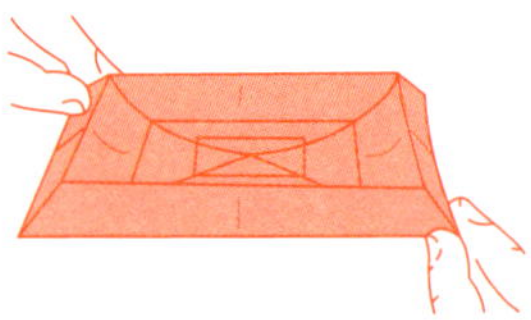

3. Continue dobrando nas marcas.

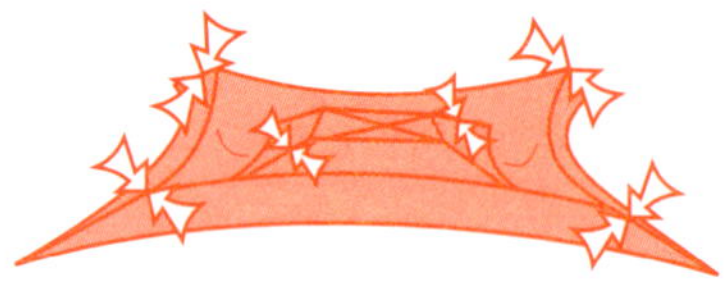

4. Dobras em andamento.

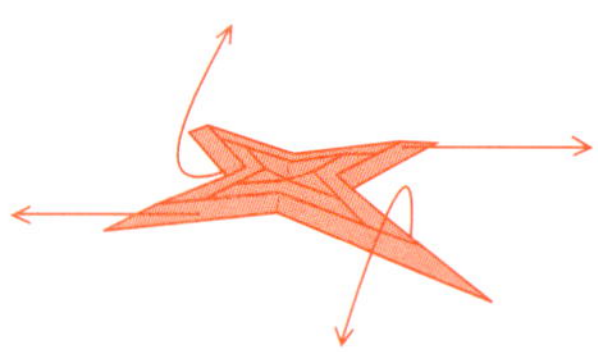

5. Conduza uma ponta para cada direção indicada.

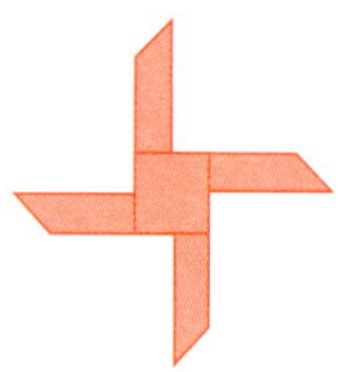

6. Cata vento pronto. Tente inventar seu próprio suporte.

CATAVENTO 2 (INTERMEDIÁRIA)

Usar um triângulo equilátero.
Desafio: dobre uma forma semelhante à Base do balão (pág. 80). Claro que ela só terá três pontas.

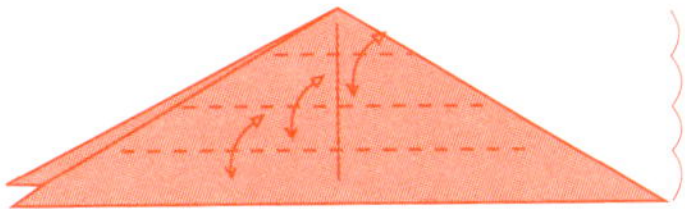

1. Vinque a base como foi feito na página anterior, dividindo em quatro. Abra o papel.

2. Dobre como foi feito na fase 2 da página anterior.

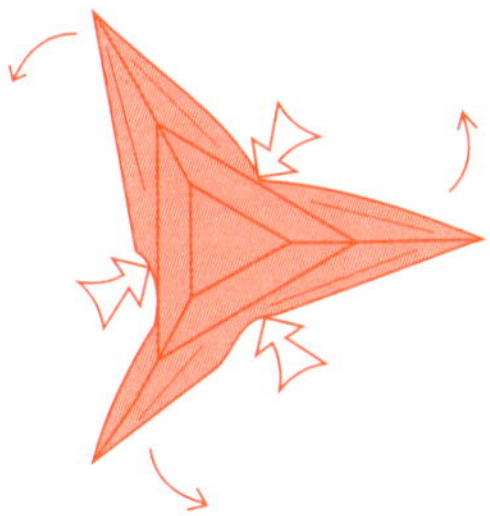

3. Processo semelhante à fase 3 da página anterior. Conduza uma ponta para cada direção.

4. Cata-vento pronto. No furo indicado pela seta, pode ser encaixado o suporte. Invente seu próprio suporte.

Dica:
utilizei papel A5 para obter o triângulo equilátero e também para o suporte.

Encerro o capítulo sobre polígonos com três maneiras de dividir uma folha quadrada, que resultam em simplicidade, lógica, beleza. Uma das definições de lógica, segundo o dicionário Houaiss, é "encadeamento coerente de alguma coisa que obedece a certas convenções ou regras. (gr. *logikê* (tékhnê) a ciência do raciocínio).

O "RETÂNGULO" ÁUREO © 2005

Há muito tempo, os matemáticos gregos concluíram que um retângulo cujo lado maior é 1,618 vezes mais extenso que o lado menor, exerce uma atração estética. Este é o retângulo áureo e tem os seus lados a e b na razão áurea $\frac{a}{b}$ = Phi = 1,618034. Portanto, o lado menor (b) é o segmento áureo do lado maior (a). As proporções do Partenon, uma das estruturas mais famosas do mundo, mostram a influência desse número na arquitetura grega antiga.

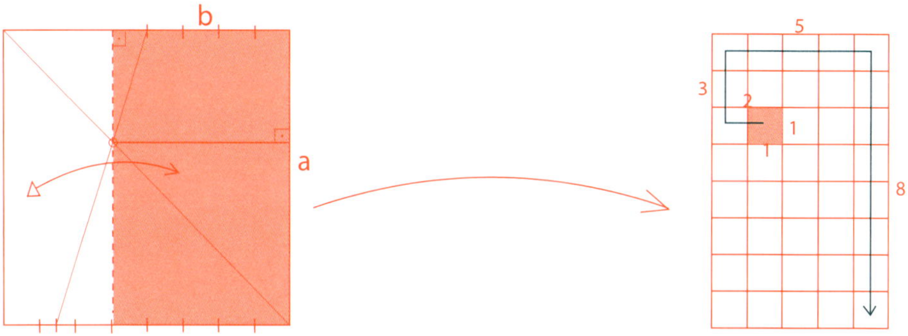

À esquerda, uma aproximação do retângulo áureo por origami. Note a divisão dos lados em 8 segmentos congruentes. À direita, o mesmo retângulo construído pela série Fibonacci. 8/5 = 1,6 (Decimal exato).

Se tirarmos desse "retângulo" o "quadrado" formado pelo seu lado menor, o "retângulo" que sobra é semelhante ao inicial. A razão entre seus lados continua sendo a mesma se a operação for repetida "ao infinito".

A DIVISÃO ÁUREA POR ORIGAMI © 2007 (INTERMEDIÁRIA)

Os pitagóricos estudaram as relações e modelos numéricos que apareciam na natureza, a harmonia musical etc. A mais importante é a razão áurea, também conhecida como razão divina ou proporção divina. Essa razão foi muito usada por Phidias, um importante escultor grego, e são as primeiras letras de seu nome que usamos para representar o valor numérico da razão de ouro: "Phi, Fi ou ϕ = 1,6180339887498948482045868343656...".
De tanto insistir, descobri um método para dividir um segmento qualquer em média e extrema razão por origami. Na receita da próxima página partilho com os leitores o prazer que senti ao trabalhar com elementos básicos da geometria plana a partir de uma folha quadrada.
O primeiro passo é obter uma folha quadrada cujos lados tenham a medida do segmento que queremos dividir em média e extrema razão. Em um "quadrado", lado, diagonal e bissetriz do ângulo formado pela interseção dos dois primeiros, mantém relações fixas e, portanto, as razões entre eles também são fixas. Isso me deu a certeza intuitiva da validade do método para qualquer medida, uma vez que, posso deduzir o mesmo para as relações entre esses elementos e as perpendiculares usadas.
A justificativa matemática da validade desse método feita pelo professor Yukio Okuhara, está incluída nas considerações finais.

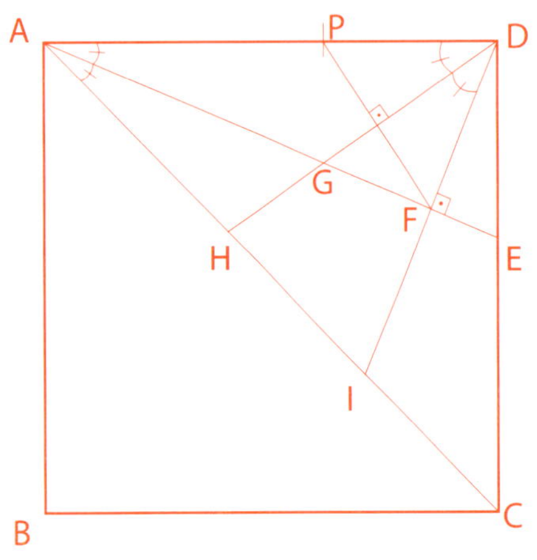

AD = lado
AC = diagonal
AE = bissetriz de DÂC
DI = perpendicular a AE por D
DH = bissetriz de ADI
FP = perpendicular a DH por F
P = ponto que divide AD em média e extrema razão
AP : PD = ø = 1,61...

DIVIDINDO AD EM MÉDIA E EXTREMA RAZÃO

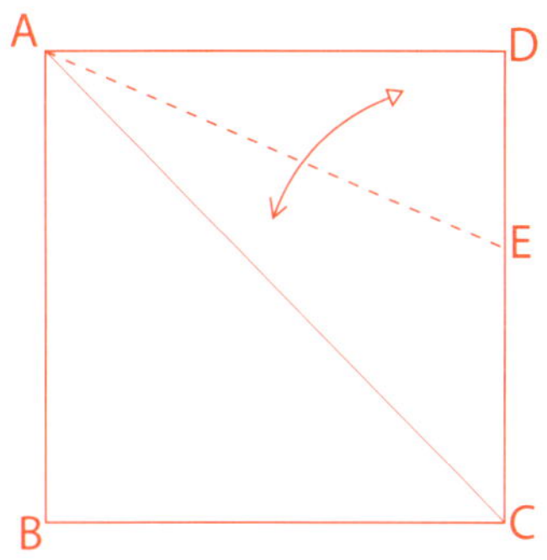

1. Dobre e desdobre a diagonal $\overline{AC}$. Em seguida dobre a bissetriz de DÂC (AE).

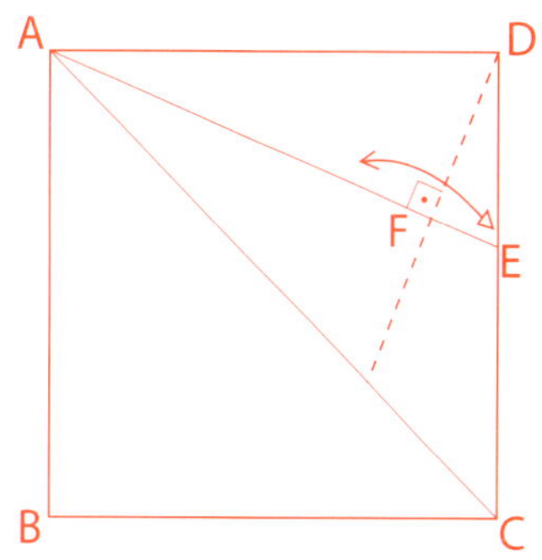

2. Dobre a perpendicular $\overline{AE}$ pelo ponto D.

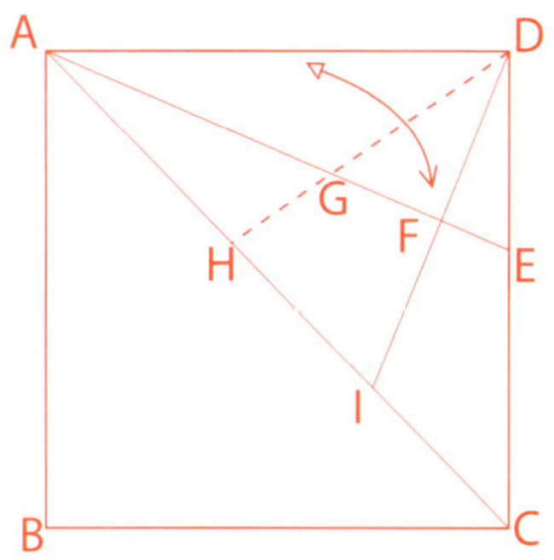

3. Dobre a bissetriz de $A\hat{D}I$ ($\overline{DH}$).

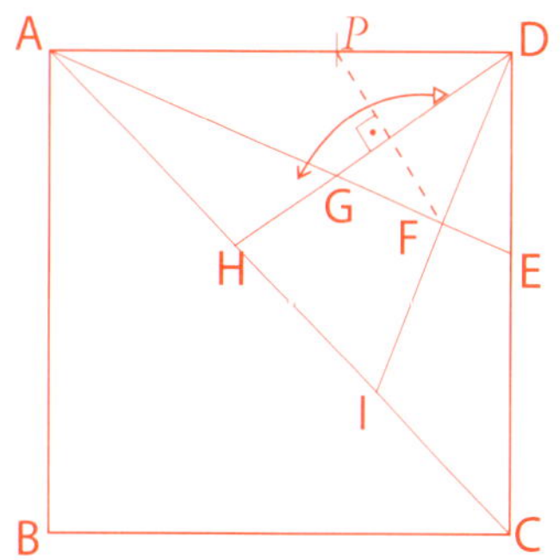

4. Dobre perpendicular à $\overline{DH}$ pelo ponto F. O ponto P divide $\overline{AD}$ em média e extrema razão.
$\overline{AD} : \overline{PD} = ø$

PROJETANDO UM AZULEJO POR ORIGAMI © 2006

Pela divisão de retângulos e ângulos congruentes (pág. 75), obtém-se este azulejo, possibilitando combinações. Além de não ser um origami complicado, pode ser uma ponte para um trabalho de simetrias (reflexão, rotação e translação).

Divisão do ângulo reto (90°) em oito ângulos congruentes.

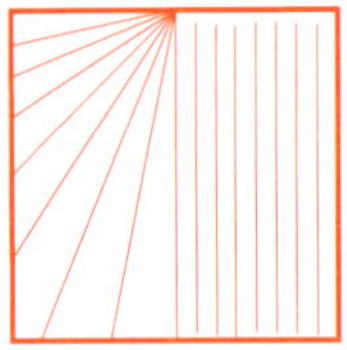

Divisão do retângulo em oito retângulos congruentes.

Padrão básico.

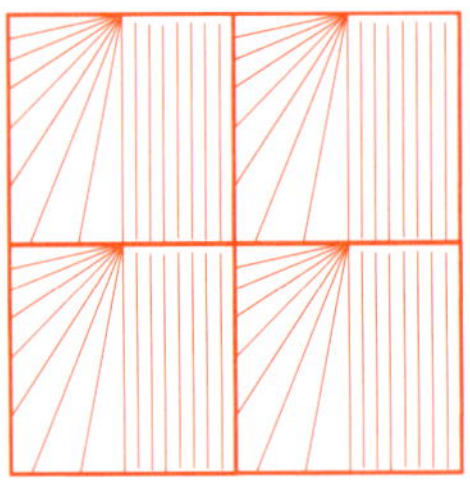

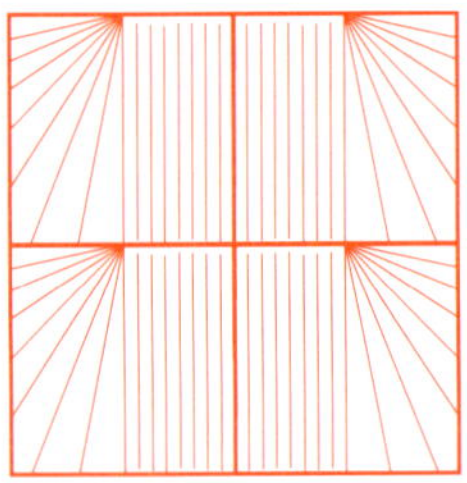

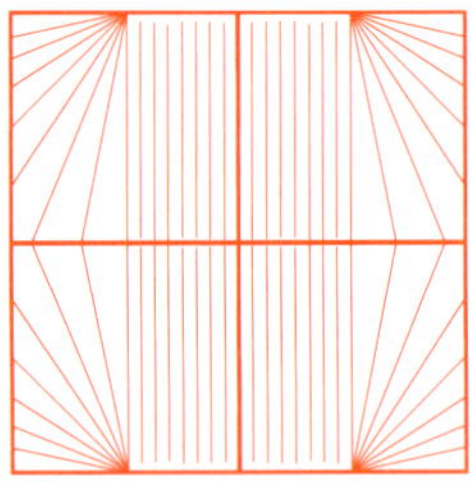

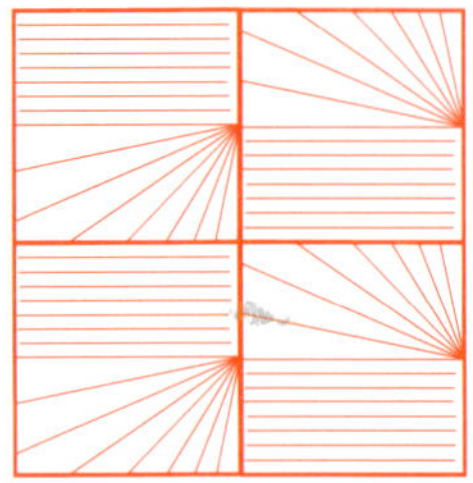

Combinações do padrão básico

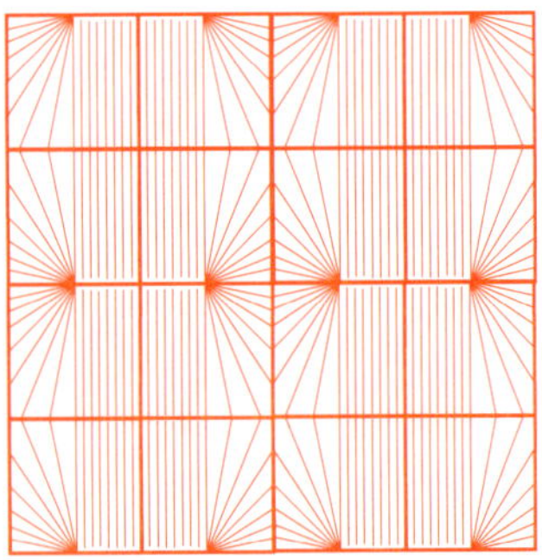

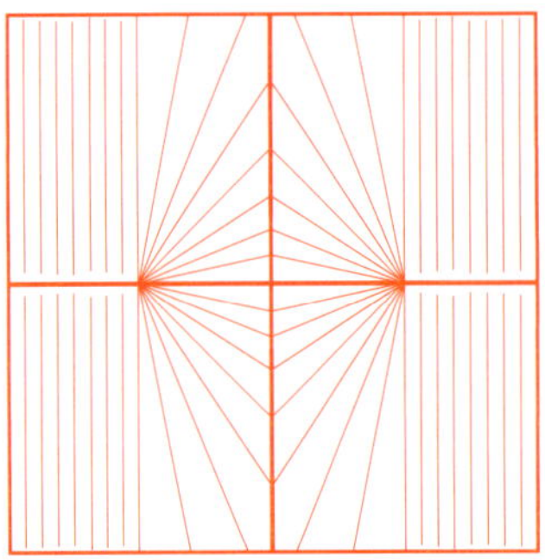

CAPÍTULO IV
PEÇAS SIMPLES, INTERMEDIÁRIAS E COMPLEXAS

BARCO SIMPLES

Nos três primeiros capítulos, além dos exercícios geométricos, incluí várias peças com pequeno e médio graus de dificuldade. Neste capítulo apresento outro lote, incluindo mais peças complexas que não estão em uma ordem crescente rigorosa quanto a dificuldade já que qualquer grau de complexidade é relativo.
Utilizar papel (de alta qualidade) umedecido pode dar bons resultados mas é preciso muito cuidado no manuseio.

BARCO A VELA

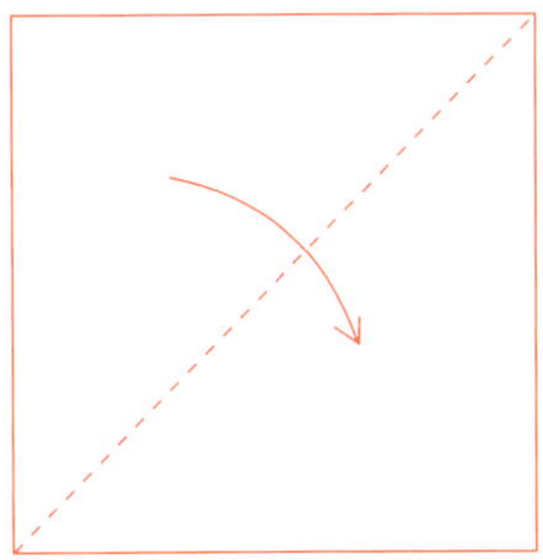

1. Dobre a folha quadrada pela diagonal.

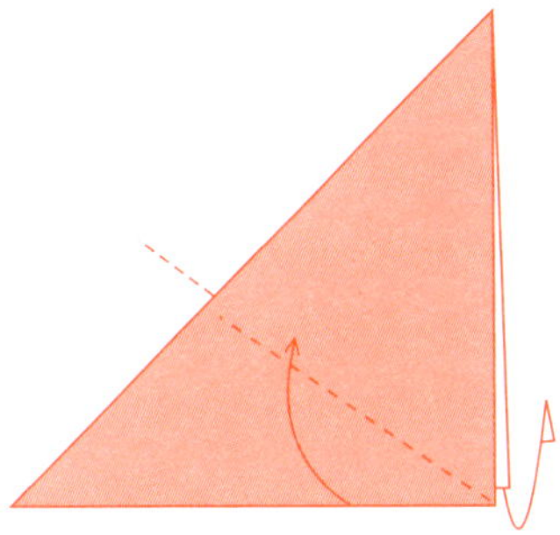

2. Faça uma dobra invertida por fora. (pág. 54)

3. Barco a vela.

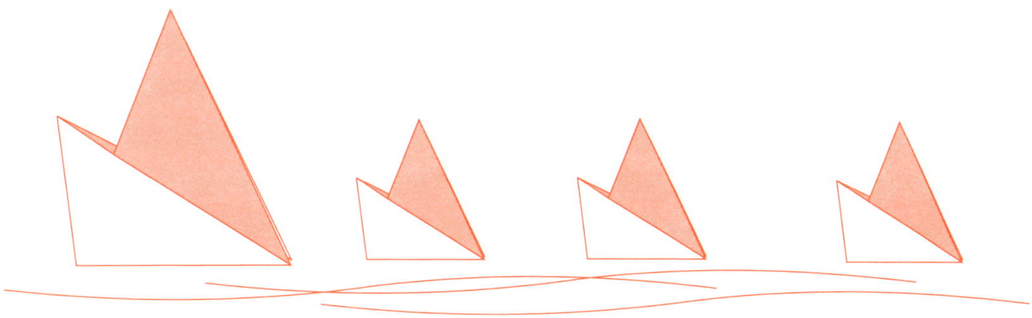

COPINHO OU VASINHO (SIMPLES)

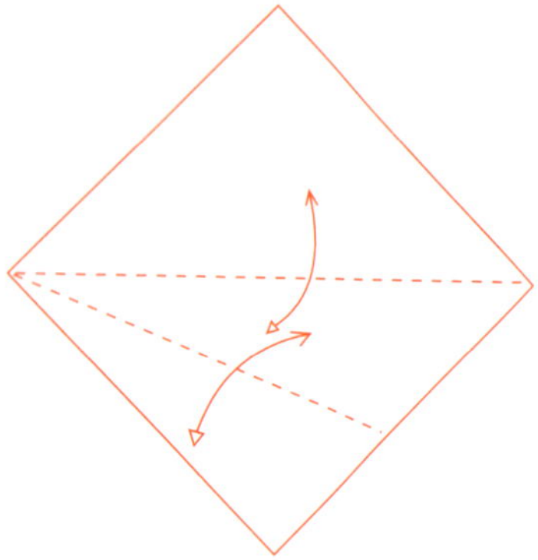

1. Comece com uma folha quadrada. Marque a diagonal e a bissetriz. Em seguida, dobre pela diagonal, para cima.

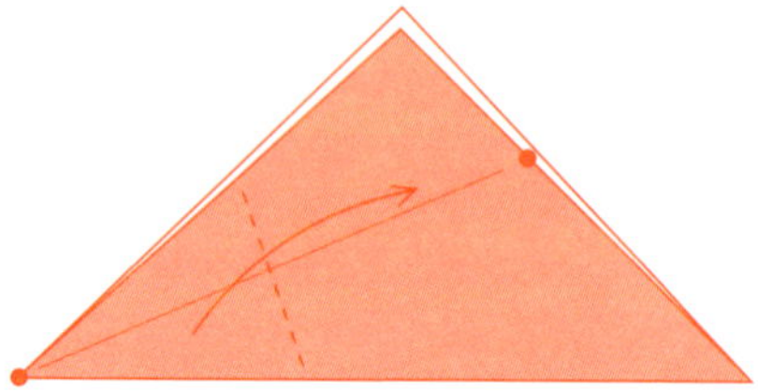

2. Dobre fazendo coincidir as marcas.

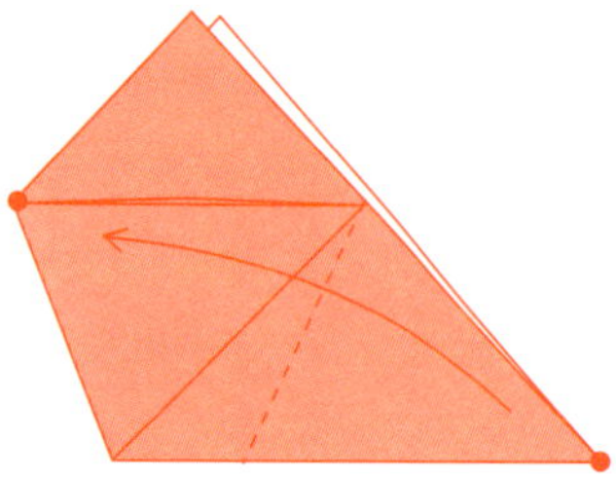

3. Dobre fazendo coincidir as marcas.

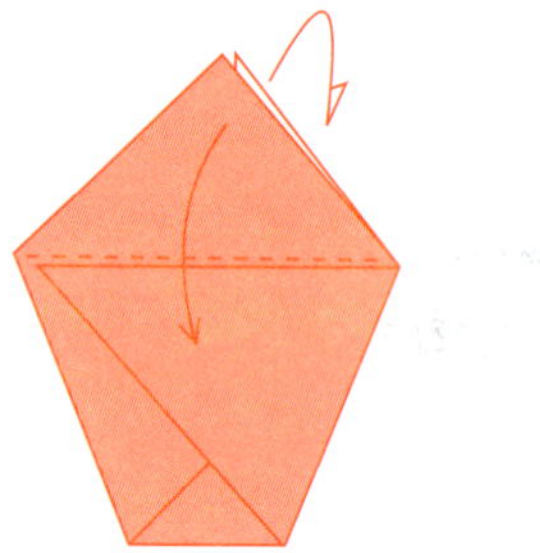

4. Dobre uma ponta para trás e outra para a frente.

5. Copo

6. Vaso

Uma "orelha de coelho" (pág. 59) em uma das pontas brancas, transforma o copo em xícara. Visão lateral.

100 ANOS DE IMIGRAÇÃO JAPONESA PARA O BRASIL

Dia 28 de abril de 1908, no Porto de Kobe, uma multidão acenou dando adeus a um grupo de japoneses que escolheu o Brasil para tentar a sorte. Do adeus aos amigos e familiares à chegada no Porto de Santos, litoral de São Paulo, foram 52 dias de viagem naquela embarcação de 6 toneladas, o Kasato Maru. As duas únicas paradas no trajeto ocorreram em Cingapura e na África do Sul.

Atracou no dia 17 de junho, no cais 14.

Com a peça da próxima página, homenageio os que vieram e sofreram em busca de uma vida mais serena e confortável. Incluo nestas lembranças os italianos, em memória do meu avô materno.

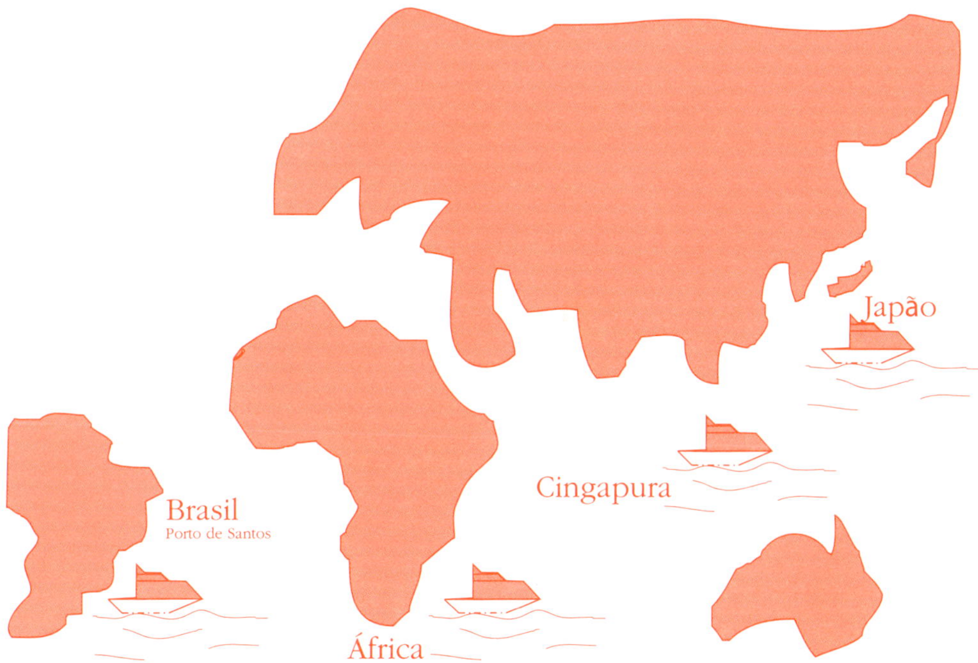

O VELHO PEIXE E O MAR (INTERMEDIÁRIA) (RECEITA RESUMIDA) © 2006

Usar papel "quadrado" ou A4 com frente cinza e verso azul.

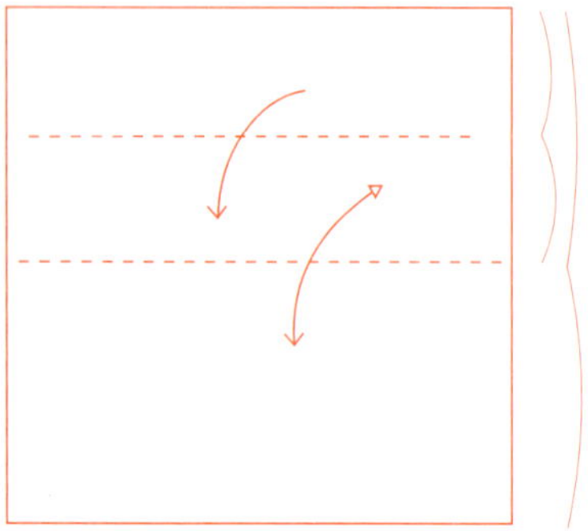

1. Dobre a folha quadrada conforme indicam as linhas divisórias.

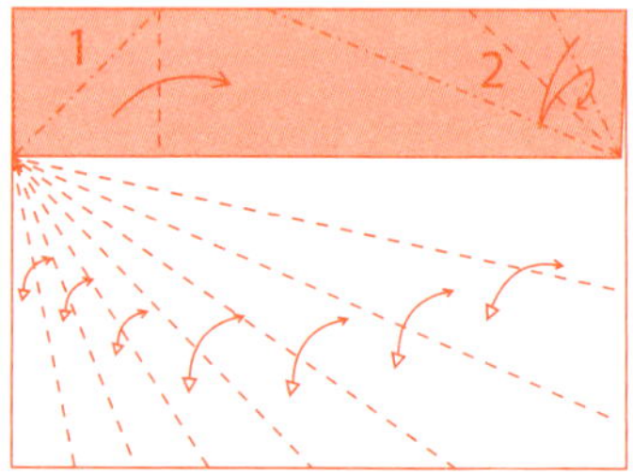

2. Na parte colorida:
1) abra e achate
2) Faça três dobras invertidas por dentro.
Na parte branca:
divida o ângulo reto em oito regiões angulares de mesma medida.

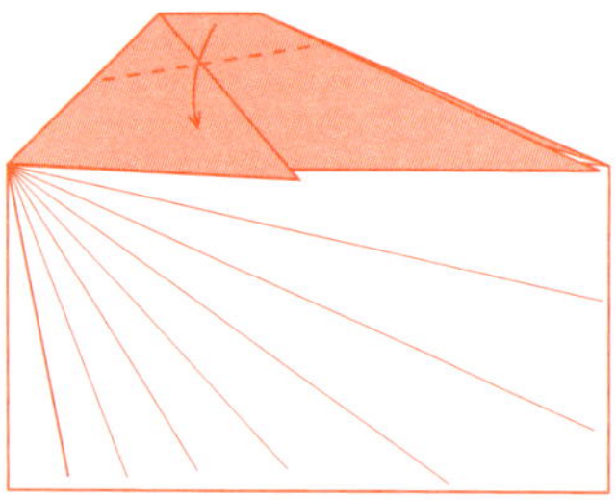

3. Dobre para baixo. Essa dobra não tem uma medida específica. Oriente-se pelo desenho. Aqui começa a "moldagem do peixe e o mar". Use sua criatividade.

4. "O velho peixe e o mar".
Alterando detalhes, é possível conseguir outras versões dessa peça.

BEIJA-FLOR (INTERMEDIÁRIA)

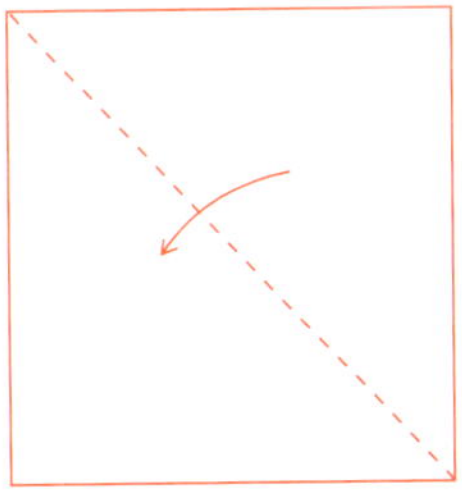

1. Dobre pela diagonal.

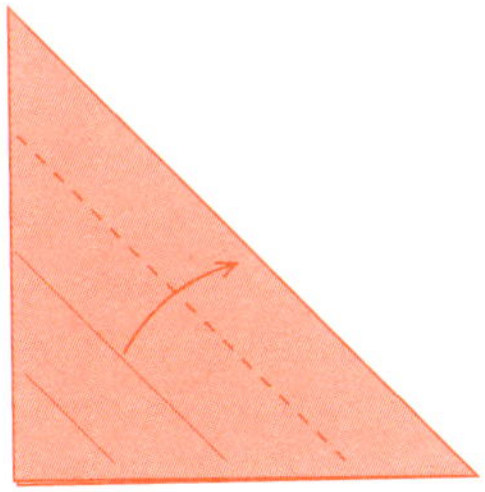

2. Dobre ¾ para a direita.

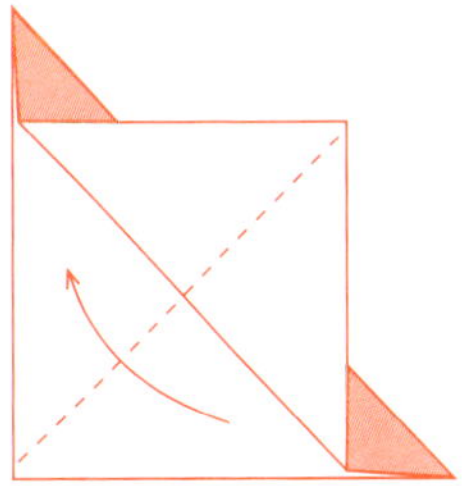

3. Dobre pela diagonal.

4. Dobre uma "asa" para frente e outra para trás. Atenção para as medidas. Em seguida, vire a peça, deixando as "asas" para cima.

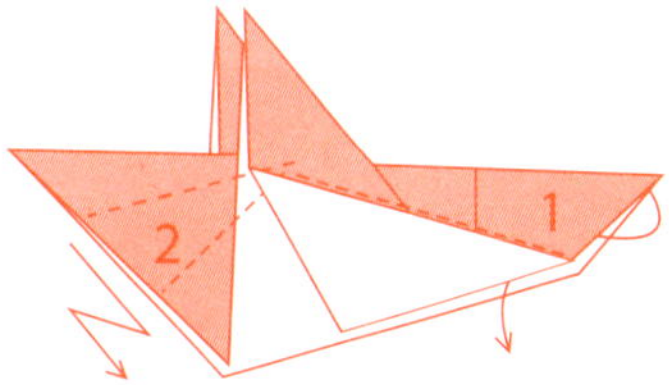

5. Dobre por dentro, duas dobras por dentro.

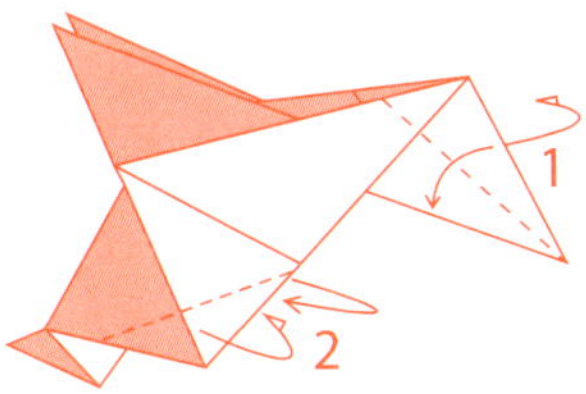

6. Afine o bico moldando a cabeça. (bissetrizes), dobre duas abas para dentro.

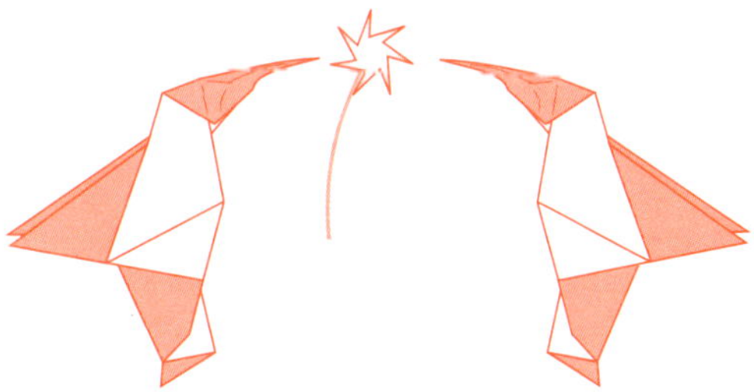

7. Beija-flor. Pode-se acrescentar detalhes para dar mais elegância à peça.

BORBOLETA (INTERMEDIÁRIA)

Um dos mais belos seres da natureza, a borboleta usa as cores das asas para afastar os inimigos. Algumas usam cores fortes fingindo que são venenosas. Outras usam "disfarces", misturando-se à natureza ou imitando animais, como aquela que imita a coruja. Metamorfose é a transformação que acontece na forma ou na estrutura de alguns seres. A borboleta se comporta dessa forma. São quatro as fases de transformação. A do ovo, da larva, da pupa e a do estágio adulto.

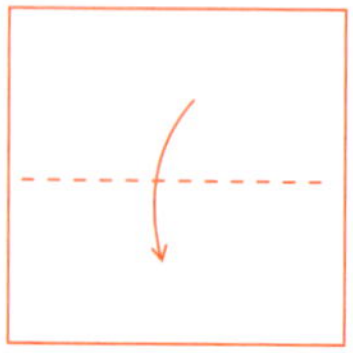

1. Dobre uma folha quadrada ao meio.

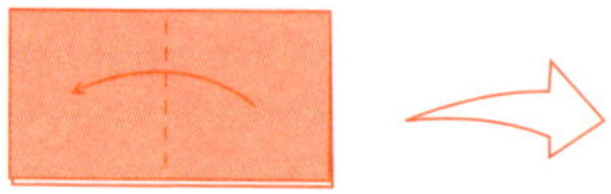

2. Dobre ao meio novamente.

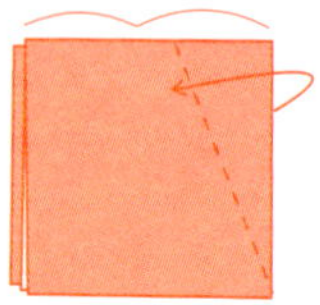

3. Partindo do vértice inferior, dobre um pouco menos do que a metade do lado.

4. Abra e achate.

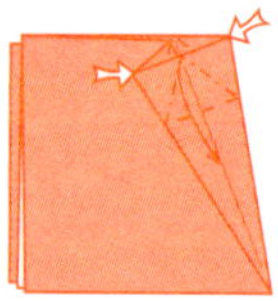

5. Para executar, olhe antes para as fases 6 a 8, da página 89.

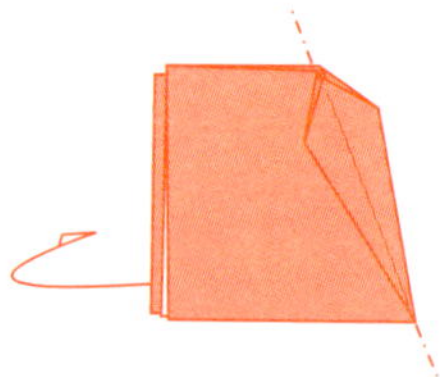

6. Dobre apenas a aba posterior para a direita.

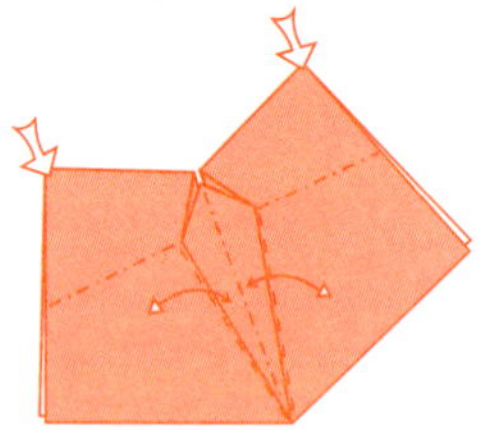

7. Afunde nas setas brancas. Dobre e desdobre nas outras indicações.

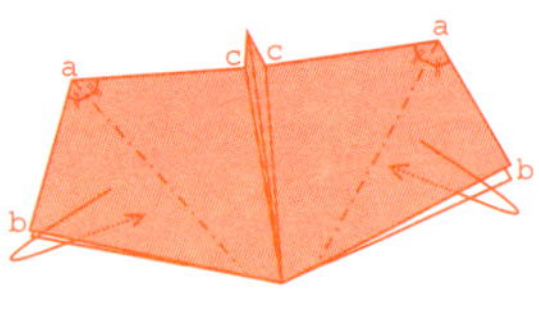

8. Dobre apenas as abas superiores para dentro. (ab sobre ac, incluindo duas abinhas sombreadas internas de cada lado).

Borboleta pronta.

PATO (INTERMEDIÁRIA) ©2005

Entre os tipos de patos comuns utilizados para criações estão o "caipira", o europeu *"moscovy"* e o pato alemão de cor branca. Alguns tipos de patos selvagens nativos da fauna brasileira são protegidos pelo Ibama, sendo necessário a autorização da instituição para sua criação em cativeiro.

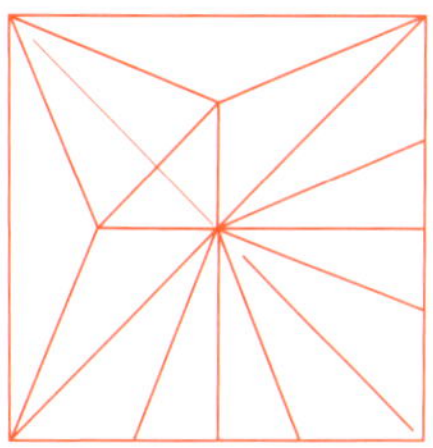

Plano básico do pato.

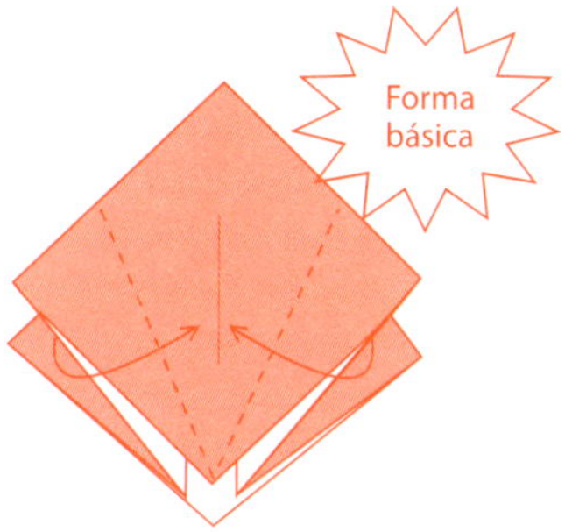

Comece pela base preliminar (pág. 84)
1. Dobre nas bissetrizes.

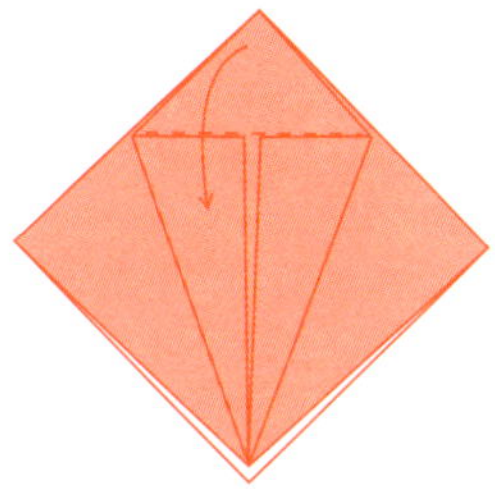

2. Dobre o triângulo superior para baixo.

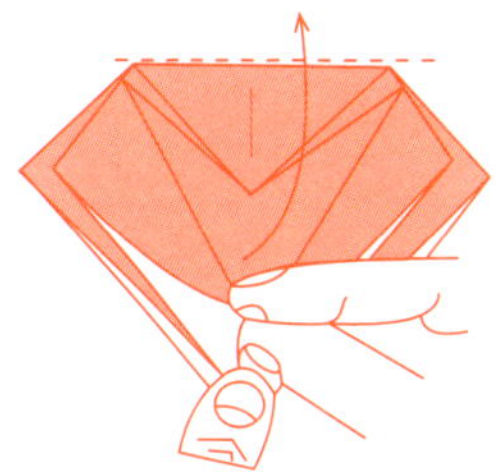

3. Prenda as três pontas que estão embaixo e levante uma, dobrando para cima na linha de dobra tipo "vale".

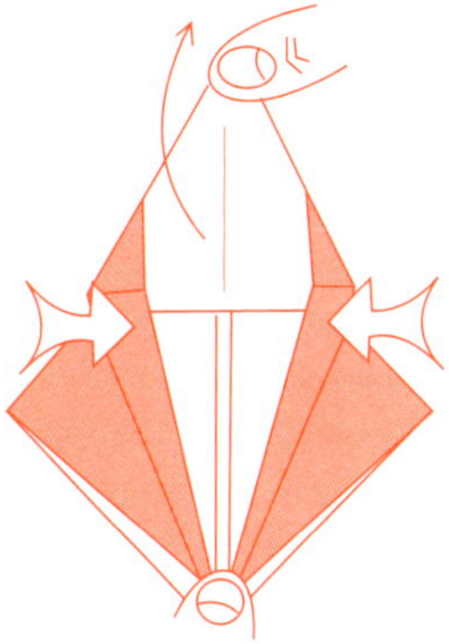

4. Continue dobrando para cima e achatando nas setas laterais.

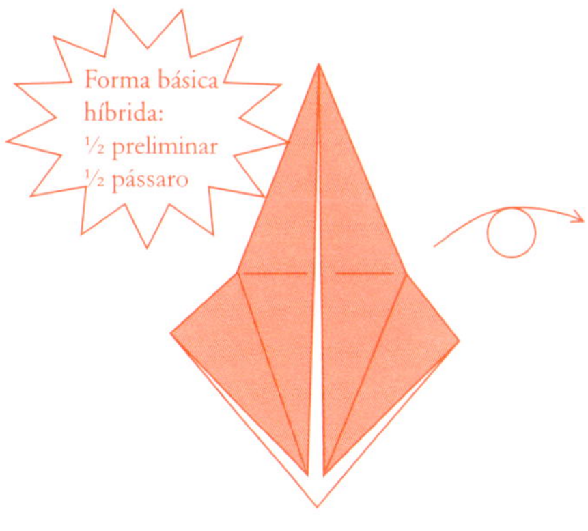

5. Vire a peça e repita da fase 1 à 4.

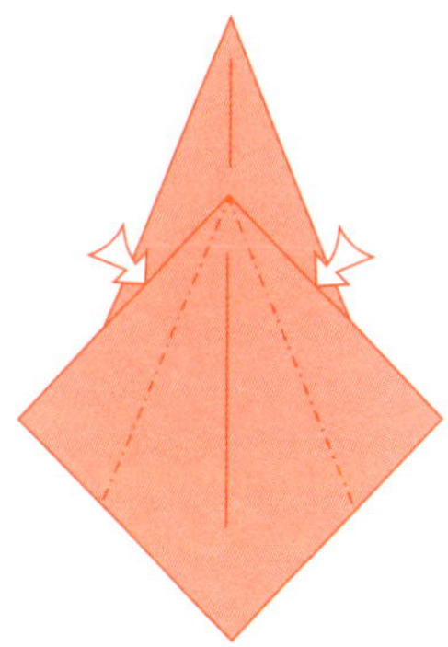

6. Dobre para dentro.

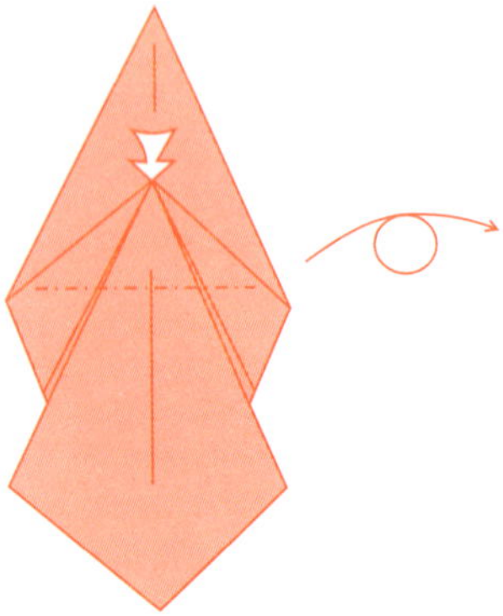

7. Afunde
(pág. 23).
É preciso abrir o modelo para executar. Em seguida vire o modelo.

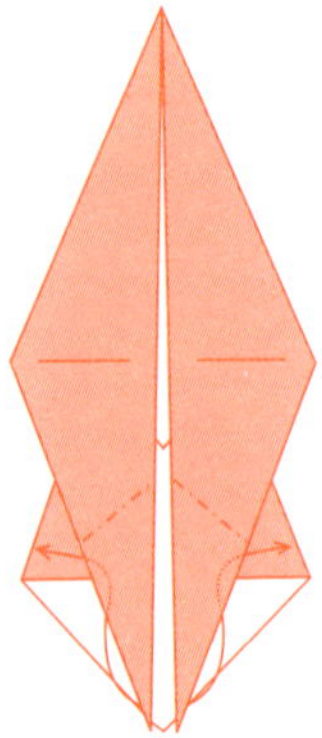

8. Dobre as pernas para fora.
(dobras por dentro)

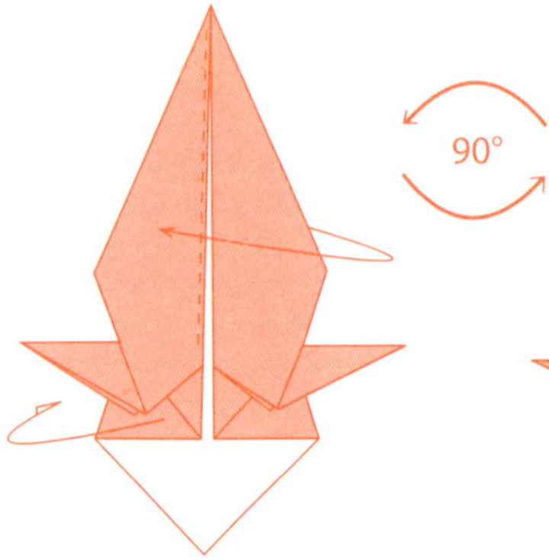

9. Dobra simultânea.
Veja próxima fase.

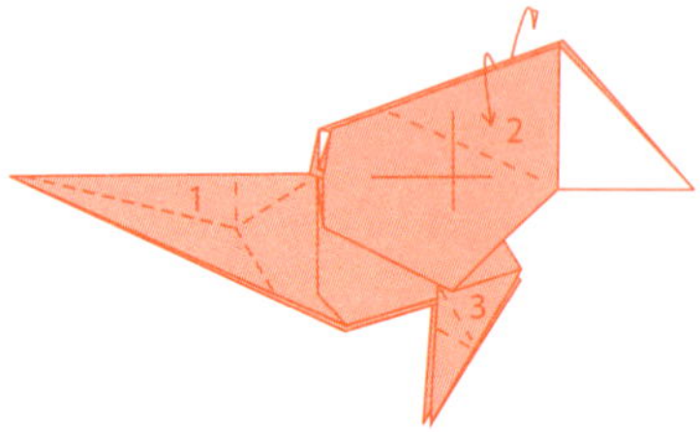

10. Dobre em ordem numérica.
1) Orelha de coelho dupla.
2) Dobre um canto para frente e outro para trás.
3) Duas dobras por dentro para as patas.

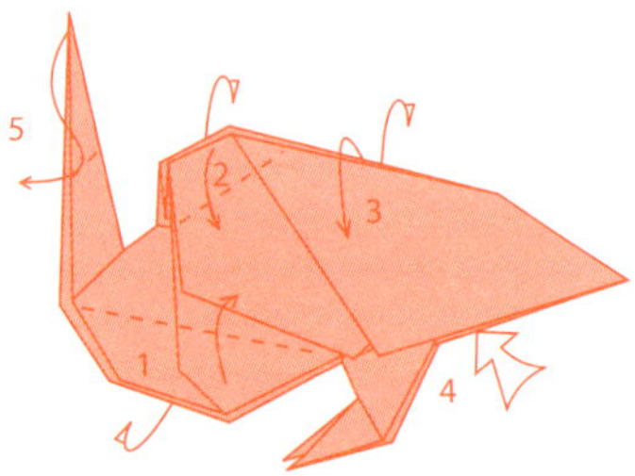

11. Dobre em ordem numérica
1) Dobre as abas para cima
2) Dobre as abas para baixo
3) Abra o torso
4) Dê volume ao corpo
5) Dobre o bico para fora

Em algumas peças você pode, ou não, executar certas dobras desde que não atrapalhem o resultado final.
É o caso do peito do pato.

PEÇAS COMPLEXAS

Plano básico do cavalo

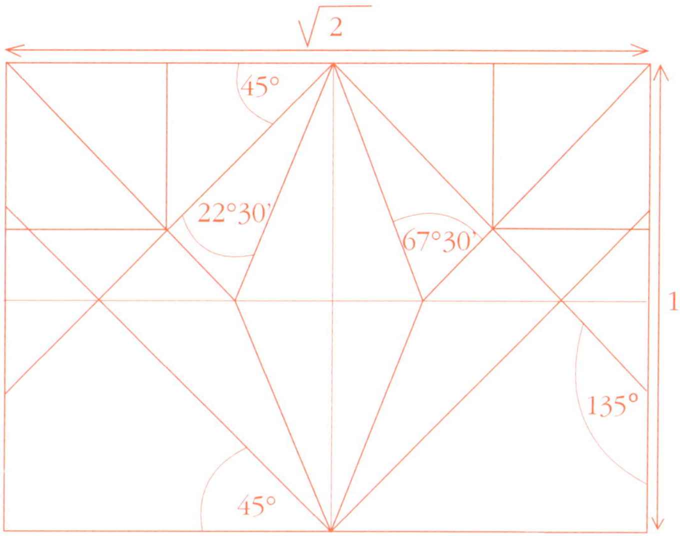

Cada forma básica, ao ser desdobrada, tem marcas das dobras. Pode-se comparar os ângulos, áreas e perímetros dessas formas poligonais.

CAVALO COM PAPEL A4 MEDIDAS, 297 : 210 = 1,414285714285714285... = $\sqrt{2}$ ©2005

Fósseis indicam que na Era Glacial os cavalos viviam em todos os continentes, exceto na Austrália.
As narinas grandes facilitam a respiração, bom olfato, ouvido sensível e uma boa visão. Os dentes são fortes, mas só comem cereais e plantas. Das pernas compridas e musculosas vem a força para puxar cargas ou correr em velocidade. O coice de um cavalo pode ferir gravemente um homem ou outro animal. Do cavalo dado não se olha os dentes, mas cavalo comprado sim, pois é também pelo exame deles que se descobre a idade do animal.

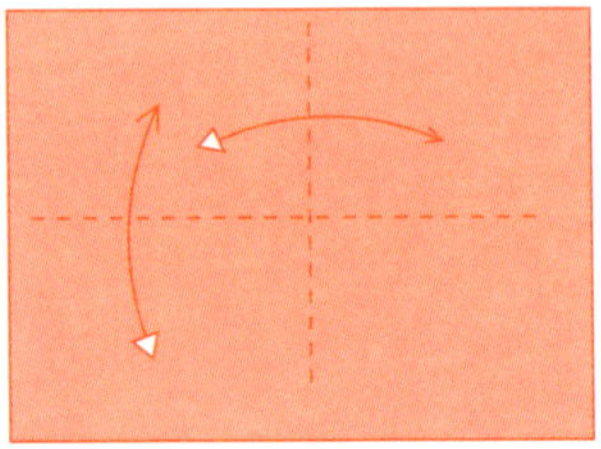

1. Dobre e desdobre as metades.

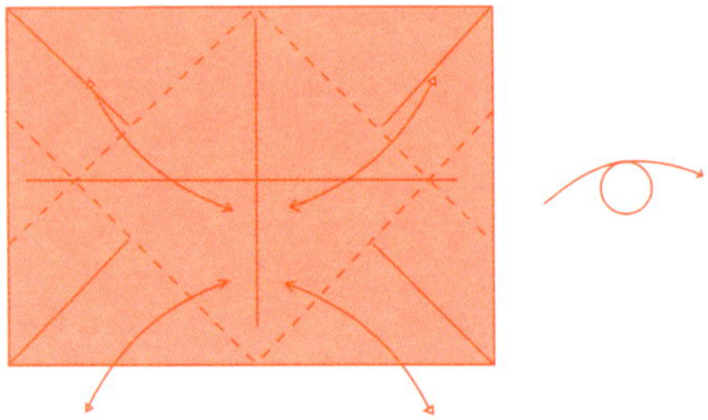

2. Defina o "quadrado" central e vire o papel.

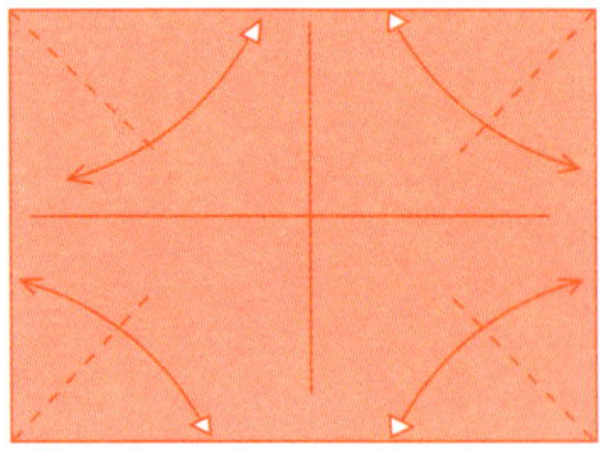

3. Vinque nas bissetrizes.

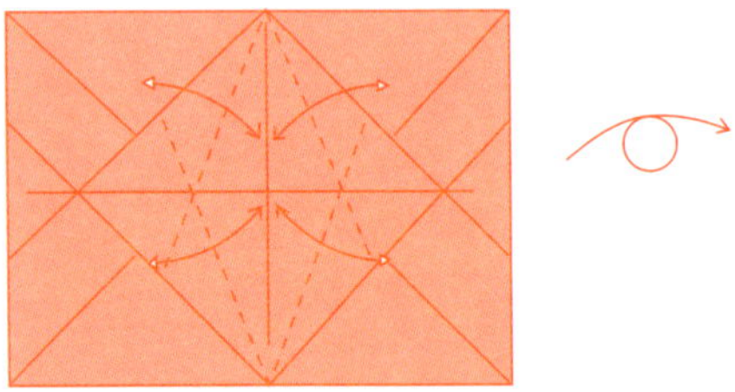

4. Defina a forma losangonal, biseccionando os ângulos.

5. Comece a dobrar na indicação.

6. Fase em andamento.
Vire o papel.

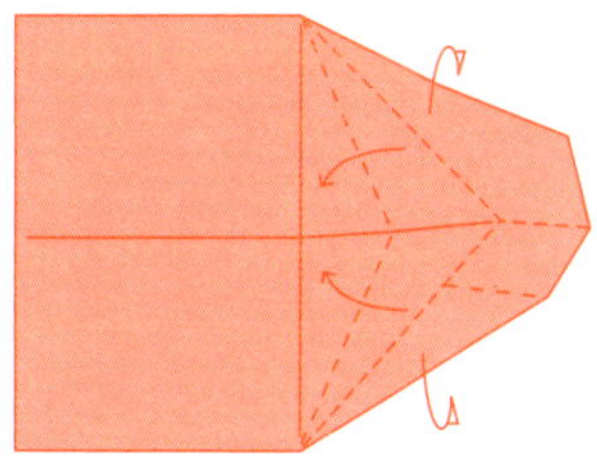

7. Continue dobrando simultaneamente, respeitando as linhas "vale" e "montanha".

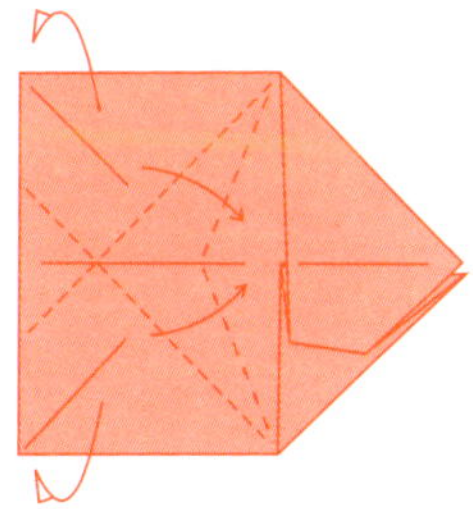

8. Repita fase 7 no lado esquerdo do papel.

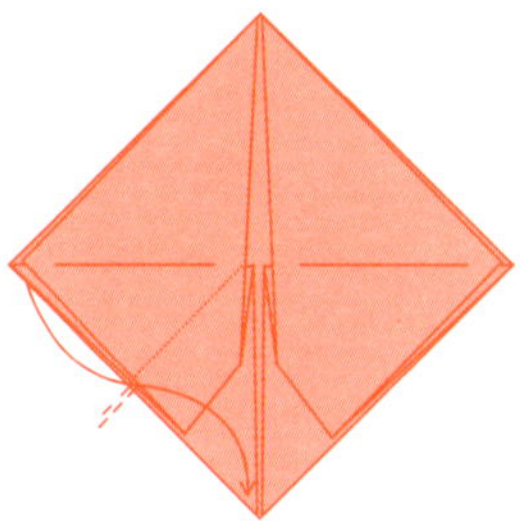

9. Faça uma dobra por dentro.

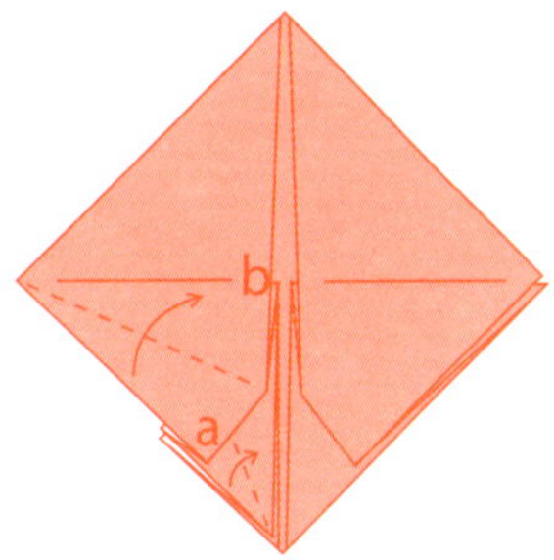

10. Dobra simultânea a toca em b.

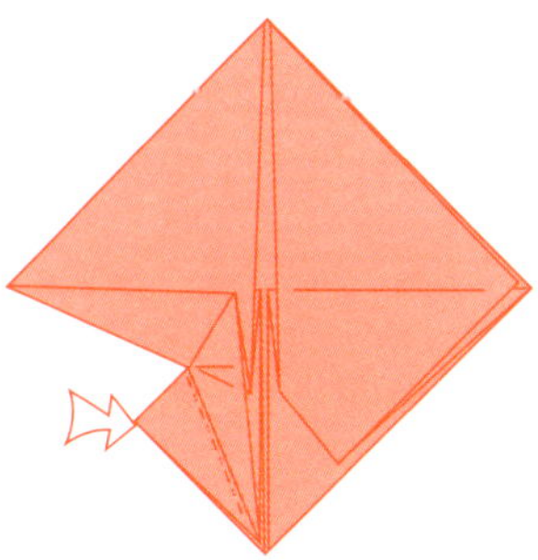

11. Dobre para dentro
e repita no lado direito.

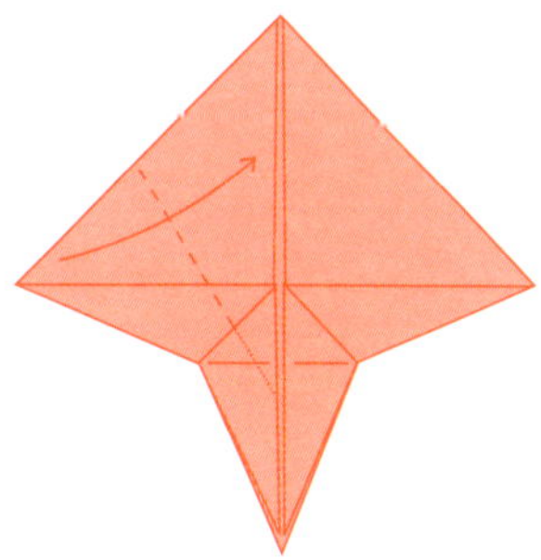

12. Dobre por dentro.

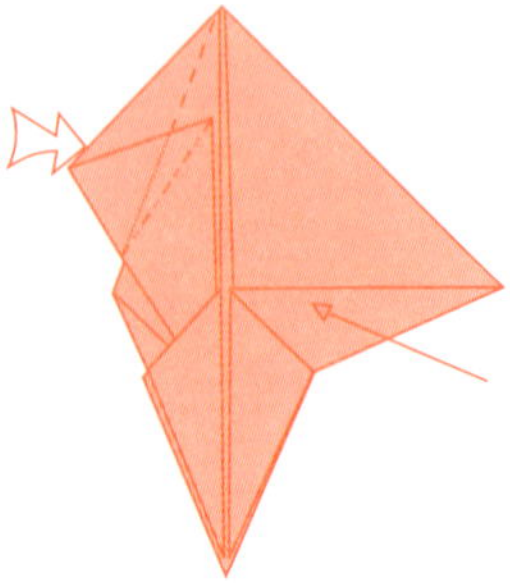

13. Dobre mais uma vez por dentro e repita tudo no lado direito.

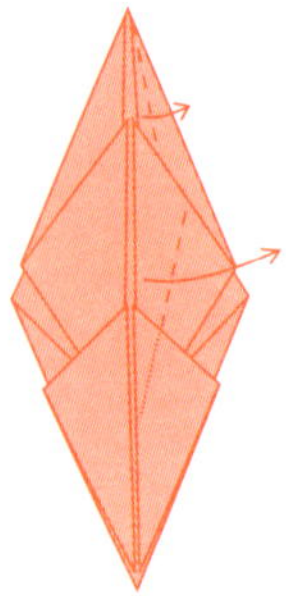

14. Dobra simultânea para fora.

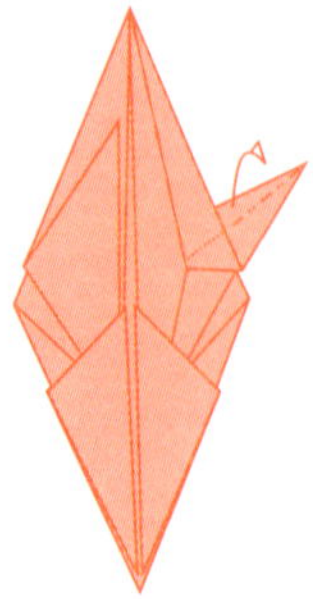

15. Afinando perna. “Bissetriz”.

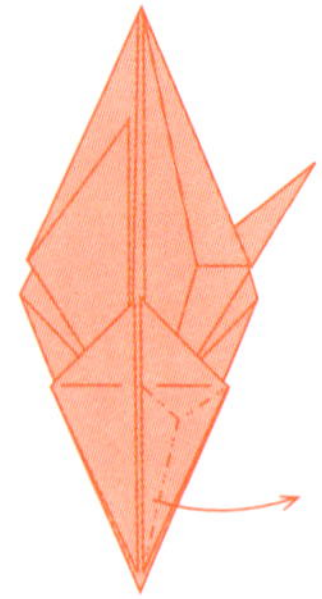

16. Dupla orelha de coelho.

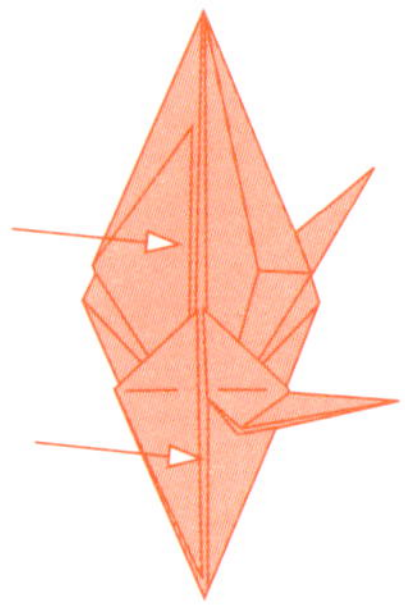

17. Repita no lado esquerdo conforme mostra a próxima fase.

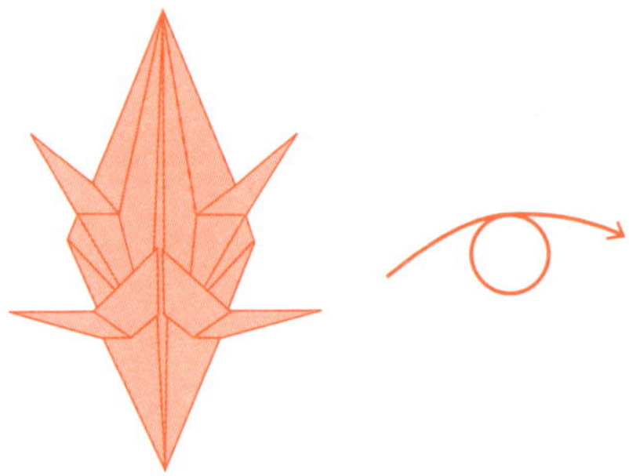

18. Vire o modelo.

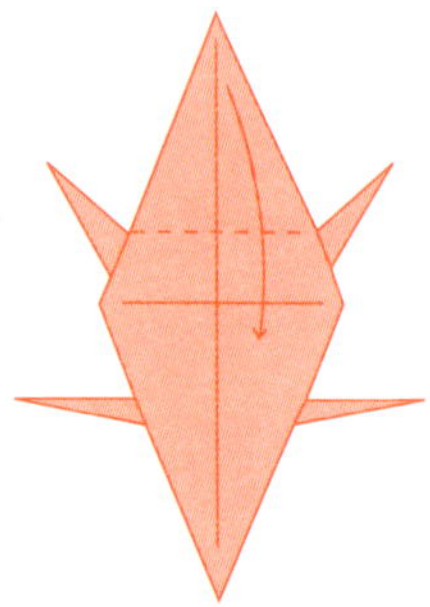

19. Dobre a ponta para baixo.

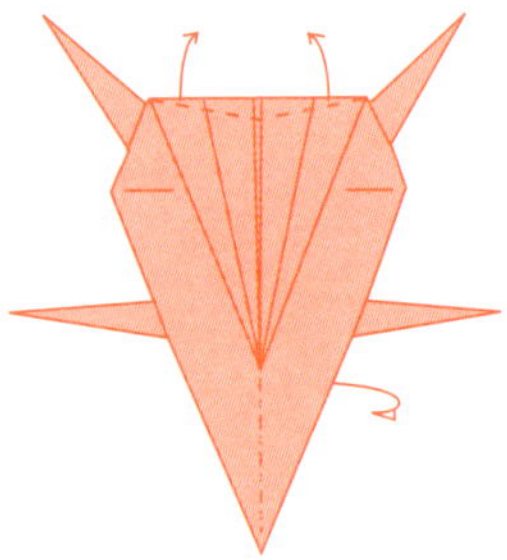

20. Dobra simultânea.

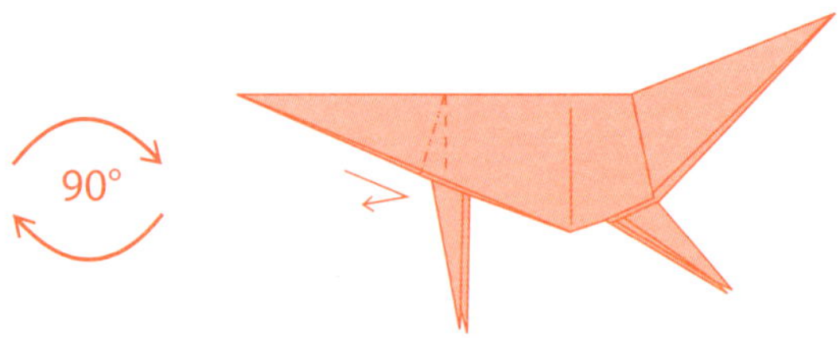

21. Faça um plissado. Essa dobra passa por fora das pernas.

22. Dobre o pescoço por dentro
e plisse as pernas traseiras.

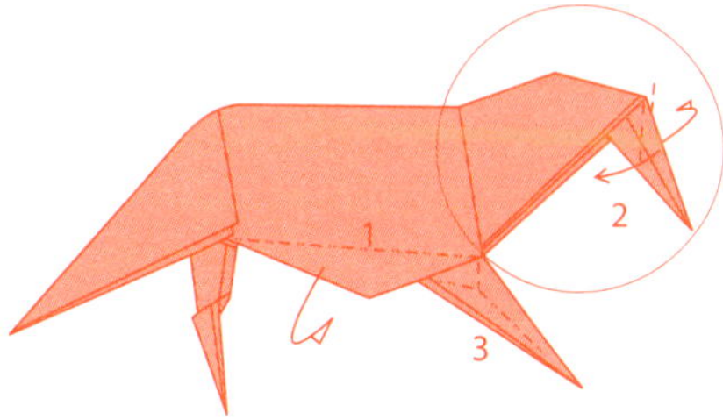

23. Dobre em ordem numérica.
1) Dobre para dentro e repita atrás
2) Dobre por fora
3) Afine as pernas dianteiras

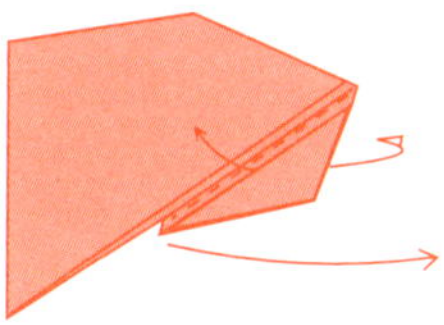

23a. Detalhe da cabeça:
dobre por fora levando a
ponta para a frente.

23b. Molde a "crina"
e dobre a ponta do
focinho para dentro.

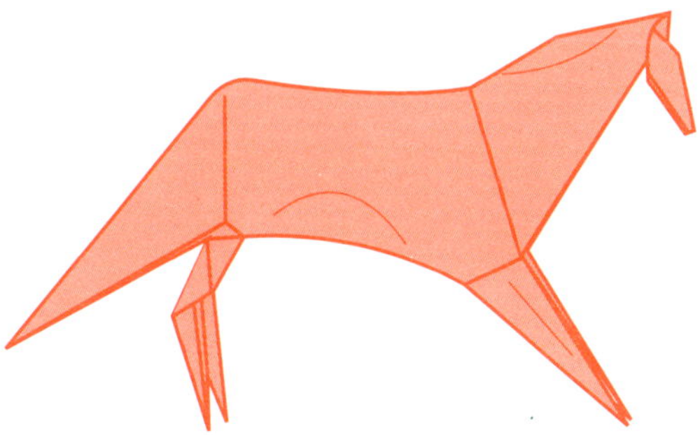

24. Cavalo.

BESOURO COM PAPEL A4 © 2005

Para obter um bom resultado com a peça, usar papel fino e resistente. O escaravelho é um tipo de besouro do esterco comum em todo Egito. Seu hábito de botar ovos em esterco animal, bem como nos corpos de escaravelhos mortos, foi observado pelos egípcios. Os ovos chocados ali, induziam as pessoas a associarem o escaravelho com renovação, renascimento e ressurreição. Se alguém em vida trouxesse consigo uma imagem do escaravelho, valorizava o ser. Aquele que levasse essa imagem para o túmulo estava certo de renascer para a vida. O escaravelho era, portanto, o amuleto preferido de vivos e mortos.

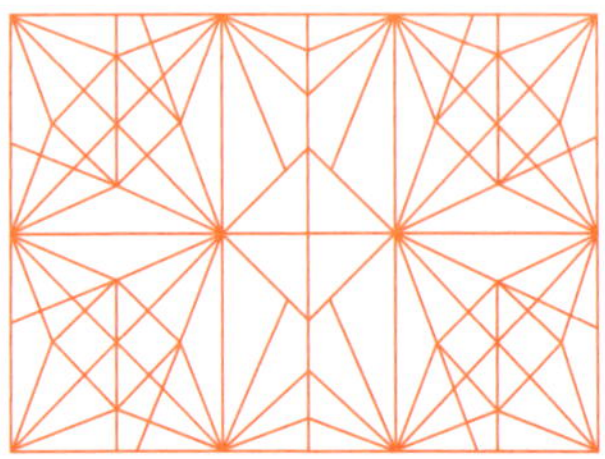

Plano básico do besouro.

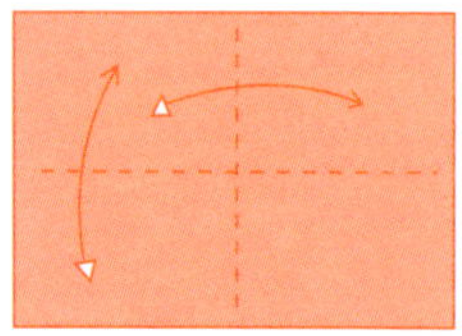

1. Marque as metades.

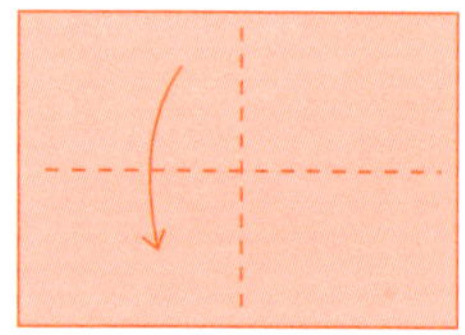

2. Dobre para baixo.

3. Dobre para dentro nas bissetrizes.

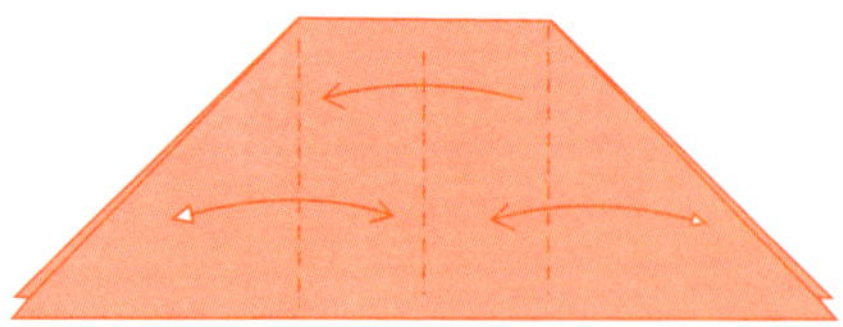

4. Vinque as laterais e repita atrás. Depois dobre tudo para a esquerda.

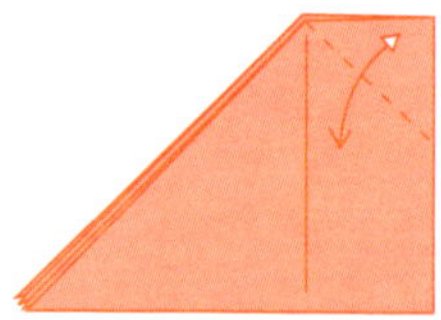

5. Vinque firme e desdobre para a forma anterior.

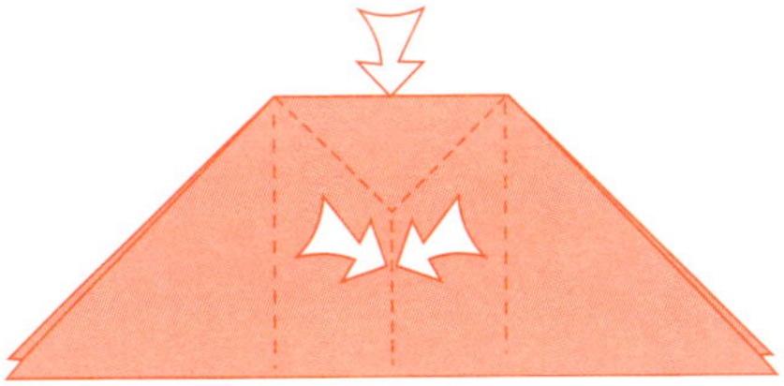

6. Afunde em cima e aperte os lados. Abra um pouco o modelo para executar essas dobras.

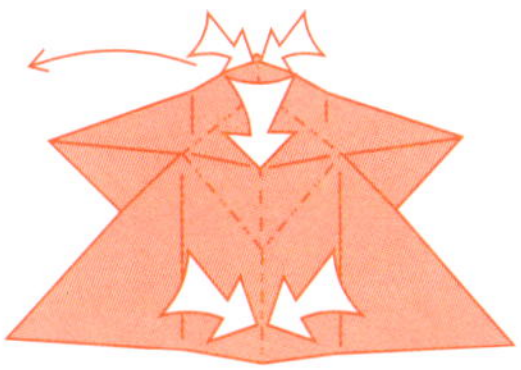

7. Continue afundando e leve uma aba para a esquerda e outra para a direita.

8. Continue apertando para achatar o modelo.

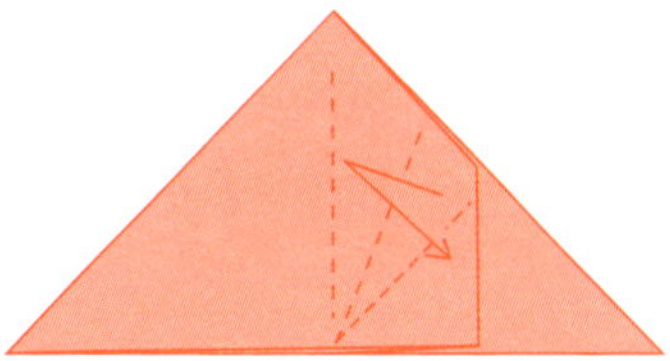

9. Dobre duas vezes, seguindo as linhas "vale" e "montanha". Repita atrás.

10. Desdobre. Repita atrás.

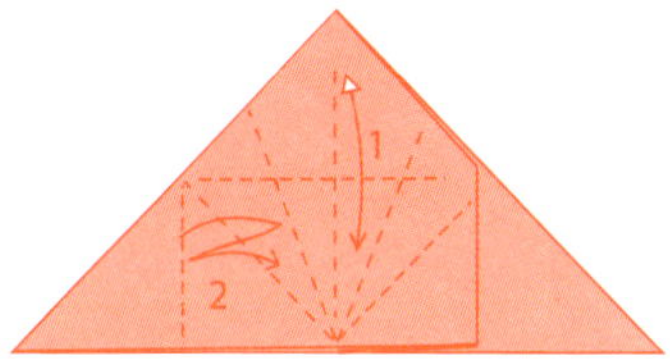

11. Dobre em ordem numérica.
1) Dobre e desdobre.
2) Dobre e desdobre três vezes.

12. Desdobre.

13. Repetir todas as dobras atrás.

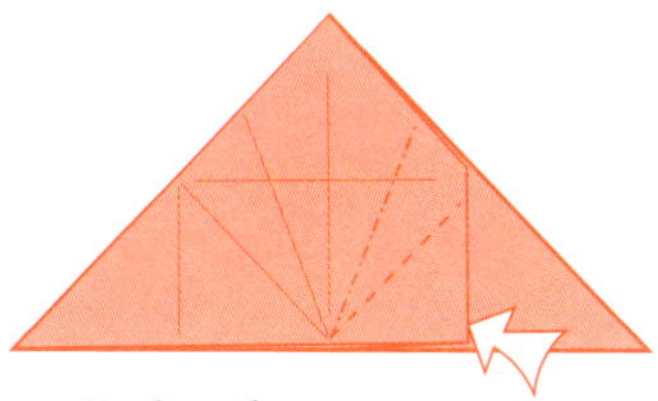

14. Dobre duas vezes, uma para dentro e outra para fora. Repita atrás.

15. Fase em andamento continue dobrando, seguindo as linhas "vale" e "montanha".

16. Continue achatando. Em seguida repita atrás.

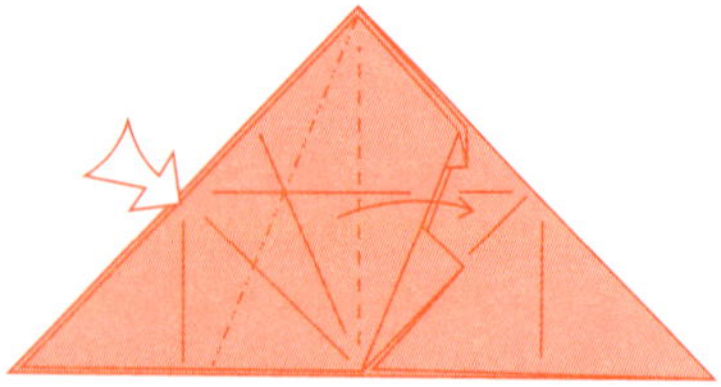

17. Abra e achate a aba esquerda. (a que está por cima)

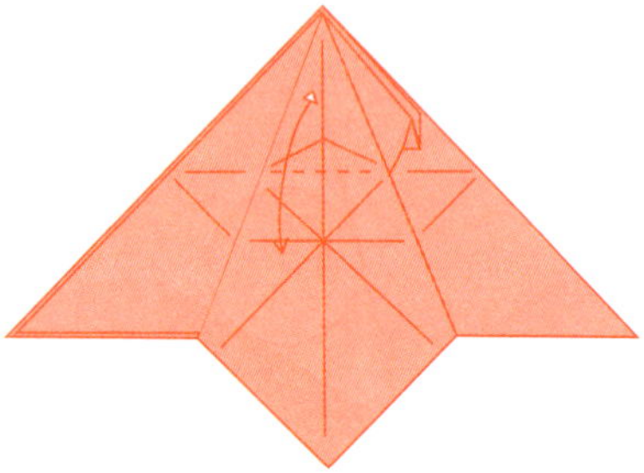

18. Dobre e desdobre a aba para reforçar o vinco. Em seguida, desdobre as fases 18 e 17, deixando o papel como mostra a fase 19.

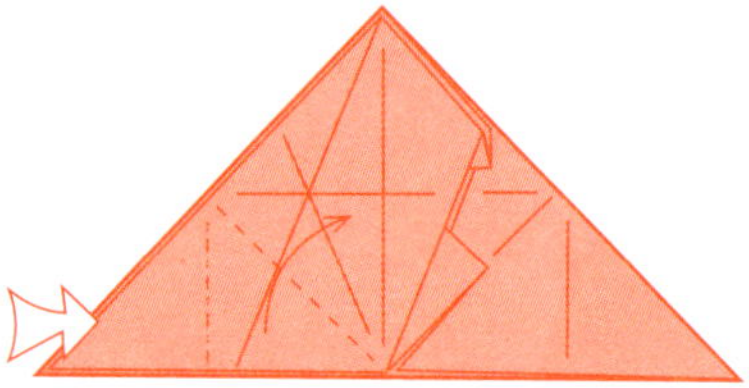

19. Abra e achate na indicação.

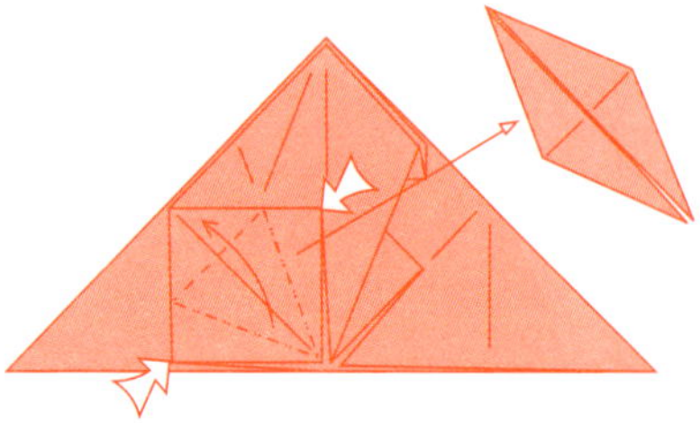

20. No quadrado, dobre ½ base do pássaro e desdobre.

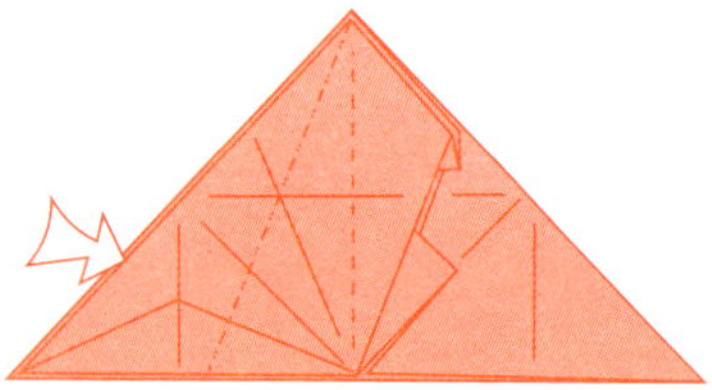

21. Abra e achate.

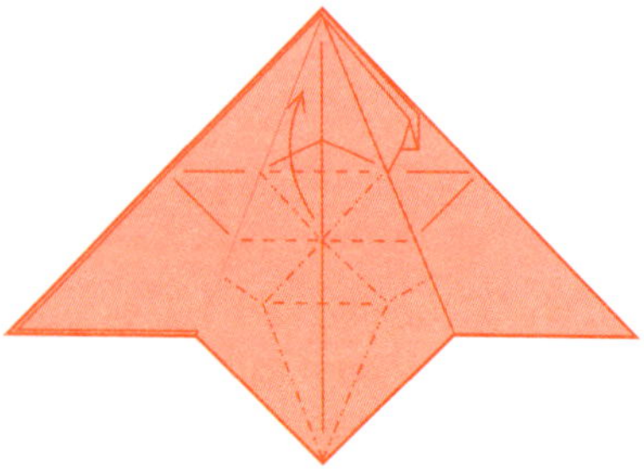

22. Seguindo os vincos, refaça ½ base do pássaro.

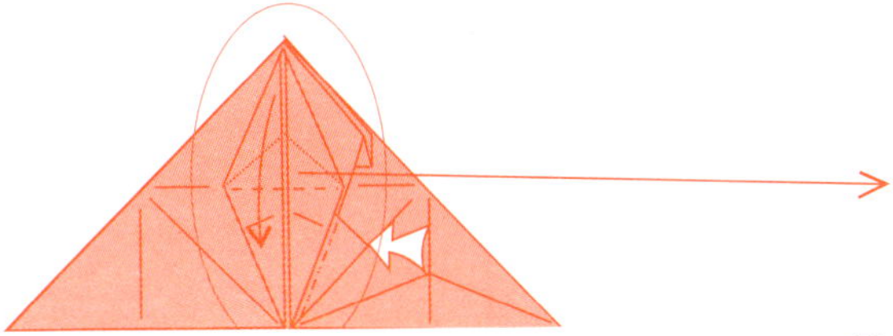

23. Dobre a ponta para baixo e depois dobre a aba lateral para dentro. Repetir fases 18 a 23 nas outras três pontas.

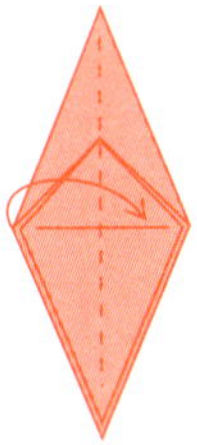

Detalhe da fase 23: separe 4 pontas, para cada lado.

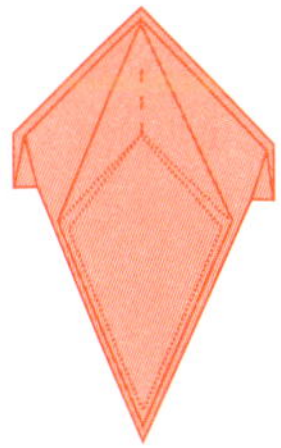

Assim (desenho do modelo inteiro).

Obs.: as pontas devem ser separadas de tal modo que, na fase 28 e 29 a parte superior do modelo tenha abas duplas e, entre essas abas é que se encaixam as duas pontas laterais.

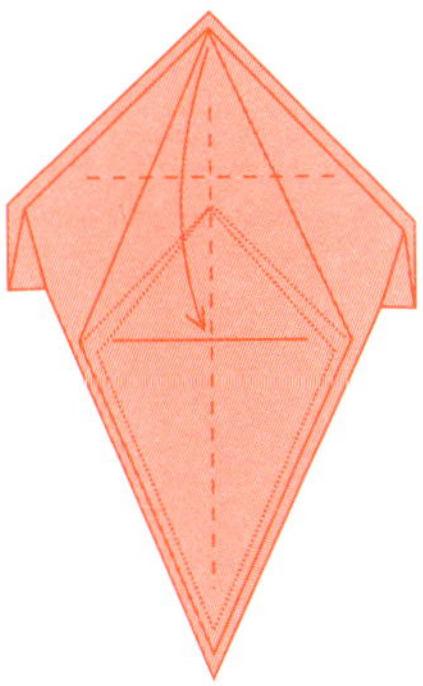

24. Desenho do modelo inteiro. Dobre só uma ponta para baixo.

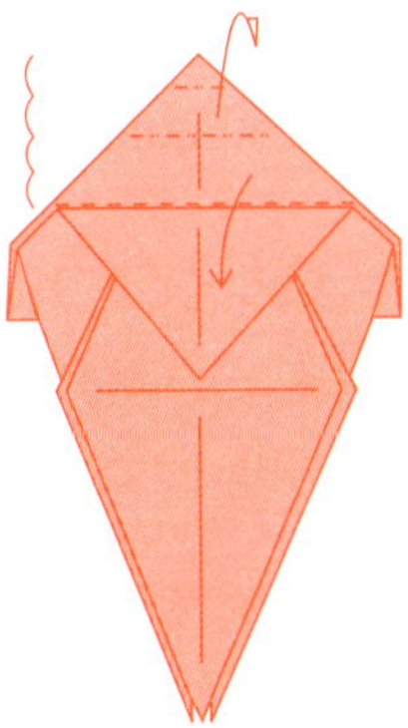

25. Dobre uma vez para frente e duas para trás. Veja a próxima fase.

26. Desenho ampliado. Vire a peça.

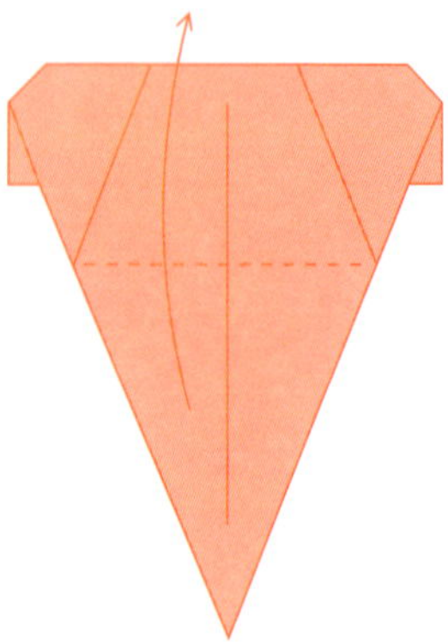

27. Dobre uma ponta para cima.

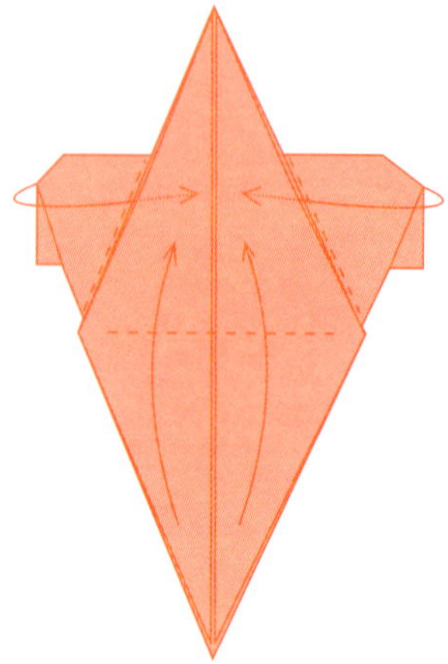

28. Dobre as laterais para dentro das abas e depois dobre duas pontas para cima.

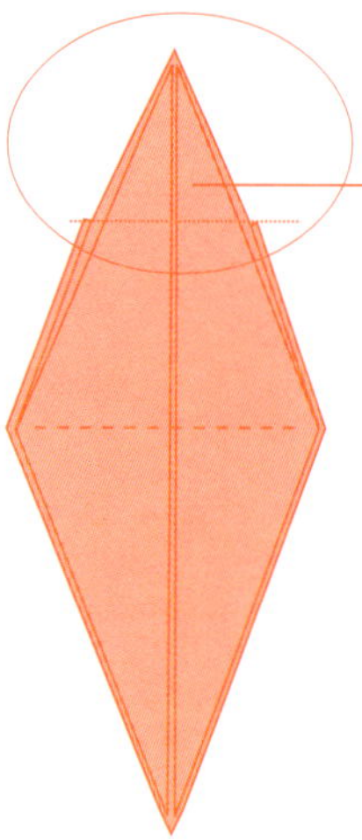

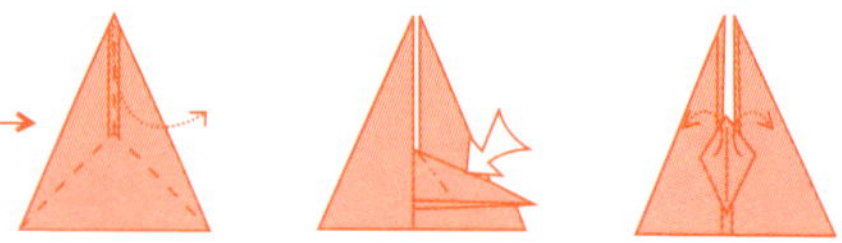

Faça "orelha de coelho".
Em seguida, abra e achate a ponta. Por último, esconda as laterais dentro das abas.

29. Passe a ponta que está atrás por dentro das duas pontas.
Veja o detalhe.

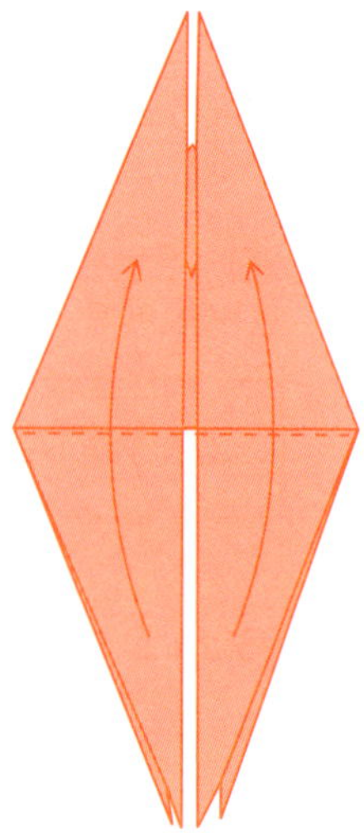

30. Modelo inteiro.
Dobre quatro pontas para cima.

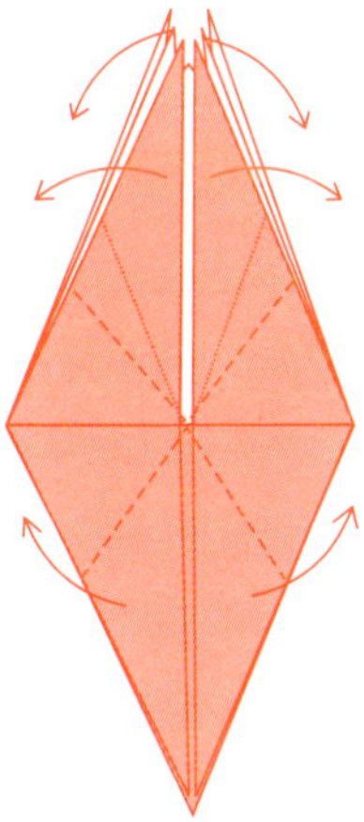

31. Coloque as seis pernas para fora, fazendo dobras por dentro.

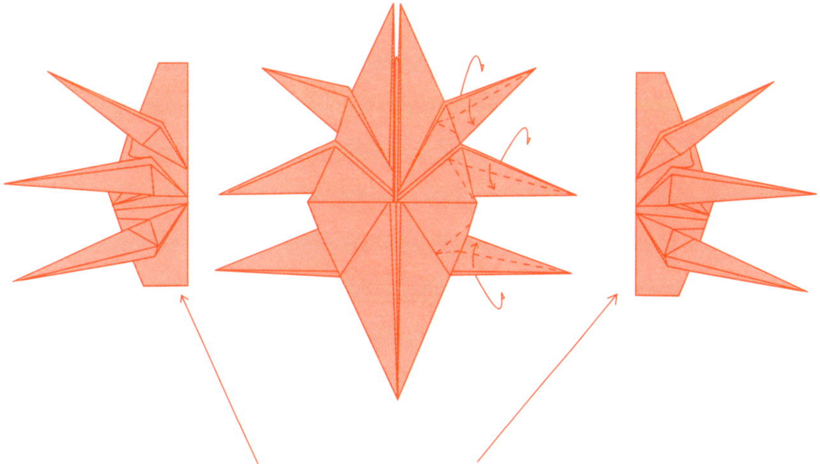

32. Afine as pernas. Veja nos detalhes.

33. Afine e curve as antenas. Dobre as pernas. Plisse a parte de trás para dar "volume".

Besouro.

LAGOSTA (RECEITA RESUMIDA) ©2001

Usar uma folha quadrada fina, resistente e começar dobrando a base do balão (pág. 80). A lagosta é da família dos artrópodes e nem todas possuem pinças. Algumas têm as antenas mais curtas. Com essa base simples (porém limitada) é possível representar uma lagosta com cinco pares de patas e antenas curtas. Pequenas variações nessa base, me permitiram-me representar outro tipo de lagosta e um escorpião, como mostra a foto no caderno colorido.

Plano básico da lagosta.

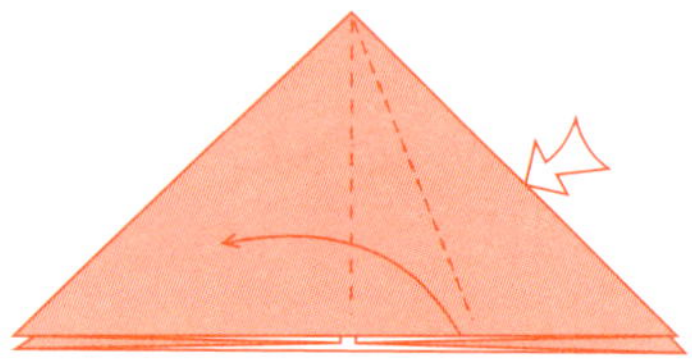

1. Abra e achate uma aba.
Base do Balão (pág. 80).

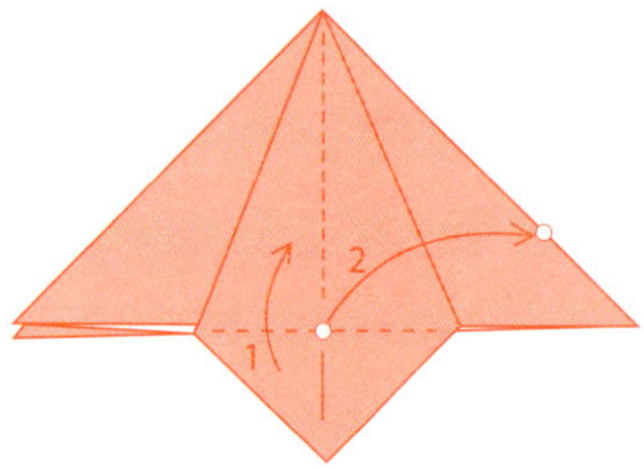

2. Dobre em ordem numérica
1) Dobre a ponta para cima
2) Leve a aba para a direita, coincidindo os círculos.

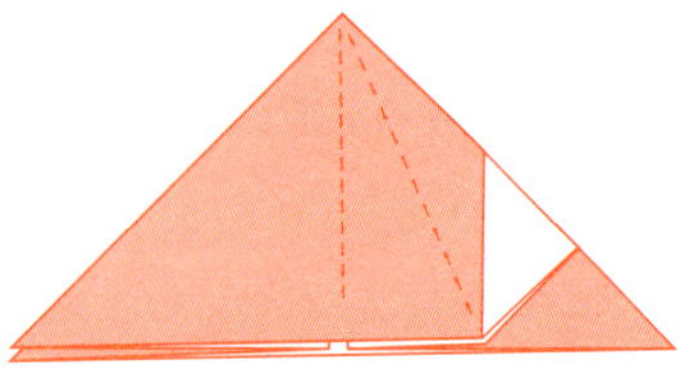

3. Repita fases 1 e 2, em todas as abas.

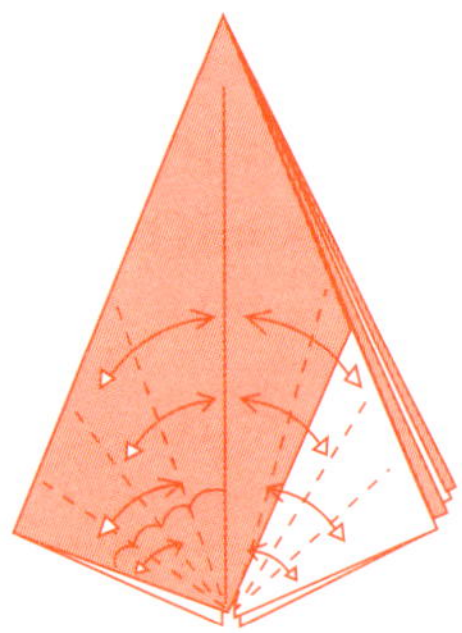

4. Todas as abas devem ser vincadas, uma a uma. Note que os ângulos são divididos em quatro.

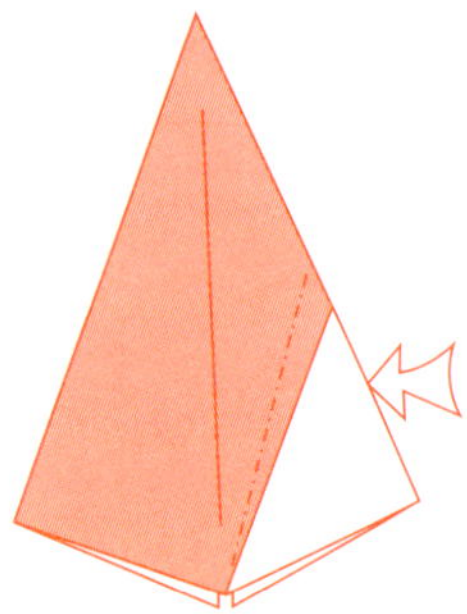

5. Mostrando só uma aba. Dobre para dentro no vinco feito anteriormente.

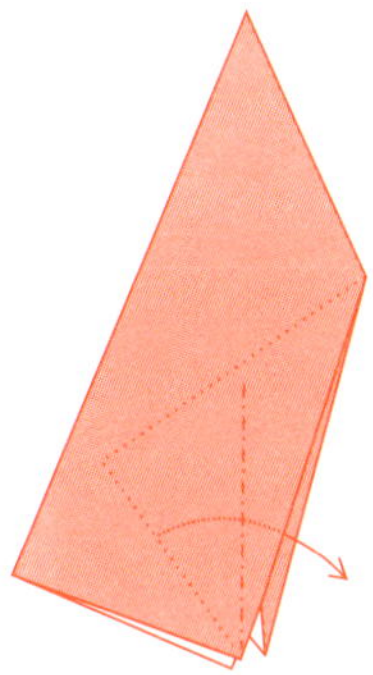

6. Dobre para fora
no segundo vinco.

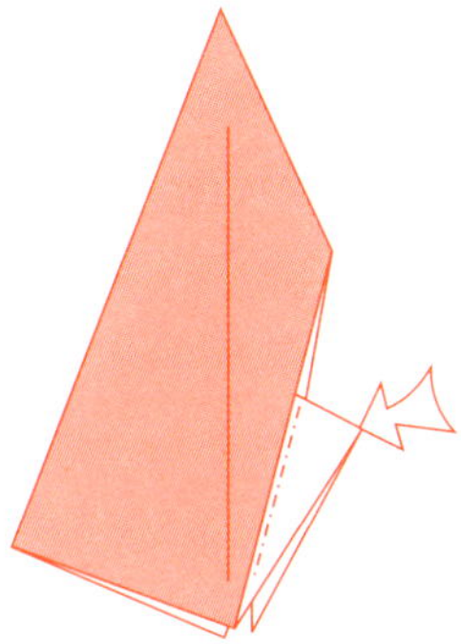

7. Dobre para dentro.
Repita toda a operação
no lado esquerdo.

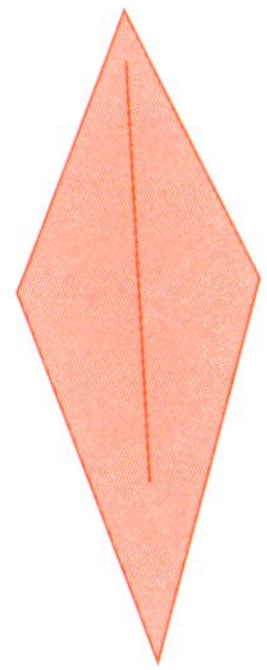

8.Todas as abas
devem ficar assim·

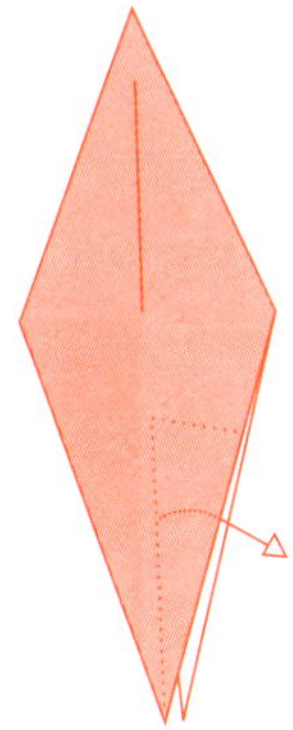

9. Mostrando só uma aba.
Retire o papel escondido
(ponta dobrada para cima
na fase 2).

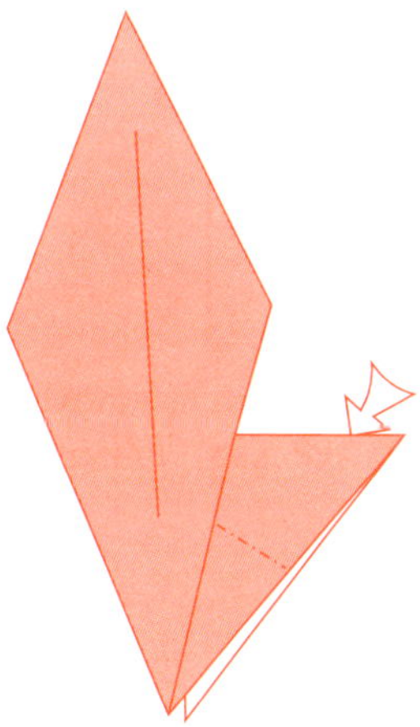

10. Dobre por dentro
formando duas pontas.

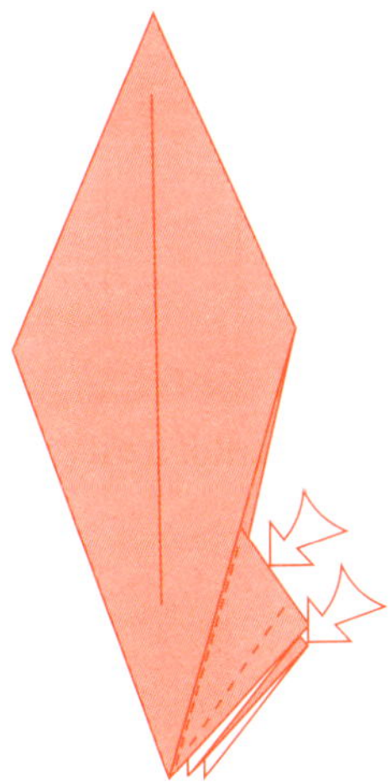

11. Dobre uma vez para dentro e outra
para fora, nas duas abas.
Repetir fases 1 a 11 em todas as pontas.

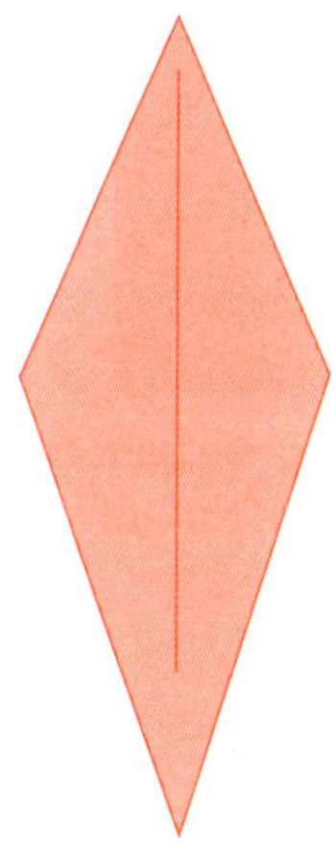

12. Após terminar, o
modelo inteiro ficará
com essa forma.

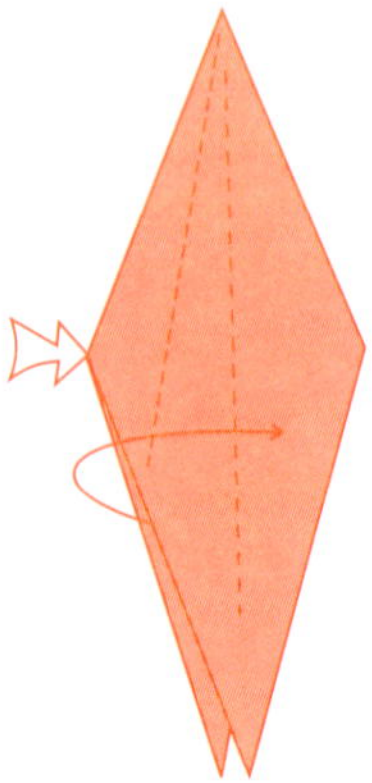

13. Abra e achate
a aba. Repita atrás.

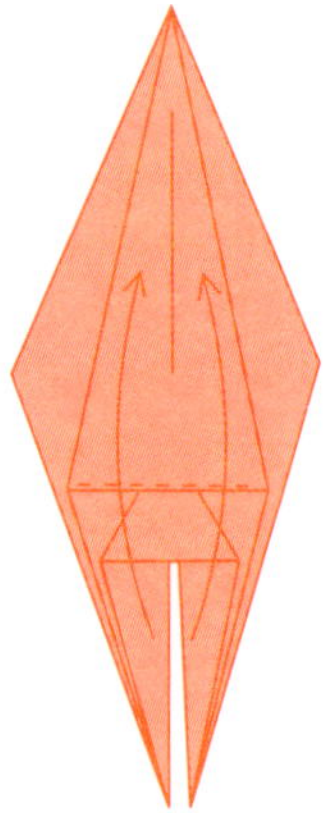

14. Dobre seis
pontas para cima.

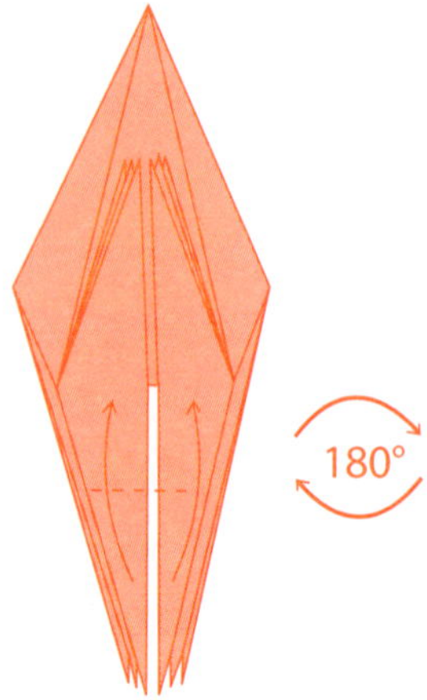

15. Dobre duas pontas para cima.

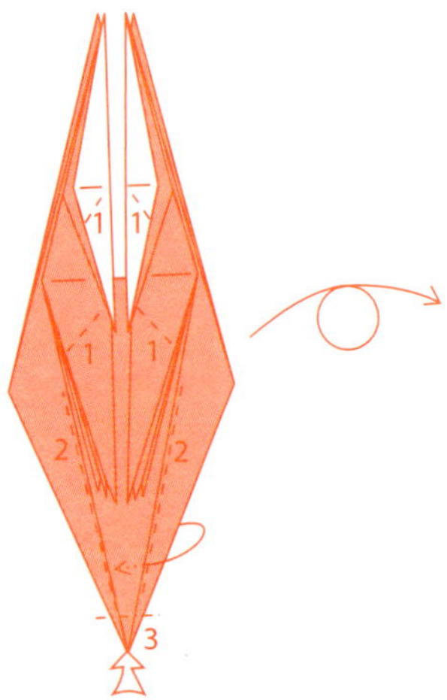

16. Dobre em ordem numérica
1) Dobrando por dentro, coloque as pontas para a direita e esquerda.
2) Dobre as duas laterais para dentro do modelo.
3) Abra e achate a ponta do "rabo".

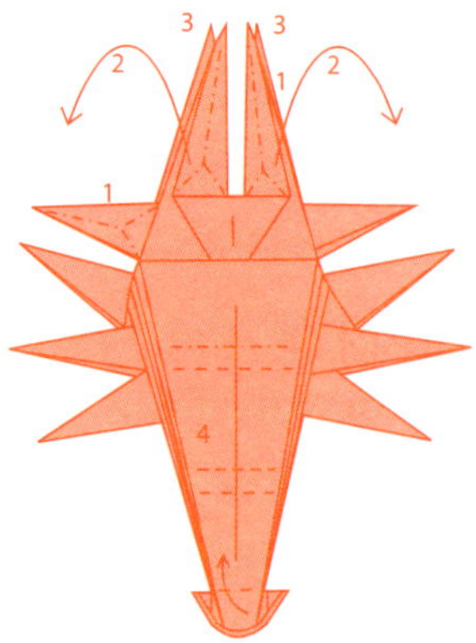

17. Dobre em ordem numérica
1) Afine as pernas e antenas.
2) Curve as antenas.
3) Dobre as pinças.
4) Plisse para moldar o corpo.

18. Lagosta.

COBRA (USAR PAPEL QUADRADO) © 2003

A extração do veneno da cobra é o momento mais delicado, requer a atenção de quem é treinado e capaz de conhecer a anatomia do animal. Ela traumatiza a cobra e, por isso, é um trabalho só para profissionais. Uma cobra dificilmente produz mais do que 100 miligramas de veneno por mês, e é preciso respeitar esse limite para manter a saúde do animal.

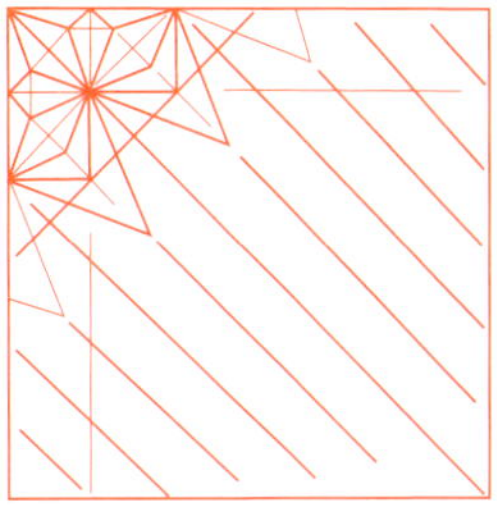

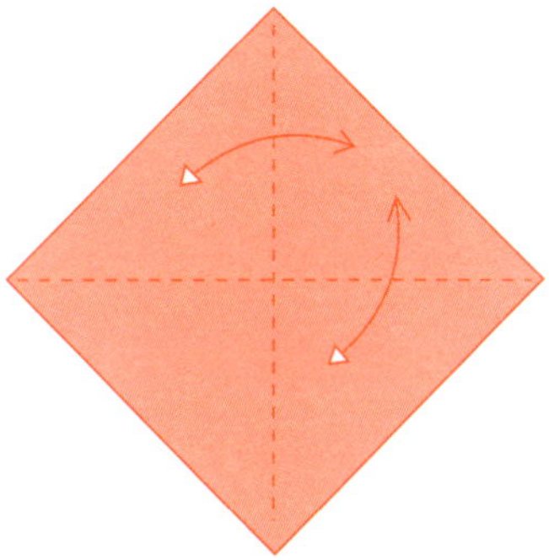

1. Marque as diagonais.

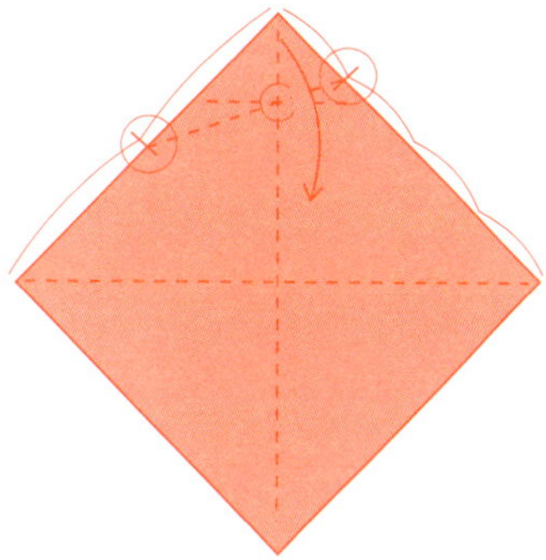

2. Dobrar $^{1}/_{6}$ da diagonal. A conexão entre os pontos médios indicados, intercepta a diagonal em $^{1}/_{6}$, aproximadamente. (Compare com a fase 2 da pág. 41)

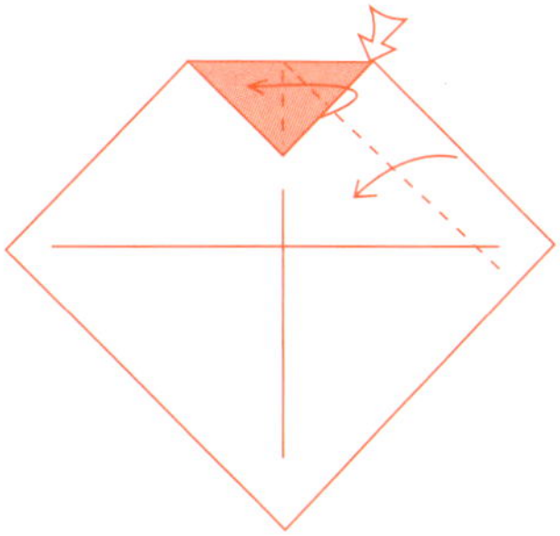

3. Dobra simultânea para a esquerda.

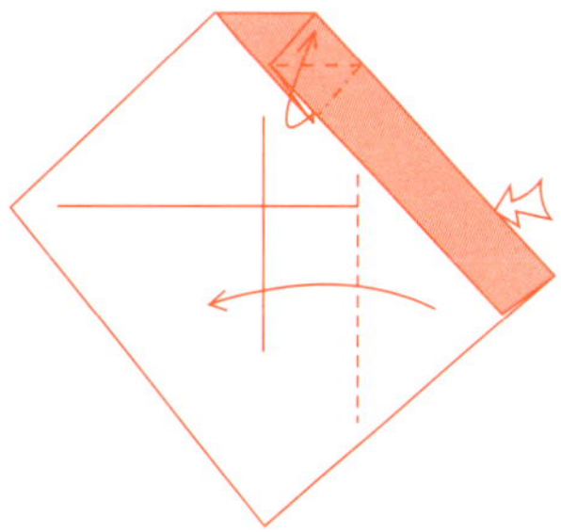

4. Dobra simultânea. Siga as linhas vale e montanha.

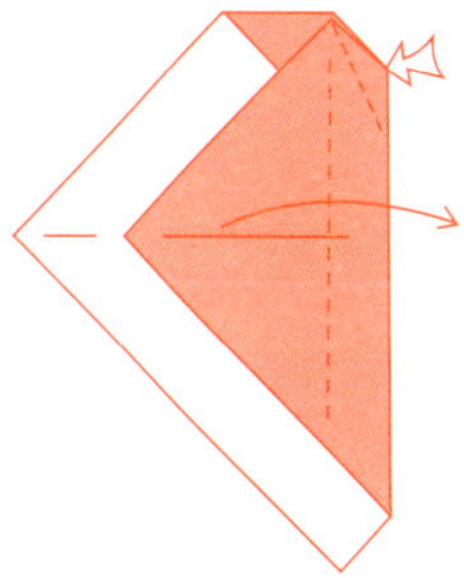

5. Afunde o canto (é preciso abrir o papel). Dobre a aba para a direita.

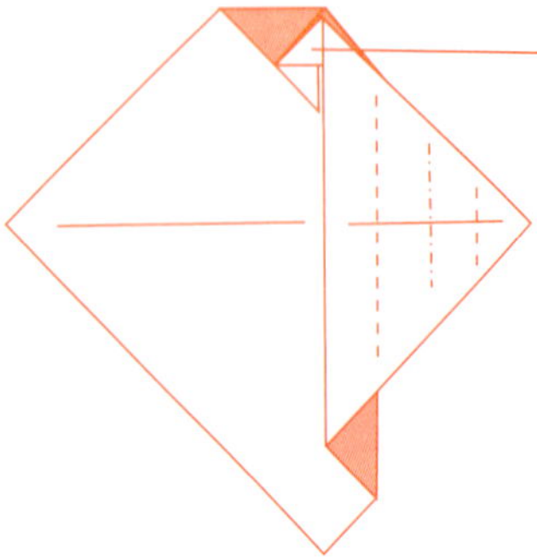

6. Dobre a aba em leque.
Repita, no lado esquerdo, do início até aqui.

7. Dobre em ordem numérica. Durante o processo de dobra da cabeça, as duas pontas que serão as "presas", devem ficar voltadas para baixo.

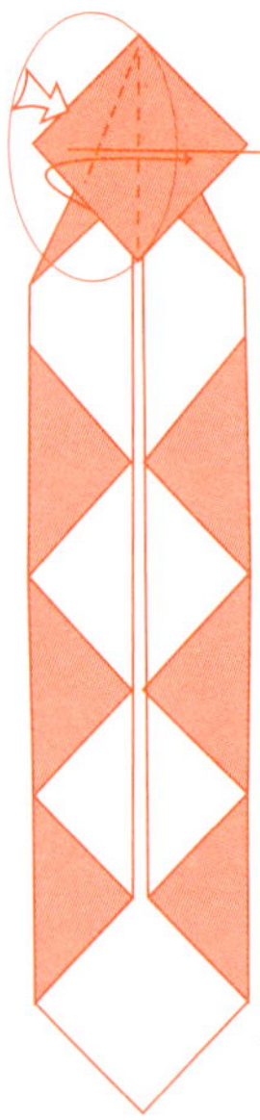

8. Desenho ampliado. Abra e achate. Siga as fases dos detalhes da cabeça.

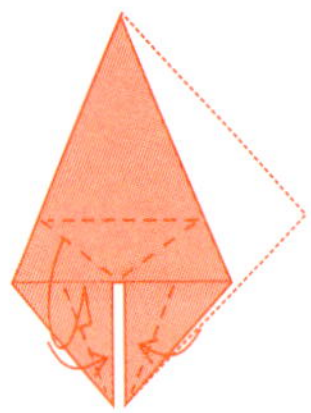

8a. Dobra semelhante à base da rã (págs. 89 e 90).

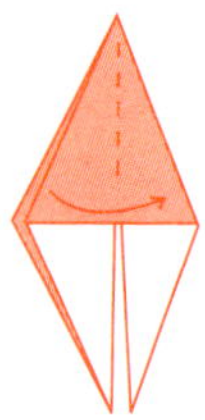

8b. Dobre para a direita.

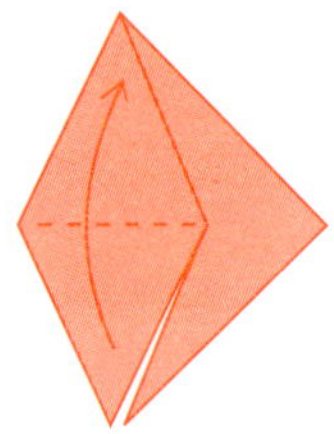

8c. Dobre para cima.

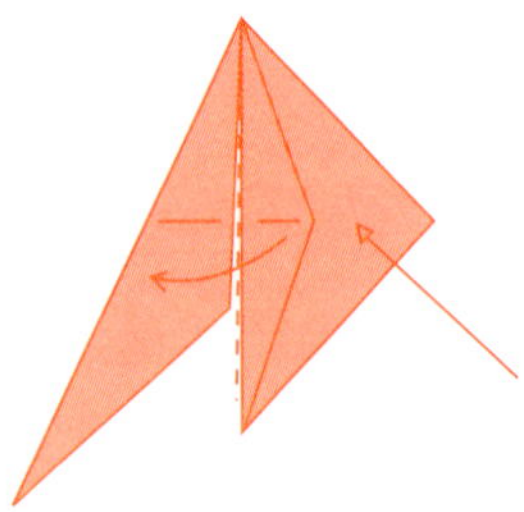

8d. Passe aba para a esquerda e repita tudo no lado direito.

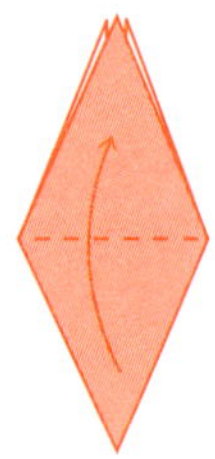

8e. Dobre para cima.

Borboleta pág. 126

Pato pág. 128

Cavalo pág. 133

Besouro I pág. 139

Besouro II pág. 139

Escorpião pág. 142

Lagosta I pág. 142

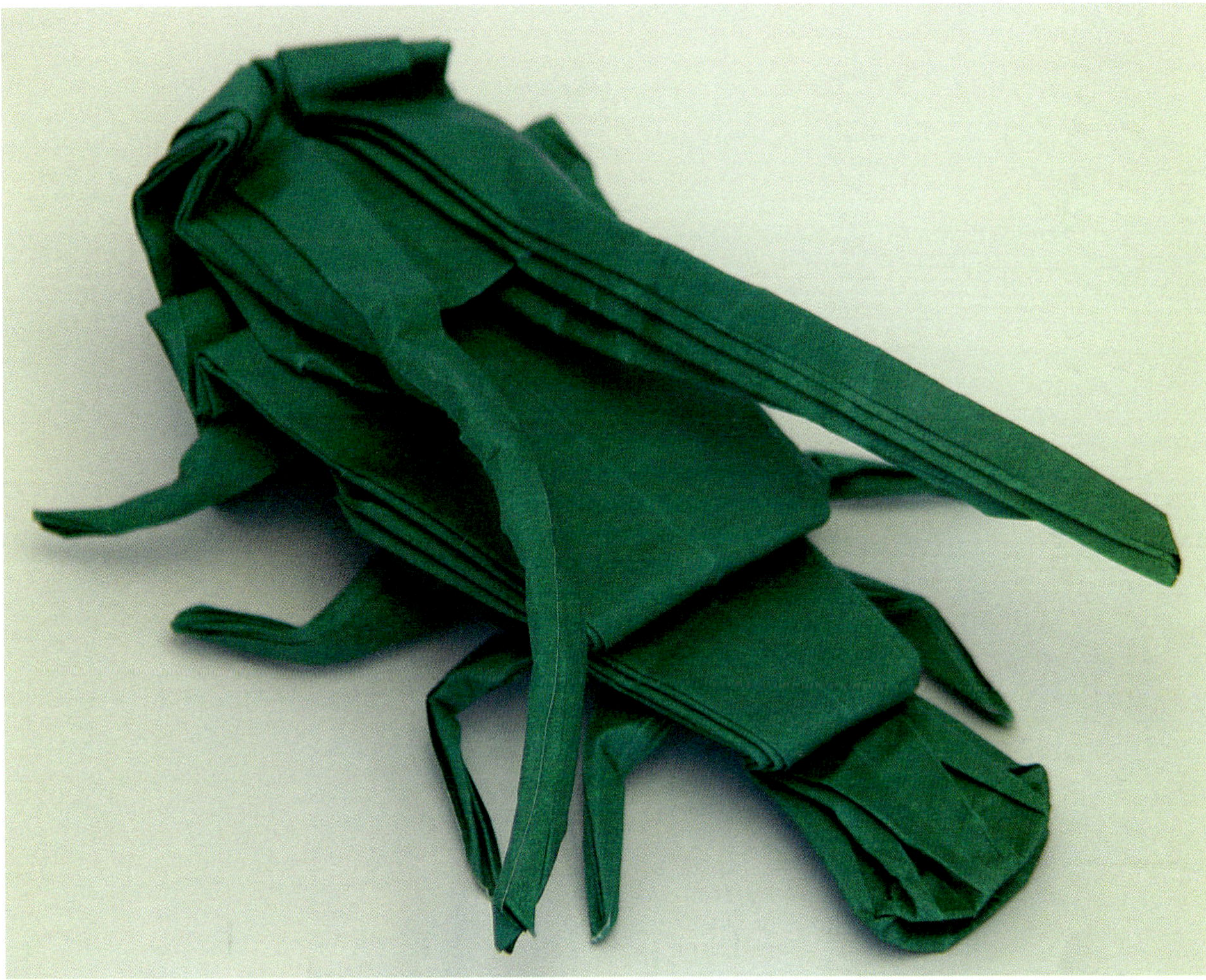

Lagosta II pág. 142

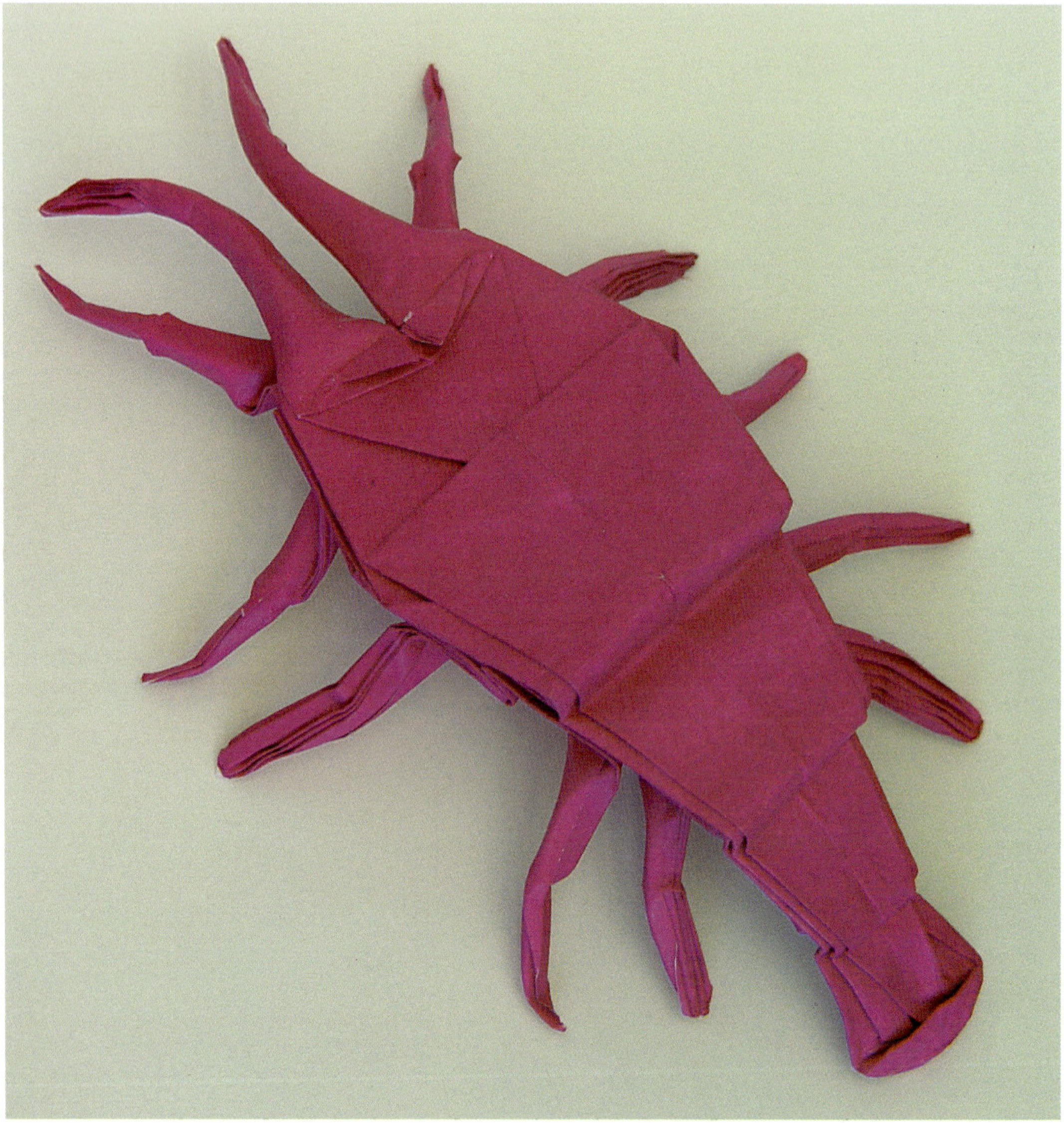

Cobra pág. 145

O bruxo pág. 148

Centauros pág. 154

Centauro pág. 154

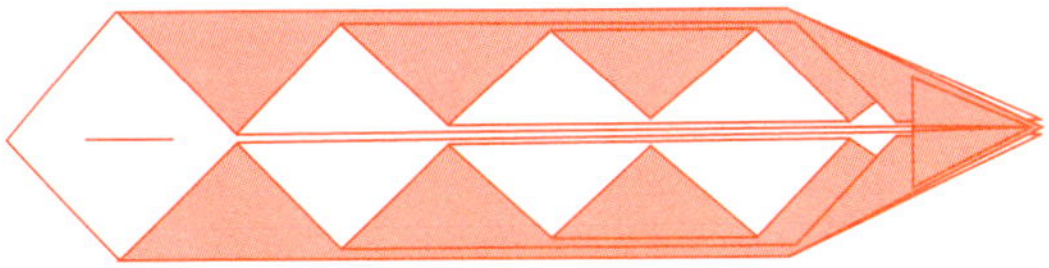

9. Modelo inteiro deitado.
Vire a peça.

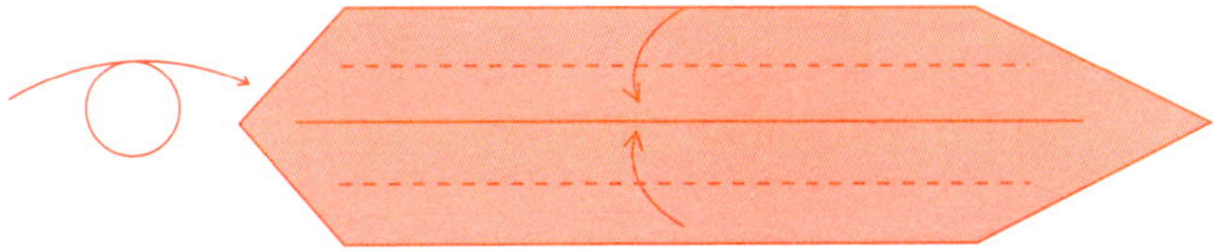

10. Dobre para o meio.

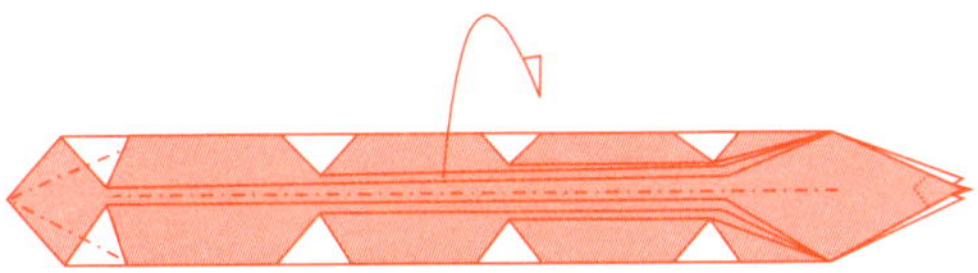

11. Dobre ao meio para trás.

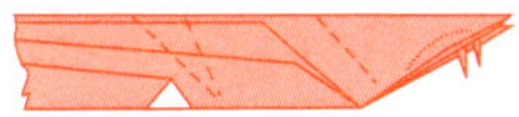

12. Detalhe do pescoço e cabeça.
Guie-se pela fase 13 antes de fazer as duas dobras para colocar o pescoço em pé.
Dobre as presas para fora. Depois molde a cabeça.

13. Cobra.

O BRUXO E O LIVRO ©2005

Merlim é considerado um dos mais sábios magos que já existiu. Um mestre da bruxaria. Dizem que foi conselheiro de alguns reis britânicos. Embora a lenda possa ser baseada em alguém cuja existência tenha sido real, Merlim é um personagem do reino da fantasia.

É mais conhecido como o mentor do rei Artur.

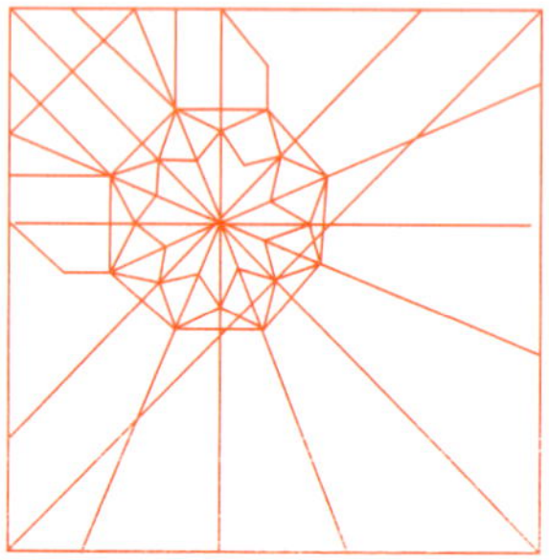

Plano básico do bruxo.
Outras divisões também podem ser utilizadas para essa peça.

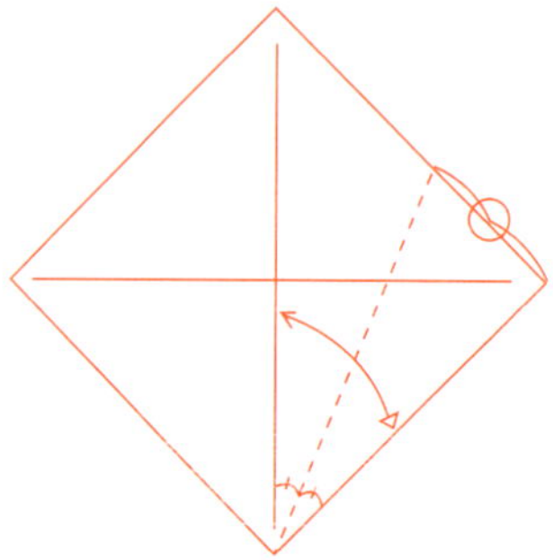

1. Faça as marcas conforme indica o desenho.

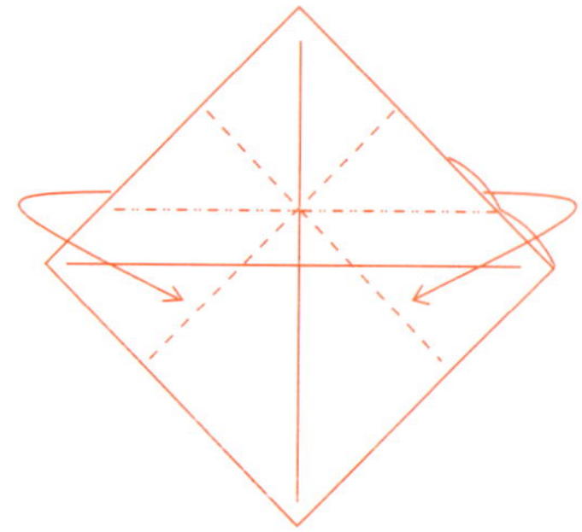

2. Dobra semelhante à base preliminar. (pág. 84)

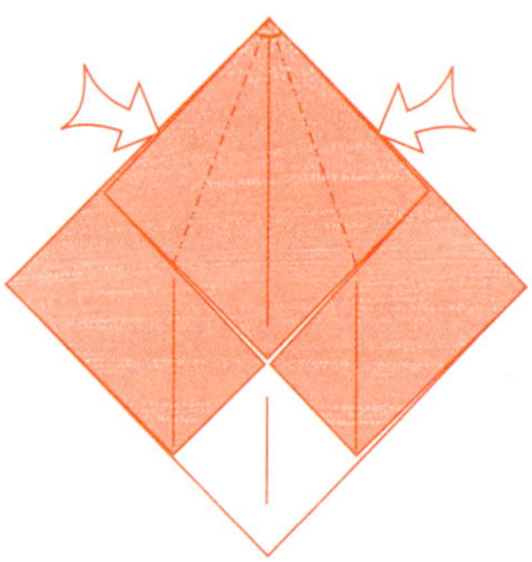

3. Dobre as abas para dentro.

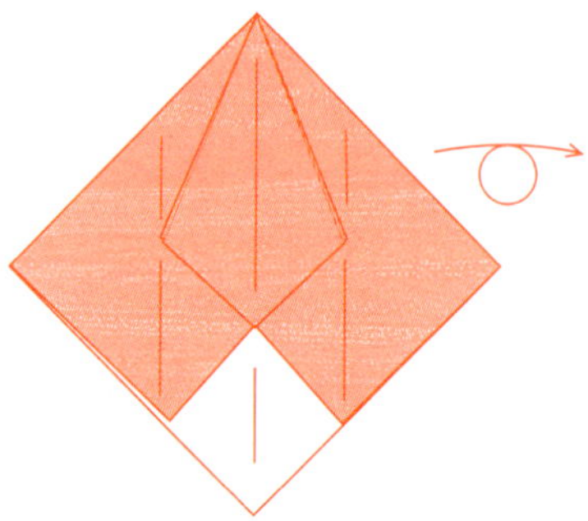

4. Resultado.
Vire o modelo.

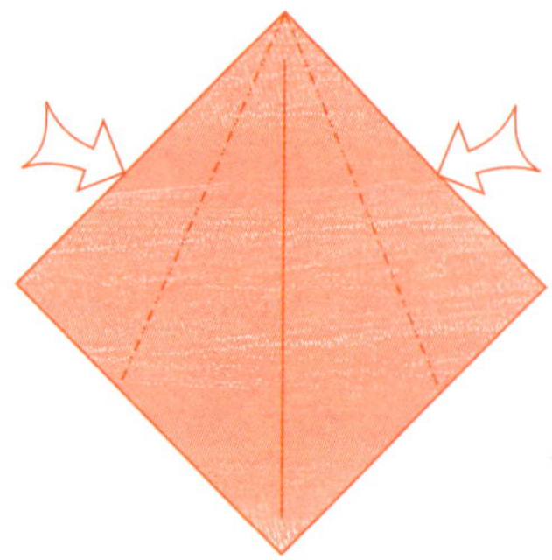

5. Dobre as abas para dentro.

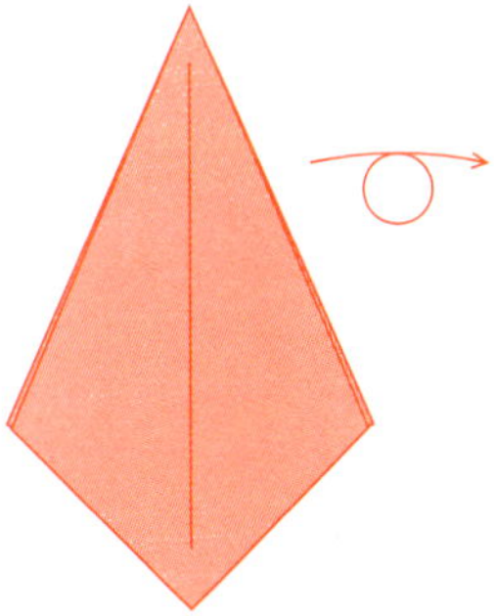

6. Resultado.
Vire o modelo.

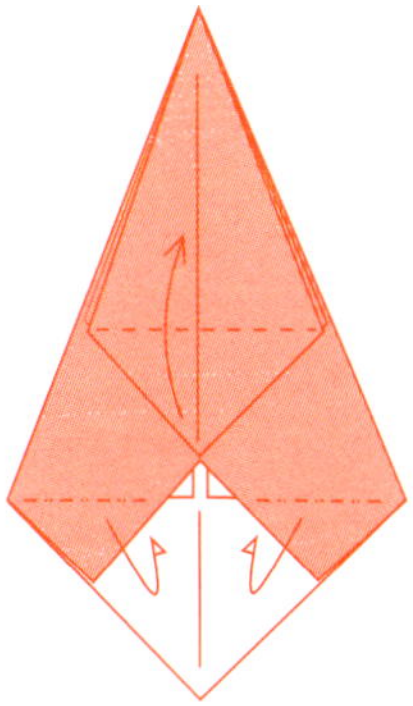

7. Dobre a ponta para cima e as duas menores para dentro.

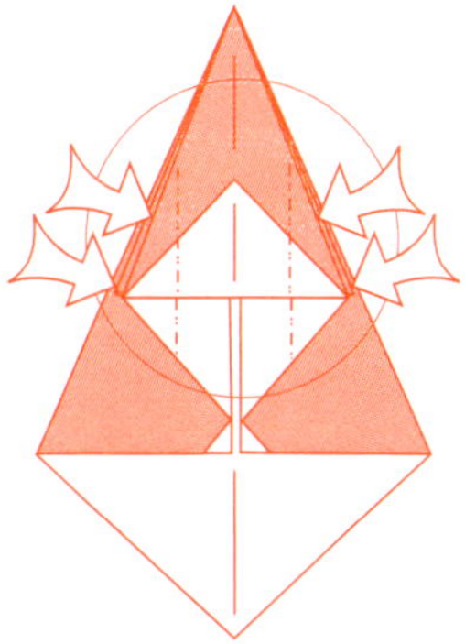

8. Afunde as 4 abas nas indicações.

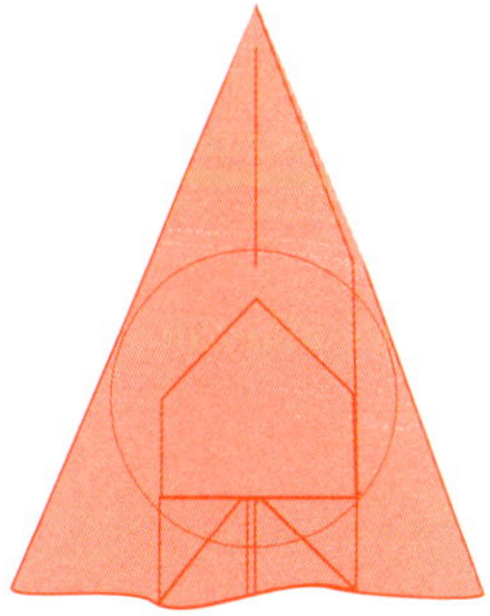

9. Parte a ser trabalhada.

Se for utilizado papel colorido em ambos os lados, na fase 7 pode-se dobrar o triângulo maior para dentro do modelo.

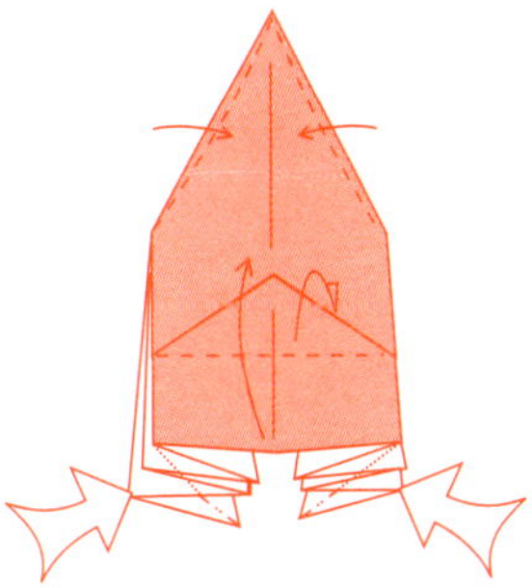

10. São várias dobras.
Siga as indicações.

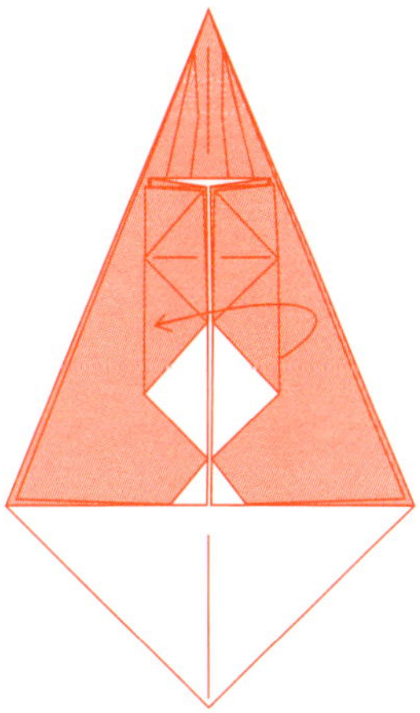

11. Dobre para a esquerda.

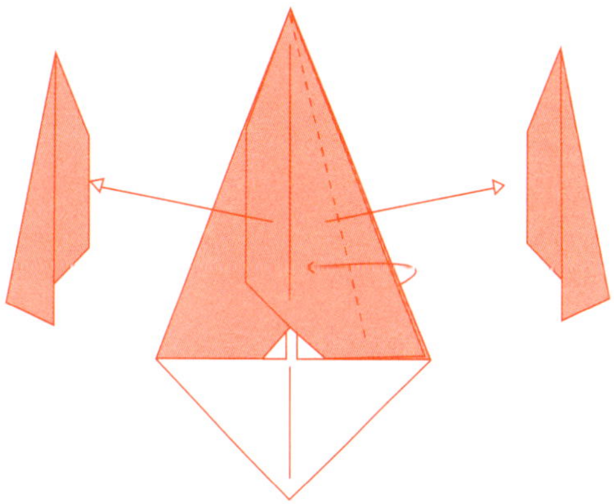

12. Repita a mesma dobra nos dois lados como mostra o detalhe.

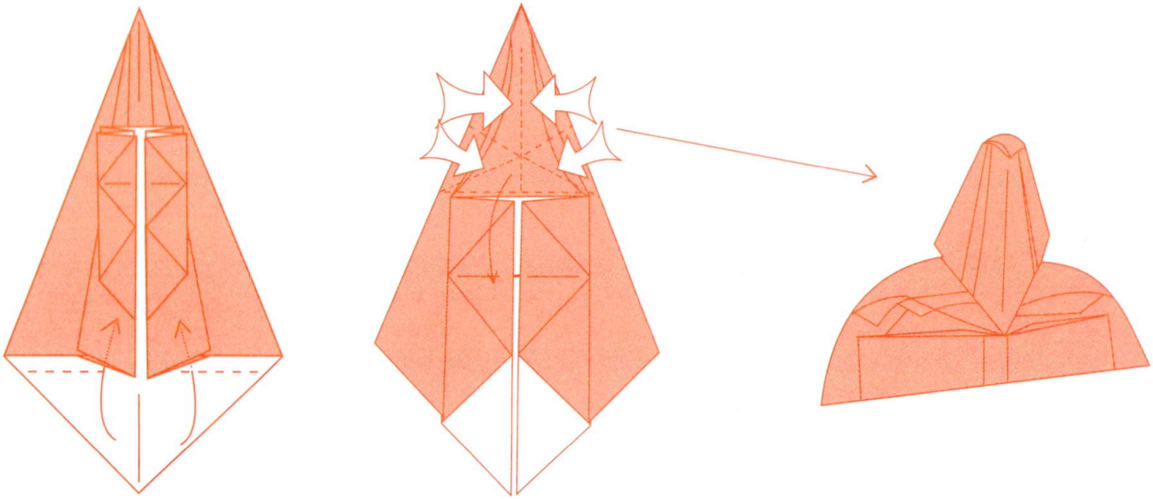

13. dobre para dentro.

14. Seguir as linhas "vale" e "montanha" para moldar a cabeça. Essas são dobras básicas. Pode-se acrescentar detalhes deixando o "bruxo" com outro rosto, moldar o tórax, afinar as pernas, mudar levemente a posição do livro etc.

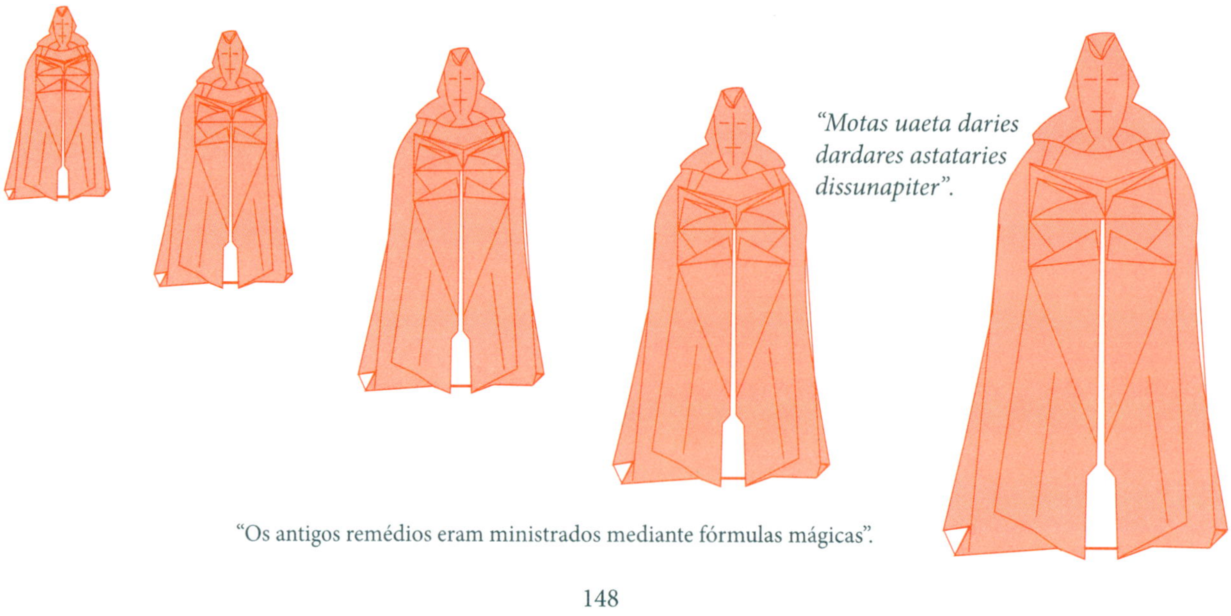

"Motas uaeta daries dardares astataries dissunapiter".

"Os antigos remédios eram ministrados mediante fórmulas mágicas".

CENTAURO QUIRÃO ©2005

Quirão, um herói da Antiguidade Clássica, era diferente dos demais centauros. Fruto de um ato amoroso entre Saturno e Fílira, filha do Oceano. Flagrados em plena cópula por Reia, esposa de Saturno, este, fugiu metamorfoseado em cavalo. Fílira envergonhada, escondeu-se nas florestas, onde deu à luz. Quando viu o monstro que dela saiu, metade homem, metade cavalo, suplicou aos deuses que tivessem piedade e a metamorfoseassem. Foi transformada em árvore. Quirão tornou-se amigo da deusa Diana e passaram a caçar juntos. Ele indicava os lugares onde estavam os animais que ela queria abater. Um centauro brilhante que, convivendo com Diana, obteve muitas vantagens, aprendendo o conhecimento dos símplices (plantas medicinais) e das estrelas. Sua caverna no monte Pélion, tornou-se uma escola. Ensinava medicina, cirurgia e astronomia. Entre seus discípulos estavam Hércules, Aquiles, Teseu e Jasão. Em um das versões, quando Hércules moveu uma guerra contra os centauros, uma das flechas embebida no sangue da Hidra de Lerna, não encontrando o alvo, atingiu o bom centauro no joelho. Sentindo muitas dores, ele pediu a Júpiter que abreviasse seus sofrimentos. Júpiter, então, colocou-o no Céu, formando a constelação do Sagitário.
Ele passou para a posteridade como "o Sábio".

Plano básico do centauro.

USAR UMA FOLHA QUADRADA (RECEITA RESUMIDA)

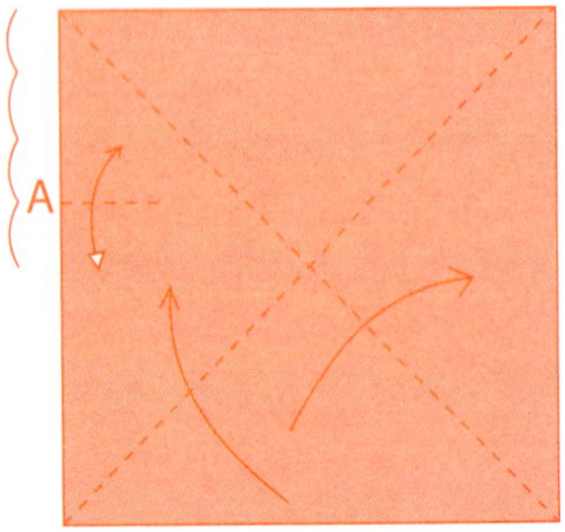

1. Marque as diagonais, e divida o lado.

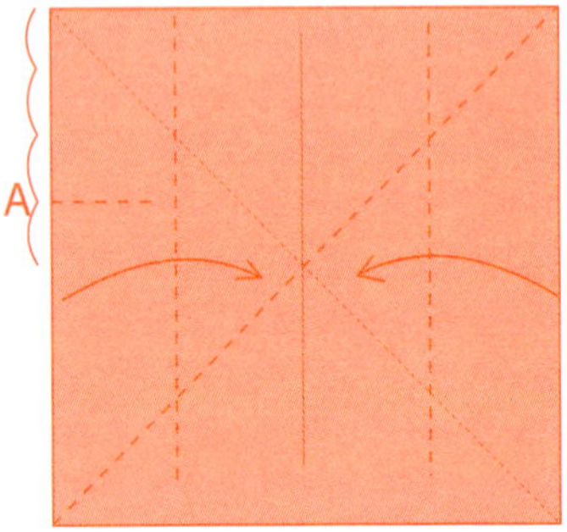

2. Dobre os lados para o meio.

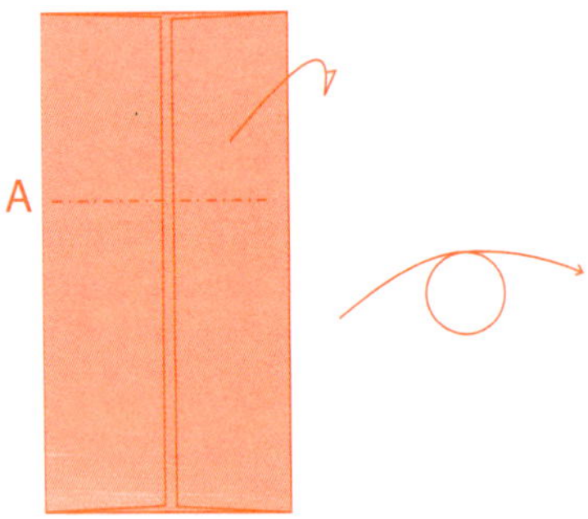

3. Dobre para trás, na marca feita na fase 1, e vire o papel.

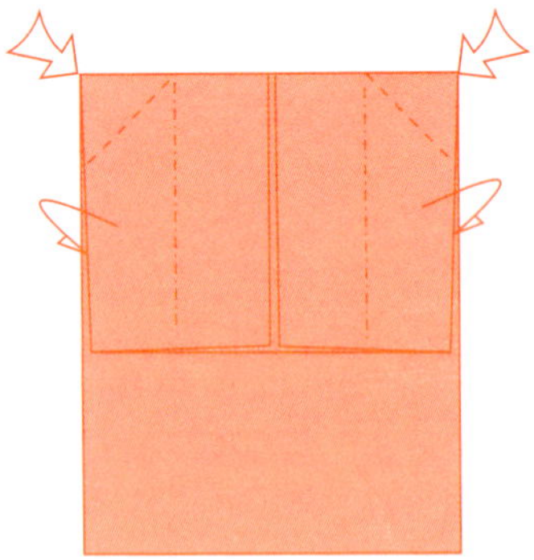

4. Dobre para trás, afundando os cantos.

5. Vinque a parte mais fina, e dobre para trás na indicação.

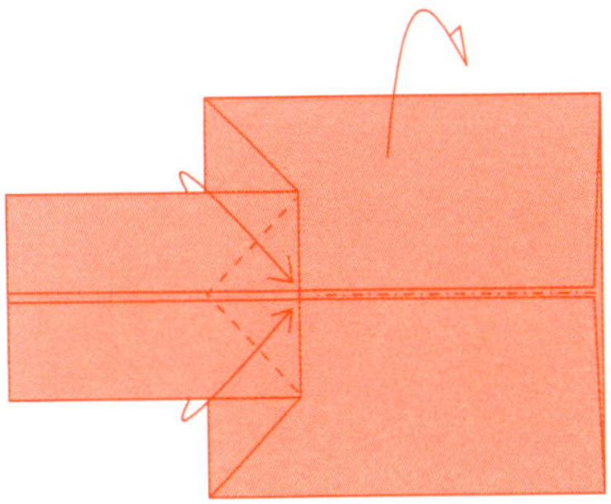

6. Dobre as bissetrizes. Em seguida, dobre ao meio para trás.

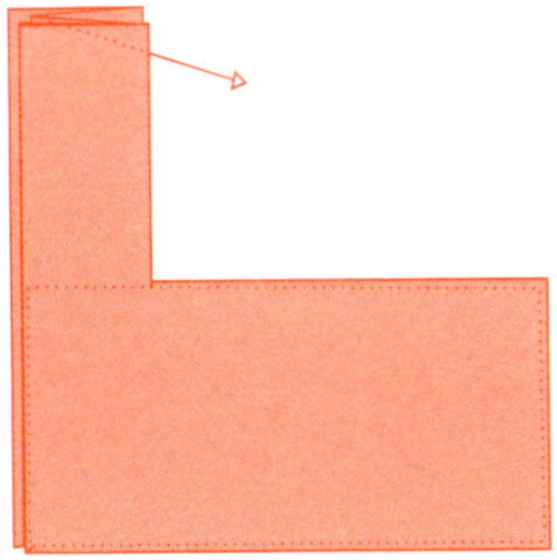

7. Retire o parte do papel escondido. Repita atrás.

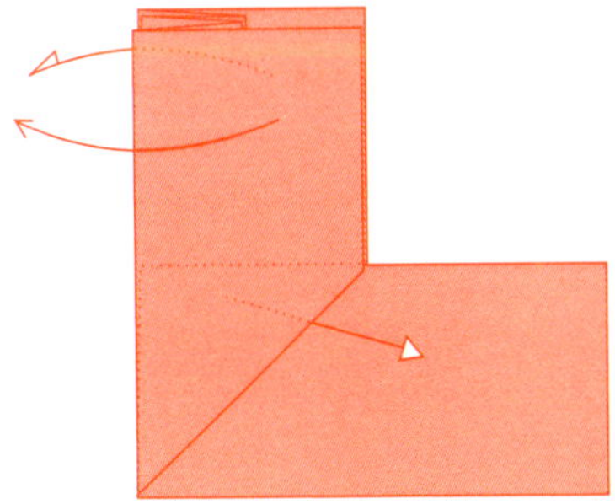

8. Retire o restante do papel escondido e passe a aba para a esquerda. Repita atrás.

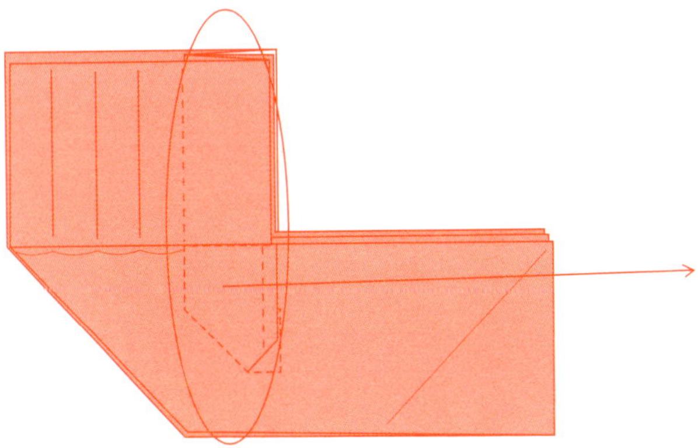

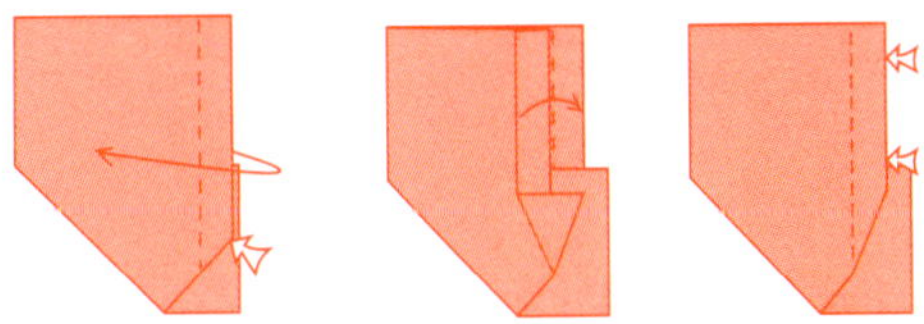

10. Afundar.

9. Dobre e desdobre dividindo em quatro. Em seguida, dobre a aba e afunde para dentro como mostram os detalhes. A execução dessa dobra deve ser feita na parte interna do modelo.

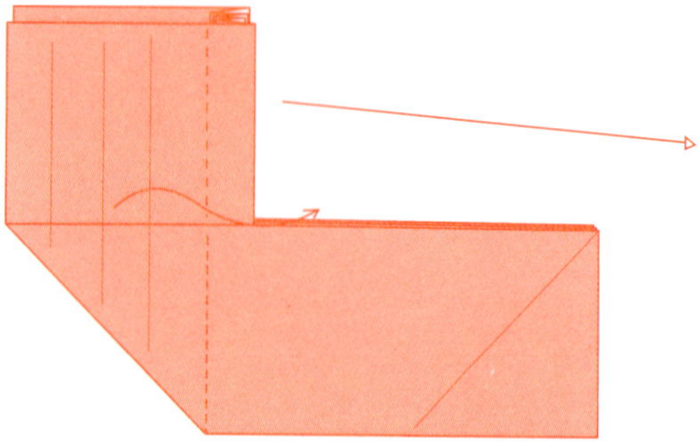

11. Continue sucessivamente para a esquerda e direita até completar as 8 divisões que formarão 4 abas em cada lado.

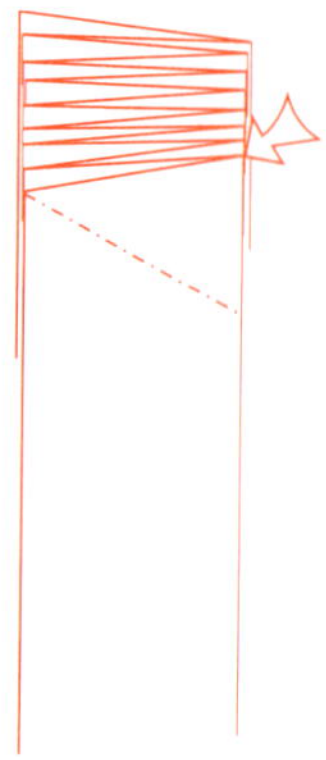

12. Afunde todos os cantos.

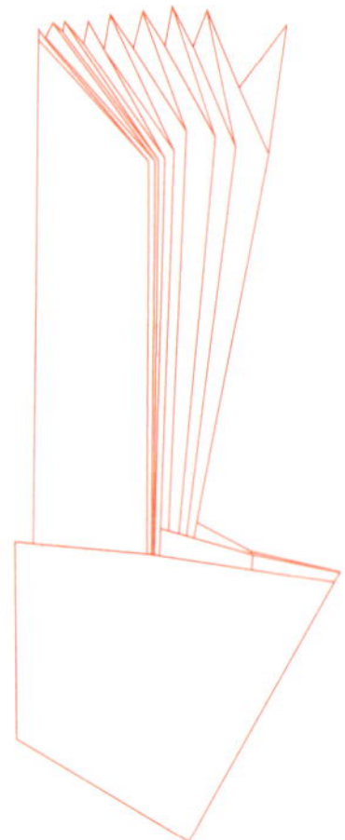

13. Resultado.

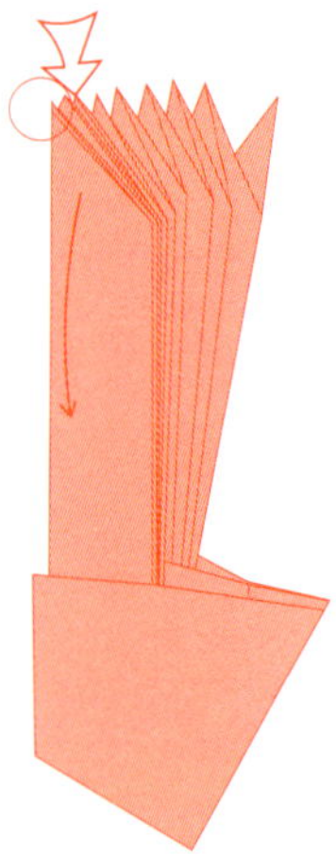

14. Puxe duas abas para baixo, e achate-as.

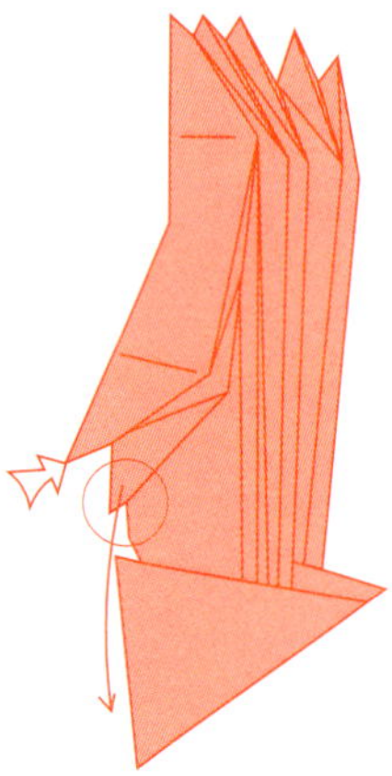

15. Puxe uma aba e achate a segunda.

16. Resultado. Repita atrás.

16a. Modelo inteiro visto de frente. Aberto parcialmente para facilitar a visualização.

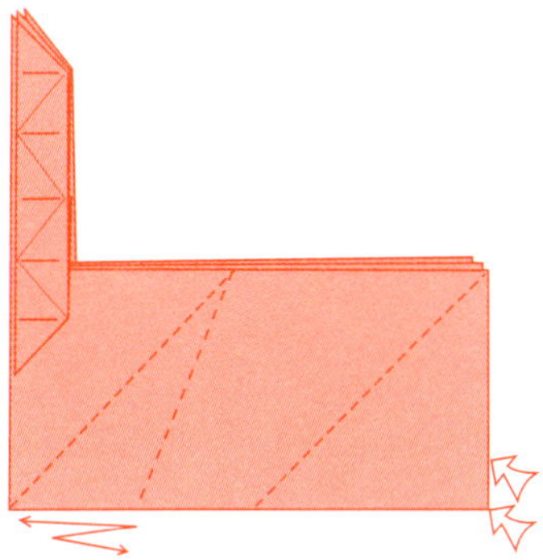

17. Plisse para fazer as pernas dianteiras. Depois, afunde os dois cantos que serão as pernas traseiras.

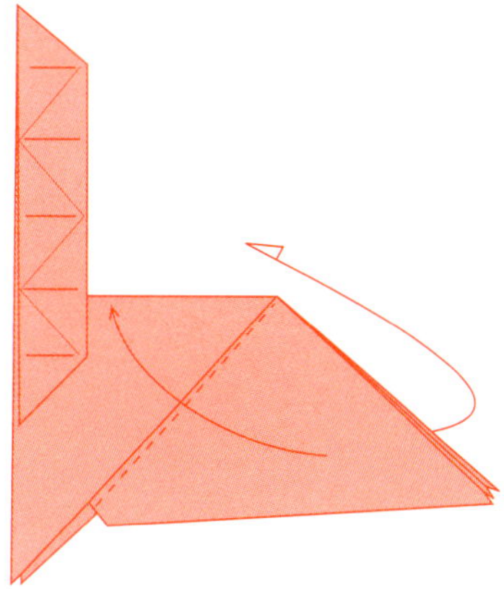

18. Dobre duas pontas para cima.

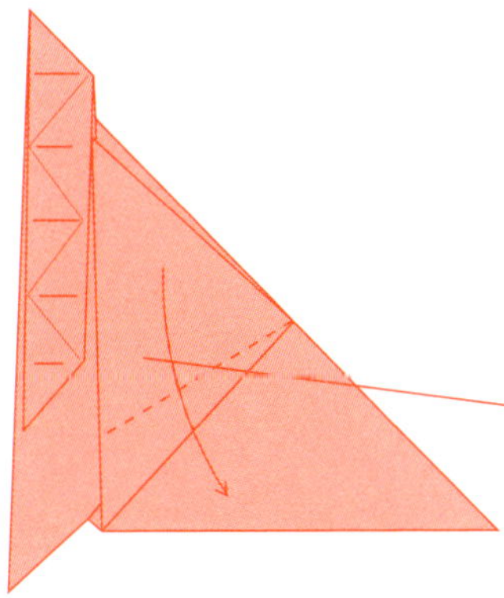

19. Dobre uma ponta para baixo, na indicação, e repita atrás.

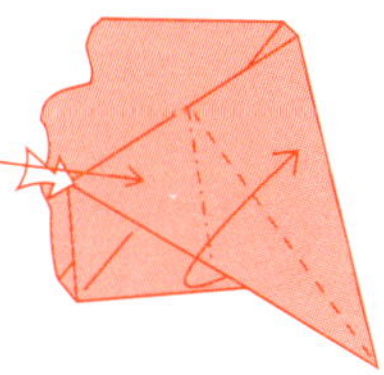

20. Detalhe mostrando o afinamento da perna. Repita atrás.

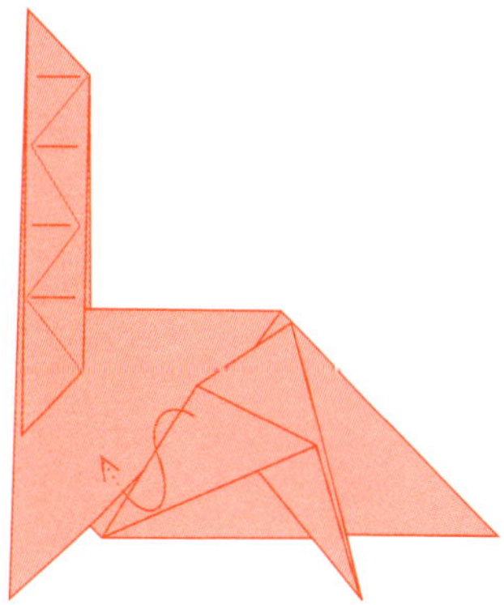

21. Esconda parte da perna, sob a aba. Repita atrás.

22. Dobre para dentro para afinar barriga e rabo. Essa dobra, incorpora a parte interna da perna dianteira. Repita atrás.

23. Afine o rabo um pouco mais e também as pernas dianteiras, simplesmente apertando-as sem dobrar "orelha de coelho dupla".

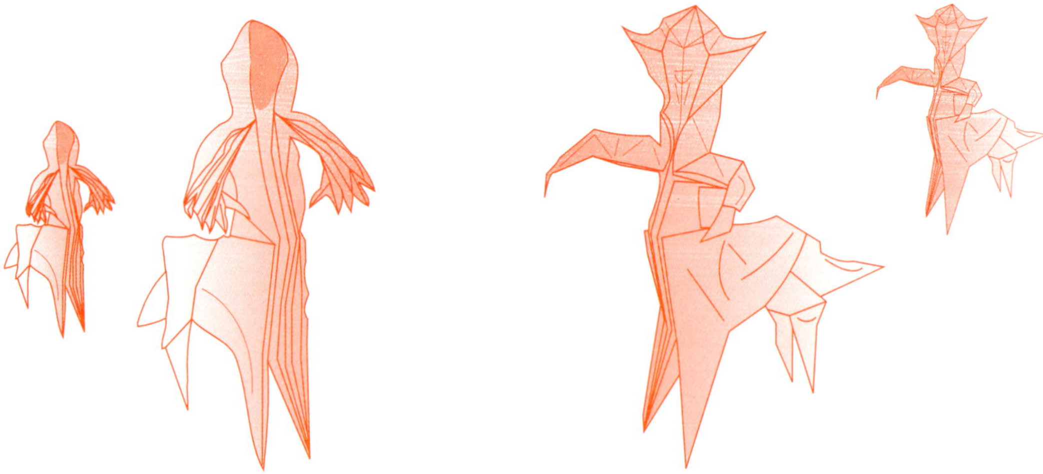

Para terminar, coloque braços na posição que desejar. O rosto é feito na ponta central. Para conseguir os cinco dedos das mãos, aumentar o número de abas da fase 11 à 16.
O acabamento pode ser feito de várias maneiras. Os desenhos mostram duas sugestões.

CONSIDERAÇÕES FINAIS...

O PENTÁGONO REGULAR (INTERMEDIÁRIA)

Em caso de dificuldades maiores no pentágono da página 106, o método tradicional (japonês) pode ajudar bastante. A terceira opção é o esquema para obter um pentágono com área menor, mas de fácil execução.

I

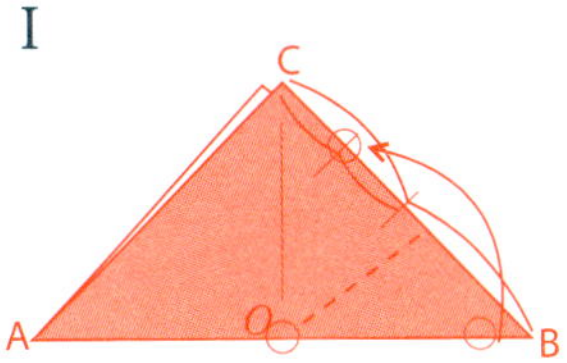

1. Dobre uma folha quadrada pela diagonal. Divida o lado como mostra o desenho e, dobre fazendo coincidir os círculos.

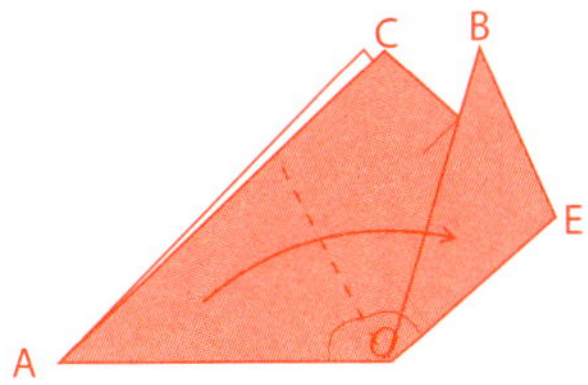

2. Dobre na bissetriz de AÔE.

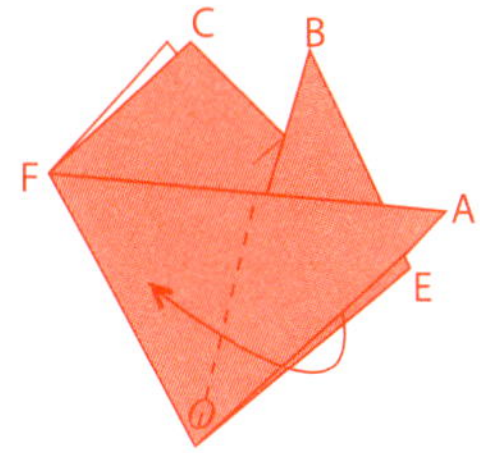

3. Dobre na bissetriz de FÔA.

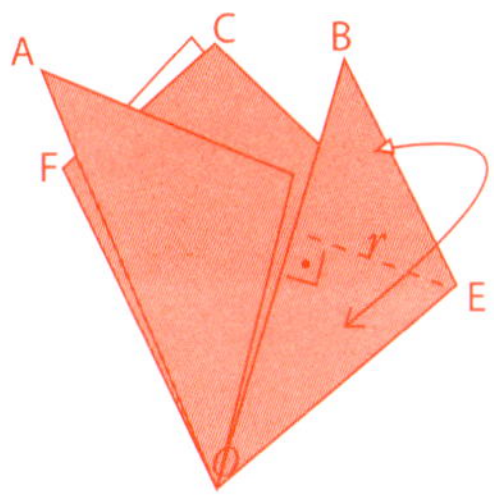

4. Dobre em ângulo reto por E.

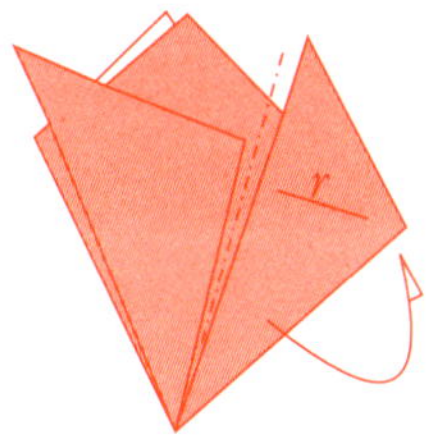

5. Dobre para trás.

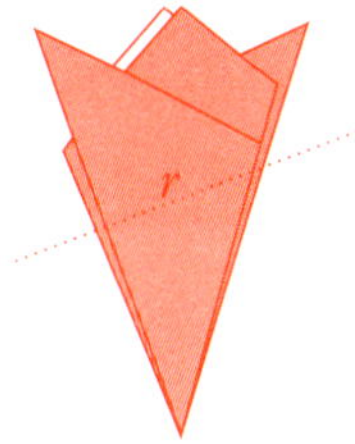

6. Recorte seguindo a “linha” *r*.

7. Pentágono regular.

II

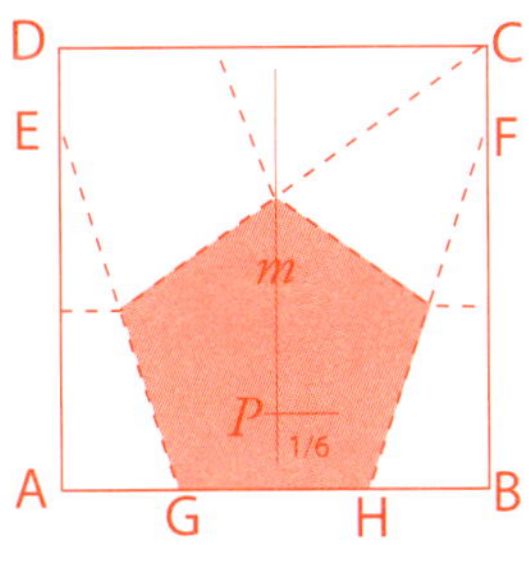

Marcar a mediana *m*. Marcar $^1/_6$ na mediana (*P*).
Dobrar fazendo coincidir os vértices A e B sobre P, definindo $\overline{EG}$ e $\overline{FH}$.
Em seguida, dobrar fazendo coincidir os vértices E e F com *P*.

O HEXÁGONO REGULAR (INTERMEDIÁRIA)

Um método simples (japonês) para obter o hexágono regular.

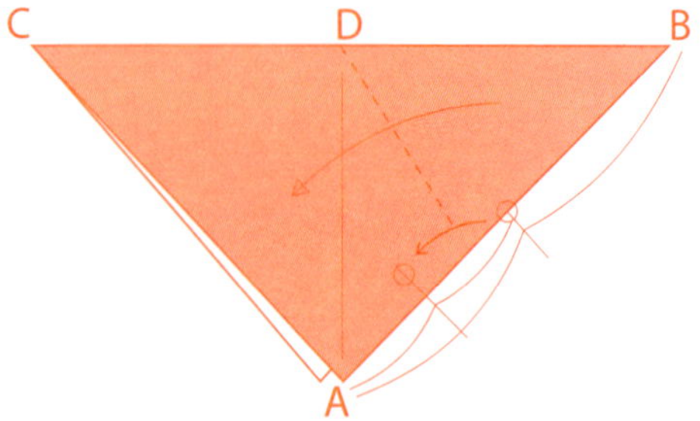

1. Dobre uma folha quadrada
pela diagonal.
Em seguida, dobre fazendo
coincidir os círculos.

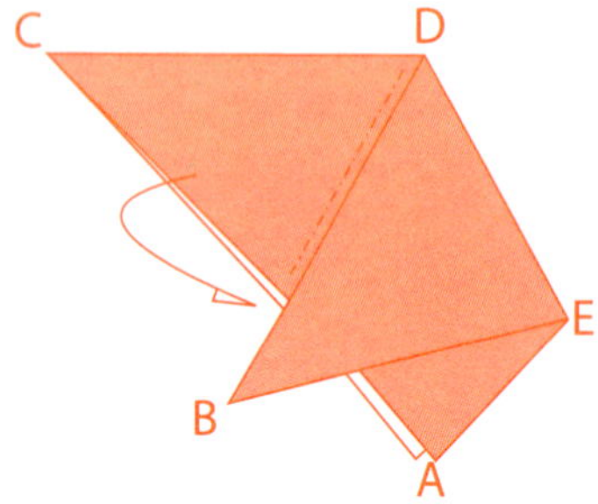

2. Dobre para trás, paralelo a $\overline{BD}$.

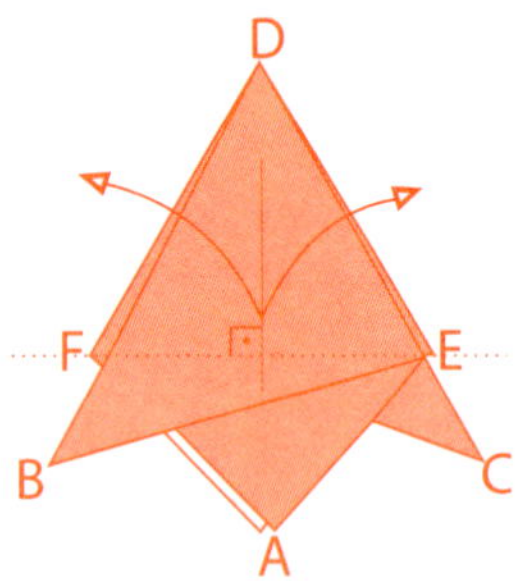

3. Cortar tomando E e F como guias.
Em seguida desdobre tudo.

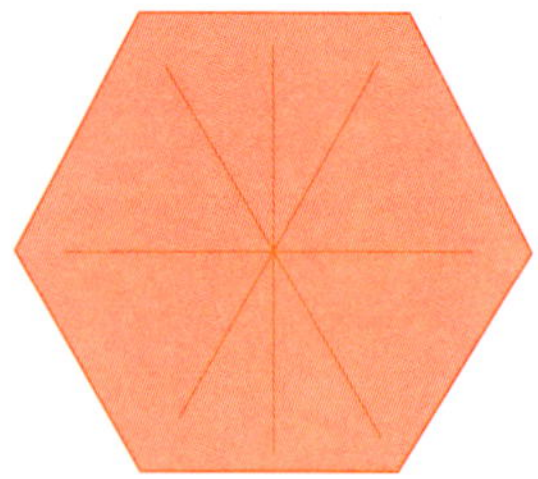

4. Hexágono regular.

Para a montagem do dodecaedro (pág. 108) basta obter o primeiro pentágono por origami. Os outros podem ser recortados tendo o primeiro como guia. Se necessário, faça ajustes nos elementos de conexão para encaixar melhor, evitando irregularidades na forma da peça.

A DUPLICAÇÃO

A duplicação da área de qualquer retângulo (©2005) na forma espiralada foi baseada na dobradura do "envelope" e extrapola o origami. Se eu tivesse duplicado um dos lados do retângulo teria resolvido o problema da duplicação da área. Mas, procedendo assim, não teria obtido a forma espiralada, mantendo sempre o mesmo ponto médio de um dos lados, conforme a sequência de desenhos abaixo.
A dobradura do envelope (*Blintz)*, consiste em uma folha quadrada com os quatro cantos dobrados para o centro.

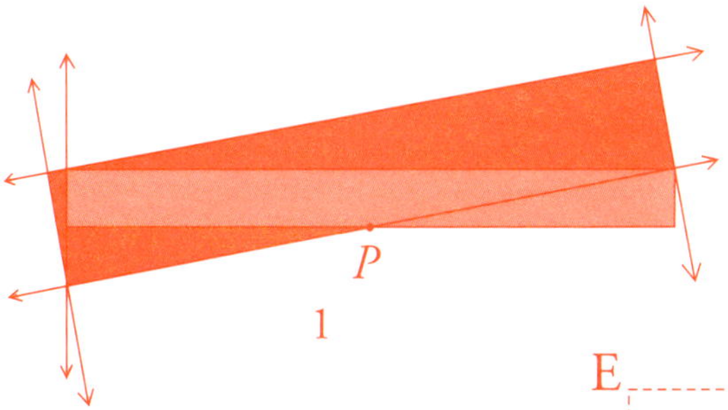

1

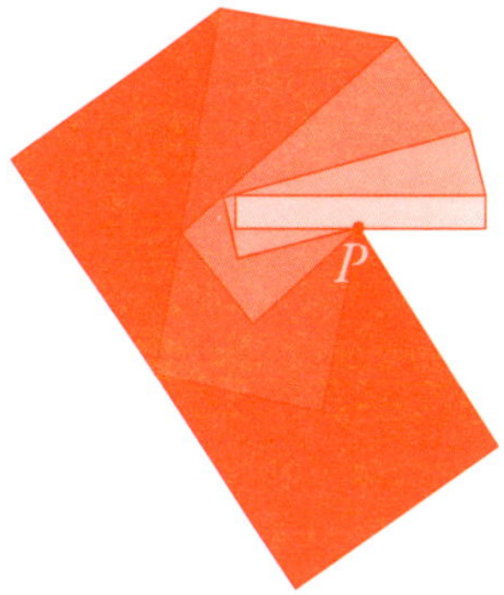

2

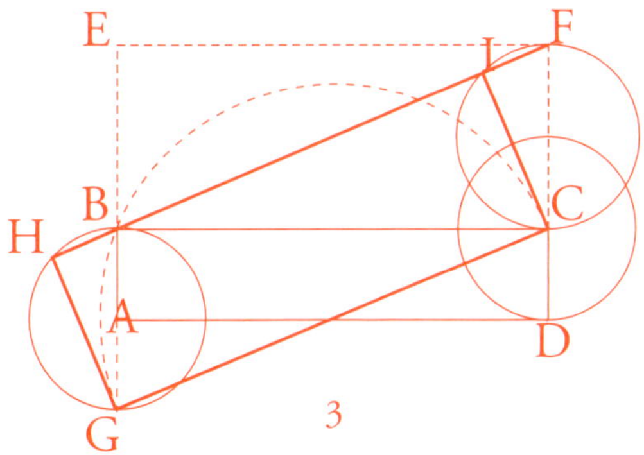

3

(Letras em sentido horário) ABCD é o retângulo inicial.
BEFC é o retângulo cujo lado maior possui a mesma medida que a do mesmo lado do retângulo inicial, de área duas vezes mais extensa. O triângulo retângulo BFC tem área igual a do retângulo inicial, uma vez que possui metade da área do segundo retângulo. Obtém-se o triângulo BCG, prolongando o lado menor do retângulo inicial e traçando uma paralela à BF pelo ponto C, formando, assim, o paralelogramo GBFC, com o dobro da área do retângulo inicial. A área do paralelogramo é dada por b . h (GC . CI).
No retângulo, a área é dada por c . h (GC . CI).
O retângulo GHIC tem o dobro da área do retângulo inicial.
Válido para qualquer retângulo.

PITÁGORAS DE SAMOS E DAS SOMAS

Pitágoras é uma figura historicamente imprecisa. Algumas descobertas atribuídas aos pitagóricos podem não ser "pitagóricas". Mas eles influenciaram muitos pensadores e nós sempre nos referimos a eles. O fato de não ser possível fazer funcionar o teorema de Pitágoras em uma superfície curva, não diminui sua beleza e importância para nós que vivemos fingindo que reta é reta, que oco é sólido, que sólidos existem, que o zero existe, que tridimensional é plano etc. E é verdade que o número está em todos os ares, mares, lugares e relações.
Duas brincadeiras pitagóricas:

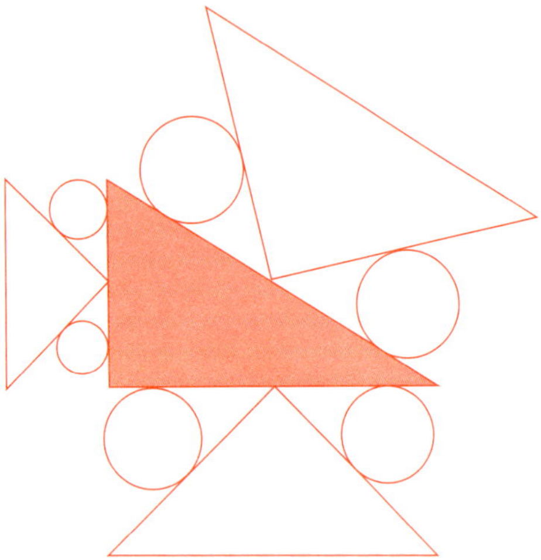

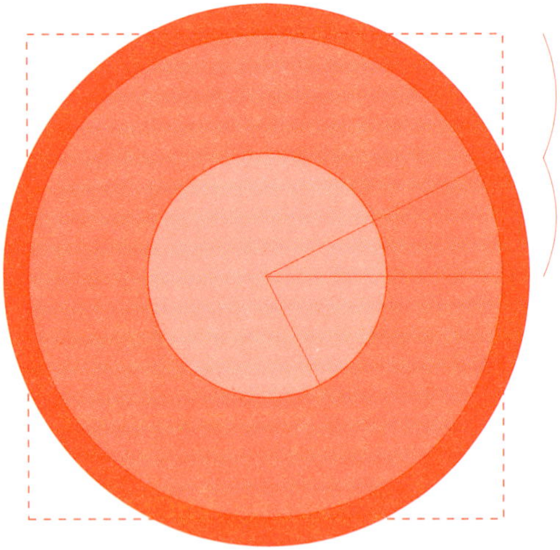

Na construção tem carrinho do engenheiro, do carpinteiro e do pedreiro. Do arquiteto ninguém sabe o paradeiro! ©2006

Pitágoras tem três relógios. Cada um tem um ponteiro que gira uma volta inteira. Os segundos do primeiro, mais os minutos do segundo, resultam na hora do terceiro. © 2006

Demonstração da validade do método da divisão áurea das páginas 116 e 117...

Por Yukio Okuhara

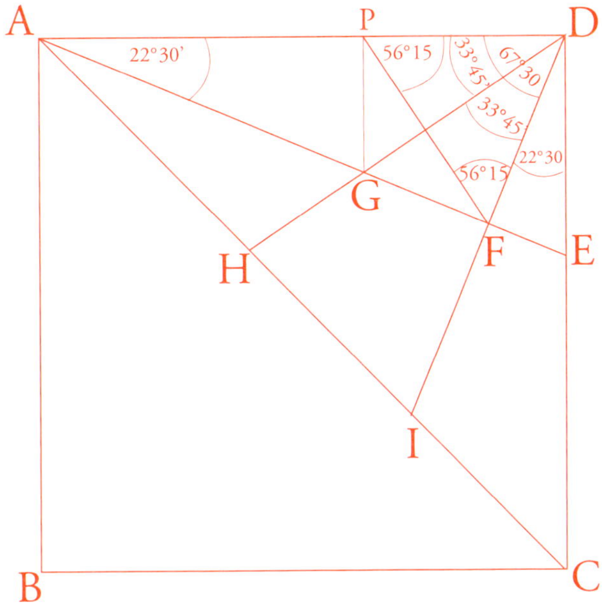

Seja uma figura quadrada de lado "ℓ".

Q ABCD = AB; BC; CD; AD = "ℓ"

m (BÂD) = 90°; m(CÂD) = 45°; m(DÂE) = 22°30'

(I) Seja o triângulo retângulo ADF

AD = ℓ; m(DÂE) = 22°30'

$$\text{tg } D\hat{A}E = \frac{\text{cateto oposto}}{\text{cateto adjacente}} = \frac{DE}{AD}$$

$$\text{tg } 22°30' = \frac{DE}{\ell} \therefore \boxed{DE = \ell \,.\, \text{tg } 22°30'}$$

(II)

Seja o triângulo retângulo DEF

$\overline{DI} \perp \overline{AE}$ (por construção)

$\overline{DH}$ = bissetriz de $A\hat{D}I$

$m(E\hat{D}F) = 22°30'$

$\overline{AE} \cap \overline{DH} = G$

$\overline{DF} = \overline{DP}$

$$\cos 22°30' = \frac{\text{cateto adjacente}}{\text{hipotenusa}} = \frac{DF}{DE} = \frac{DF}{\ell . \text{tg } 22°30'}$$

$\therefore \quad DF = \ell . \text{ tg } 22°30' \times \cos 22°30'$

ou $\quad DF = \ell . \dfrac{\text{sen } 22°30'}{\cos 22°30'} \times \cos 22°30'$ (simplificando)

$DF = \ell . \text{ sen } 22°30'$

DP = DF , logo

$DP = \ell . \text{ sen } 22°30'$

(III)

AP + DP = AD

$AP + \ell \times \text{sen} 22°30' = \ell$

$AP = \ell - \ell \times \text{sen} 22°30'$

$AP = \ell (1 - \text{sen} 22°30')$

(IV) Razão Áurea

$$\varnothing = \frac{AP}{DP} = \frac{\ell (1 - \text{sen } 22°30')}{\ell . \text{ Se } 22°30'}$$

simplificando ℓ

$$\varnothing = \frac{AP}{DP} \quad \frac{1 - \text{sen } 22°30'}{\text{sen } 22°30'}$$ c.q.d.

Válido para qualquer medida de "ℓ"

sen 22°30' ≅ 0,382683432...

$$\varnothing = \frac{AP}{DP} = \frac{1 - 0{,}382683432...}{0{,}382683432...}$$

$$\varnothing = \frac{AP}{DP} = \frac{0{,}617316567}{0{,}382683432...}$$

$$\varnothing = \frac{AP}{DP} \cong 1{,}61312593...$$

Erro aproximado de 5 milésimos!

O TERÇO DA FOLHA A4 ©2007

Duas divisões no papel A4 justificadas por semelhanças de triângulos.

AD = x
CD = y
M = ponto médio de CD

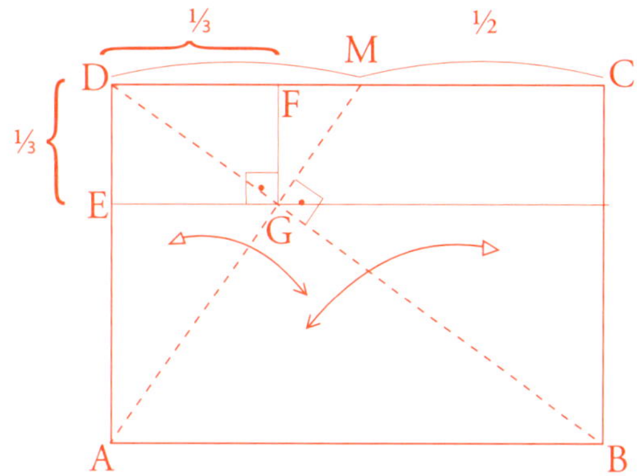

I

$$\frac{AD}{DE} = \frac{AB}{EG}$$

$$\frac{x}{DE} = \frac{y}{EG}$$

$$EG \,.\, x = DE \,.\, y$$

$$EG = DE \,.\, y$$

$$EG = \frac{DE \,.\, y}{x}$$

II

$$\frac{DM}{EG} = \frac{AD}{EA}$$

$$\frac{\frac{y}{2}}{EG} = \frac{x}{EA}$$

$$EG \,.\, x = \frac{y}{2} \,.\, EA$$

$$EG = \frac{\frac{y}{2} \,.\, EA}{x}$$

III

$$\frac{DE \,.\, y}{x} = \frac{\frac{y}{2} \,.\, EA}{x}$$

$$DE \,.\, y = \frac{y}{2} \,.\, EA$$

$$DE = \frac{y}{2} \,.\, EA \,.\, \frac{1}{y}$$

$$DE = \frac{EA}{2}$$

$$\boxed{\therefore DE = \frac{1}{3} AD}$$

I

$$\frac{BC}{FG} = \frac{CD}{DF}$$

$$\frac{x}{\frac{x}{3}} = \frac{y}{DF}$$

$$DF \,.\, x = \frac{x}{3} \cdot y$$

$$DF = \frac{x}{3} \cdot y \cdot \frac{1}{x}$$

$$DF = \frac{1}{3} \cdot y$$

$$\boxed{DF = \frac{1}{3} \cdot CD}$$

Válido para qualquer retângulo.

O QUINTO DA FOLHA A4 ©2007

AD = x
CD = y
E = ponto médio de AD
J = ponto médio de CD
F = ponto médio de AB

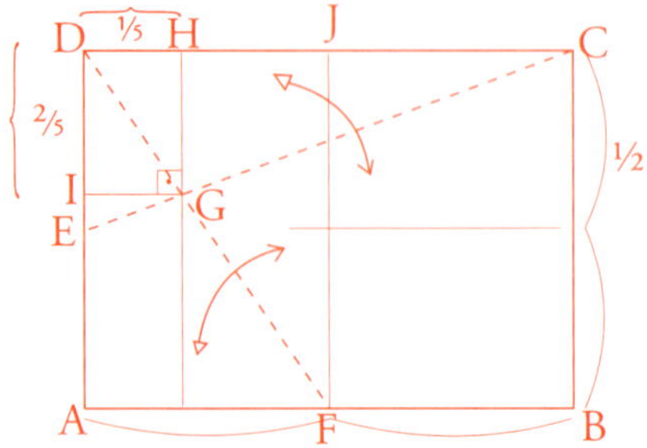

(I)

$$\frac{AF}{GI} = \frac{AD}{DI}$$

$$\frac{\frac{y}{2}}{GI} = \frac{x}{DI}$$

$$GI \cdot x = DI \cdot \frac{y}{2}$$

$$GI = DI \cdot \frac{y}{2} \cdot \frac{1}{x}$$

$$GI = \frac{DI \cdot y}{2x}$$

(II)

$$\frac{CD}{GI} = \frac{DE}{EI}$$

$$\frac{y}{GI} = \frac{\frac{x}{2}}{EI}$$

$$GI \cdot \frac{x}{2} = EI \cdot y$$

$$GI = EI \cdot y \cdot \frac{2}{x}$$

$$GI = \frac{EI \cdot y \cdot 2}{x}$$

(III)

$$\frac{DI \cdot y}{2x} = \frac{EI \cdot y \cdot 2}{x}$$

$$DI \cdot y \cdot x = EI \cdot y \cdot 2 \cdot 2x$$

$$DI = \frac{EI \cdot y \cdot 2 \cdot 2x}{yx}$$

$$DI = EI \cdot 4$$

$$DI = 4 \cdot EI \ (EI = \frac{x}{2} - DI)$$

$$DI = 4 \cdot (\frac{x}{2} - DI)$$

$$DI = 2x - 4DI$$

$$DI + 4DI = 2x$$

$$5.DI = 2x$$

$$DI = \frac{2}{5}x$$

$$\boxed{DI = \frac{2}{5}AD}$$

(I)

$$\frac{FJ}{GH} = \frac{DJ}{DH}$$

$$\frac{x}{\frac{2}{5}x} = \frac{\frac{y}{2}}{DH}$$

$$DH \cdot x = \frac{y}{2} \cdot \frac{2}{5}x$$

$$DH = \frac{y}{5}$$

$$\boxed{DH = \frac{CD}{5} \text{ ou } \frac{1}{5}CD}$$

Válido para qualquer retângulo.

"No princípio havia o 1 que se dividiu em 2 e estes formaram o 3, e daí mil coisas foram criadas". (Lao Tsé)

FINCANDO A BANDEIRA (SIMPLES)

Encerro este trabalho fincando minha bandeira em um pequeno pedaço do vasto território do origami e da geometria. Este livro marca meu renascimento, mas o objetivo maior foi contribuir com "1 kg de origami não perecível" para todos que puderem se beneficiar dele.
Saúde e sinceridade.

Muito obrigado.

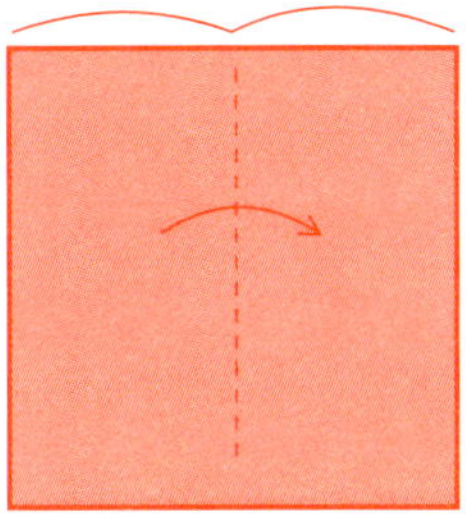

1. Dobre a folha quadrada ao meio.

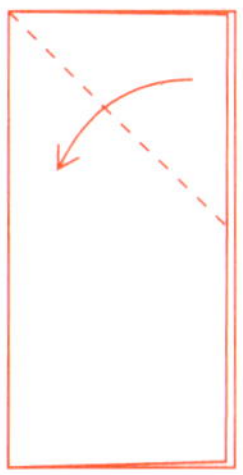

2. Dobre um canto para a esquerda.

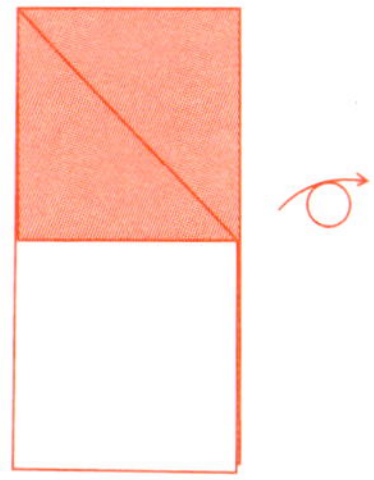

3. Vire a folha.

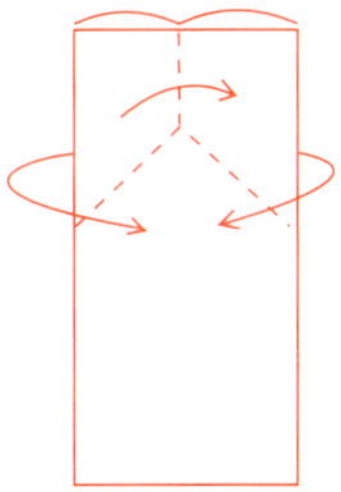

4. Dobra semelhante à "orelha de coelho" (pág. 59).

5. Vire a folha.

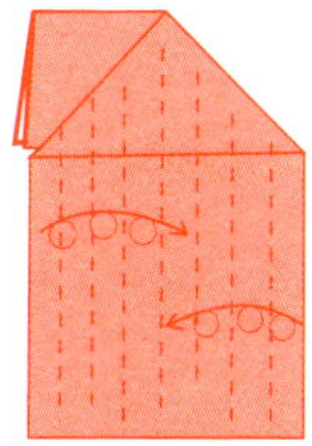

6. Dobre as metades para produzir o "mastro" branco.

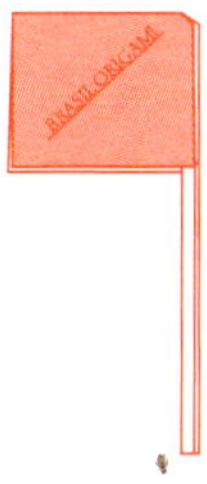

Bandeira.

BIBLIOGRAFIA

ANSILL, Jay et al. *Origami monsters:* creative origami. London: Jay Ansill Cassell, 1992.
BRILL, David. *Brilliant Origami.* Tokyo: Japan Publications Inc., 1996.
CARDOSO, Luiz F. *Dicionário de Matemática.* Expressão e Cultura, 2001.
DANTZIG, Tobias. *Número:* A Linguagem da Ciência. Rio de Janeiro: Zahar Editores, 1970.
ENGEL, Peter. *Folding the universe.* New York: Vintage Books, 1989.
EVES, Howard. *Tópicos da História da Matemática para uso em sala de aula: Geometria,*. Atual Editora,1992
FUSE, Tomoko. *Origami boxes.* Tokyo: Chikuma Shobo, 1989.
____. *Unit origami.* Tokyo, New York: Japan Publications, 1990.
GENOVA, Carlos. *Origami: a milenar arte das dobraduras.* São Paulo: Editora Escrituras, 2000.
GIONGO, Affonso Rocha. *Curso de Desenho Geométrico.* São Paulo: Livraria Nobel, 1979.
GIOVANNI, José Ruy; BONJORNO, José Roberto GIOVANNI, José Ruy Jr. *Matemática Completa.* FTD 2002.
GRANJA, Carlos Eduardo de Souza Campos. *Musicalizando a escola.* São Paulo: Editora Escrituras, 2006.
GRUPO, Riglos. *El libro de Las pajaritas de papel.* Madrid: Alianza Editorial, 1988.
IMENES, Luis Marcio. *Geometria das dobraduras.* São Paulo: Editora Scipione,1988.
KASAHARA, Kunihiko. *Origami omnibus.* Tokyo, New York: Japan Publications, 1967.
____. *Origami made easy.* Tokyo, New York: Japan Publications, 1973.
____. *Creative origami.* Tokyo, New York: Japan Publications, 1973.
KASAHARA, Kunihiko; TAKAHAMA, Toshie. *Origami for the connoisseur.* Tokyo, New York: Japan Publications, 1988.
KENNEWAY, Eric. *Complete origami.* London: Ebury Press, 1987.
LANG, Robert J. *The complete book of origami.* New York: Dover Publications, 1988.
____. *Origami animais.* New York: Crescent Books, 1992.
____. *Origami insects and their kingdom.* New York: Dover Publications, 1995.
LANG, Robert J.; WEISS, Stephen. *Origami zoo.* New York: Martin's Press, 1990.
LOYD, Sam. *The eighth book oftan.* New York: Dover Publications, 1968.
MONTROLL, John. *Origami for the enthusiast.* New York: Dover Publications, 1979.
____. *Animal origami for the enthusiast.* New York: Dover Publications, 1985.
____. *Prehistoric origami.* New York: Dover Publications, 1989.
____. *Origami sculptures.* New York: Dover Publications, 1990.
____. *African animais in origami.* New York: Dover Publications, 1991.
____. *North American animais in origami.* New York: Dover Publications, 1995.
MONTROLL, John. *Mythological Creatures and the Chinese Zodiac in Origami.* New York: Dover Publications, 1996.
____. *Bugs and Birds in Origami.* New York: Dover Publications Inc., 2001.

MONTROLL, John; LANG, Robert, J. *Origami sea life*. New York: Dover Publications, 1990.
PINTO, Nilda Helena S. Correa. *Desenho Geométrico, 4 volumes, I Grau*. São Paulo: Editora Moderna, 1991.
READ, Ronald C. *Tangrams 330 puzzles*. New York: Dover Publications, 1965.
ROBINSON, Nick. *The Encyclopedia of Origami*. Quarto Publishing plc, London, 2004.
ROW, Sundara. *Geometric exercises in paper folding*. New York: Dover Publications, 1966.
STEVE and Megumi Biddle's. *The new origami*. London: BCA, 1993.
SPALDING, Tassilo Orpheu. *Deuses e Heróis da Antiguidade Clássica*. Cultrix/Mec, 1974.
VELLO, Valdemar; COLUCCI, Mônica; ARIANE, Paula. *ARTES – Pranchas de Linguagem Visual*. Editora Scipione, 2001.
YOSHISAWA, Akira. *Origami museum animais*. Tokyo: Kamakura Shobo Publishing, 1987.

Impresso em São Paulo, SP, em dezembro de 2009,
em papel off-set 90g/m² e couché fosco 115g/m²
nas oficinas da Gráfica Edições Loyola.
Composto em Minion e Ocean Sans.

Não encontrando esta obra nas livrarias,
solicite-a diretamente à editora.

Escrituras Editora e Distribuidora de Livros Ltda.
Rua Maestro Callia, 123
Vila Mariana – São Paulo, SP – 04012-100
Tel.: (11) 5904-4499 – Fax: (11) 5904-4495
escrituras@escrituras.com.br
vendas@escrituras.com.br
imprensa@escrituras.com.br
www.escrituras.com.br